京张智能高速动车组（列车）

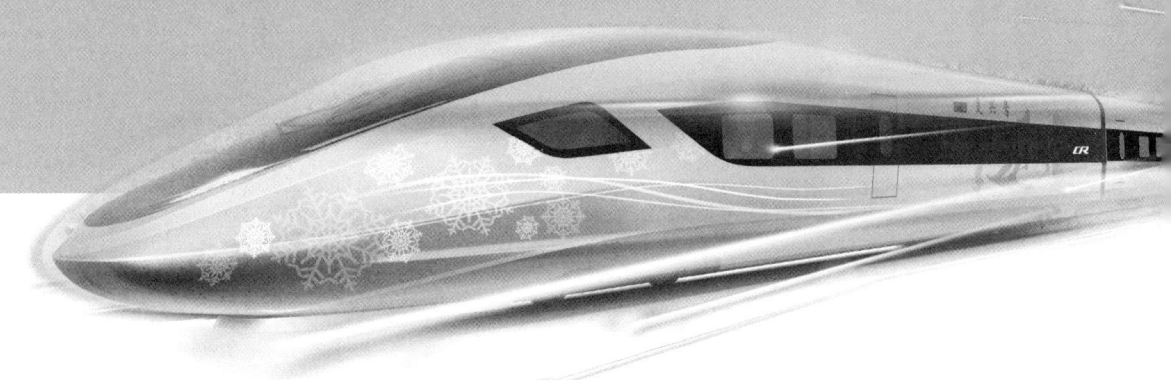

主　编　邓　海
副主编　张济民　王　超　金立生　都青华

上海科学技术文献出版社
Shanghai Scientific and Technological Literature Press

图书在版编目（CIP）数据

京张智能高速动车组：列车 / 邓海主编．—上海：上海科学技术文献出版社，2021
ISBN 978-7-5439-8236-9

Ⅰ.①京… Ⅱ.①邓… Ⅲ.①高速动车—研究 Ⅳ.
①U266

中国版本图书馆 CIP 数据核字（2020）第 242731 号

策划编辑：张　树
责任编辑：王　珺
封面设计：徐　炜

京张智能高速动车组（列车）
JINGZHANG ZHINENG GAOSU DONGCHEZU (LIECHE)
主　　编　邓　海　副主编　张济民　王　超　金立生　都青华
出版发行：上海科学技术文献出版社
地　　址：上海市长乐路 746 号
邮政编码：200040
经　　销：全国新华书店
印　　刷：常熟市人民印刷有限公司
开　　本：787mm×1092mm　1/16
印　　张：13
字　　数：245 000
版　　次：2020 年 12 月第 1 版　2020 年 12 月第 1 次印刷
书　　号：ISBN 978-7-5439-8236-9
定　　价：88.00 元
http://www.sstlp.com

京张智能高速动车组(列车)

编委名单

主 编

邓 海

副 主 编

张济民　王　超　金立生　都青华

各章参编人员

第1部分

孙德伟　王希刚　王利忠　夏东伟　寇　杰

第2部分

沈　迪　庄　曦　董雪妍　王承萍

第3部分

高林林　赵金龙　张国芹　任　乔

第4部分

王中尧　刘　涛　马　凯　薛　兆

序言 Foreword

2017年7月,原中国铁路总公司委托中国铁道科学研究院对外发布了"复兴号"京张智能动车组设计方案征集公告,经过对征集方案的评审,确定由中车长春轨道客车股份公司在CR400BF动车组基础上研制"复兴号"京张智能动车组样车。

在原铁路总公司机辆部、科信部、铁科院及中车集团组织下,中车长客股份对征集的方案进行整合优化,针对中国元素、京张文化、线路特点,赴人民大会堂、天坛、故宫、詹天佑纪念馆、京张铁路和京张高铁建设指挥部展开调研。

2019年12月30日,"复兴号"智能动车组从北京北站准时发出,驶向2022年北京冬奥会张家口赛区核心区太子城站,标志着世界首条时速350公里的智能高铁——京张高铁正式开通运营。中共中央总书记、国家主席、中央军委主席习近平做出重要指示:"1909年,京张铁路建成;2019年,京张高铁通车。从自主设计修建零的突破到世界最先进水平,从时速35公里到350公里,京张线见证了中国铁路的发展,也见证了中国综合国力的飞跃。回望百年历史,更觉京张高铁意义重大。"

本书以中车长春轨道客车股份公司研制的京张高铁"复兴号"智能型动车组为对象,重点放在总体技术、智能行车、智能服务以及智能运维等系统上,对同行们很熟悉了解的高速列车技术定义的九大关键技术、十大配套技术内容,本书不再赘述。

中车长春轨道客车股份公司邓海教授级、高级工程师,同济大学铁道与城市轨道交通研究院张济民教授、燕山大学车辆与能源学院金立生教授进行本书写作及整理工作。在此对他们表示衷心的感谢。

随着高速铁路的进一步发展，不断涌现的新技术、新理论将应用于高速列车及其他列车中，如何更好地把最新理论及技术有机地应用到列车研究、开发、运用等全过程中，是一个不能停歇的工作，京张高铁"复兴号"智能型动车组只是一个历史阶段的成果，作者热情期待有志于轨道交通事业的专家学者提出宝贵意见。

本书可供从事动车组研发的科研人员以及动车组设计制造、维修的专业技术人员、管理人员学习，也可作为相关院校师生自学、了解京张智能高速动车组技术的参考书籍。

编者

2020.03.30

目录 Contents

第一章　总体技术

1.1　概况　> 1
1.2　总体技术　> 1
　　1.2.1　主要技术参数　> 1
　　1.2.2　总体布置　> 4
　　1.2.3　牵引制动性能　> 8
1.3　技术创新　> 10
　　1.3.1　安全性及舒适性　> 10
　　1.3.2　绿色环保　> 13
　　1.3.3　综合节能　> 17
　　1.3.4　流线型车头　> 19

第二章　智能行车

2.1　自动驾驶　> 21
　　2.1.1　系统概述　> 21
　　2.1.2　接口方案　> 23
　　2.1.3　控制方案　> 34
2.2　应急自走行　> 42
　　2.2.1　必要性　> 42

  2.2.2 功能需求 > 42
  2.2.3 设备构成 > 42
  2.2.4 电路拓扑结构及功能描述 > 43
  2.2.5 工作模式 > 45
  2.2.6 应用场景分析 > 46
  2.2.7 设备选型及参数 > 47
  2.2.8 设备技术方案 > 50
  2.2.9 应急自走行操作 > 52
  2.2.10 应急自走行能力 > 55
  2.2.11 主动灭火装置 > 58
 2.3 车载安全监控系统 > 61
  2.3.1 车载安全监控系统技术概念 > 61
  2.3.2 车载安全监控系统技术现状 > 62
  2.3.3 设计原则 > 63
  2.3.4 系统构建原理 > 65
  2.3.5 方案概述 > 68
  2.3.6 部件方案 > 74

第三章 智能服务

 3.1 智能环境调节 > 81
  3.1.1 空调智能调节 > 81
  3.1.2 灯光智能调节 > 91
 3.2 智能信息推送 > 92
  3.2.1 智能信息显示 > 93
  3.2.2 智能娱乐系统 > 98
  3.2.3 无线 Wi-Fi 系统 > 101
 3.3 智能便民服务 > 105
  3.3.1 手机无线充电系统 > 105
  3.3.2 自动售卖机 > 108
  3.3.3 无极变色车窗 > 114
  3.3.4 冷热水直饮机 > 115

  3.3.5 广播音量自动调节 > 117
 3.4 智能数据传输 > 118
  3.4.1 车地数据传输 > 118

第四章 智能运维系统

 4.1 智能运维技术 > 126
  4.1.1 智能运维技术概念 > 126
  4.1.2 智能运维技术发展 > 127
 4.2 方案概述 > 128
  4.2.1 顶层需求 > 128
  4.2.2 系统架构 > 129
  4.2.3 基础技术支撑 > 130
 4.3 车载系统 > 142
  4.3.1 车载系统构成 > 142
  4.3.2 车载主机 > 143
  4.3.3 车载显示屏 > 156
 4.4 车地数据传输系统 > 168
 4.5 地面平台 > 169
  4.5.1 概述 > 169
  4.5.2 系统架构 > 170
  4.5.3 技术架构 > 171
  4.5.4 功能介绍 > 171
 4.6 移动终端 > 187
  4.6.1 功能方案 > 187
  4.6.2 业务流程 > 188

第一章 总体技术

1.1 概况

京张智能高速动车组是"复兴号"动车组 CR400BF 的家族产品,定位于"复兴号"的智能型,综合考虑了 2022 年北京冬奥会的需求。京张智能高速动车组分为标准配置和奥运配置两种技术方案,标准配置主要从满足高寒地区运用需求,提升山区线路适应能力、智能化水平和应急处置能力,降低气动阻力,节能降耗等方面,在"复兴号"基础上进行优化提升;奥运配置在标准配置基础上,从奥运期间媒体宣传、滑雪器材存放、残奥会服务等方面进行适应性改进。中车长春轨道客车股份有限公司中选京张智能高速动车组设计方案,进行京张智能高速动车组的生产制造,2019 年 12 月,京张智能高速动车组正式在京张高铁上线运行。

1.2 总体技术

1.2.1 主要技术参数

1.2.1.1 环境条件

(1) 气温条件:$-40\ ℃\sim +40\ ℃$。

(2) 相对湿度:≤95%(该月月平均最低温度为 25 ℃)。

(3) 海拔:≤1 500 m(部分区段可达 2 000 m)。

(4) 最大风速:一般年份小于 15 m/s;偶有 33 m/s。

(5) 有风、沙、雨、雪、雾霾天气,偶有盐雾、酸雨、沙尘暴等现象。

(6) 地震烈度:最高动峰值加速度 0.3 g。

1.2.1.2 线路条件

京张智能高速动车组适应的高速铁路及客运专线线路条件符合 TB 10621-2014《高速铁路设计规范》、GB 50091《铁路车站及枢纽设计规范》、TB 10001-2005《铁路路基设计规范》、《新建客运专线铁路曲线超高设置指导意见》(铁集成〔2009〕86 号)、《新建时速 200—250 公里客运专线铁路设计暂行规定》(铁建设〔2005〕140 号)、TG/GW 115-2012《高速铁路无砟轨道线路维修规则(试行)》、TG/GW 116-2013《高速铁路有砟轨道线路维修规则(试行)》等相关规定。

1.2.1.3 供电条件

(1) 供电制式:单相交流 25 kV/50 Hz。

(2) 接触网电压符合 GB/T 1402-2010《轨道交通 牵引供电系统电压》要求。

(3) 接触网参数符合 TB 10621-2014《高速铁路设计规范》中第 11.5 条和 TG/01A-2017《铁路技术管理规程》要求。

(4) 列车过分相方式有以下三种:

a) 手动过分相方式;

b) 基于地面磁缸的车载自动过分相方式;

c) 基于 CTCS-2/CTCS-3 模式的车载自动过分相方式。

1.2.1.4 通信信号

(1) 通信采用无线 GSM-R 方式。

(2) 列车运行控制方式为:

a) 时速 300 公里及以上高速铁路采用 CTCS-3 列车运行控制方式,其中京张高速铁路采用 CTCS-3＋ATO 列车运行控制方式;

b) 时速 200 公里和 250 公里速度等级高速铁路采用 CTCS-2 列车运行控制方式。

1.2.1.5 车载设备

(1) 列车运行控制系统车载设备(ATP);

(2) 无线通信车载设备(CIR);

(3) 司机操控信息分析系统车载设备(EOAS);

(4) 列车自动驾驶系统车载设备(ATO);

(5) 车载地震紧急处置装置。

1.2.1.6　速度

动车组最高运行速度：350 km/h。

动车组最高试验速度：≥385 km/h。

1.2.1.7　动车组编组及定员

标准配置动车组采用 4 动 4 拖，总定员 576 席，其中：商务座席 10 席、一等座席 28 席、二等座席 538 席。

奥运配置动车组采用 4 动 4 拖，总定员 561 席，其中：商务座席 10 席、一等座席 28 席、媒体座席 48 席、二等座席 475 席。

1.2.1.8　主要技术参数

(1) 动车组总长度：∼210 m。

　　中间车体长度：25 000 mm。

　　中间车辆长度：25 650 mm。

(2) 车体最大宽度：3 360 mm。

　　1 250 mm 高度处车体宽度：3 300 mm。

(3) 车辆高度（新轮，不含受电弓）：4 050 mm。

　　地板面距轨面高度（整备状态）：1 260 mm。

(4) 转向架中心距：17 800 mm。

　　转向架轴距：2 500 mm。

(5) 轴重：≯17 t

(6) 车钩

动车组两端自动车钩中心线距轨面高度为 $1\,000^{+10}_{-25}$ mm，车钩连接面几何尺寸符合 EN 16019—2014《铁路应用——自动车钩性能要求、连接面几何尺寸和试验要求》中规定的 10 型自动车钩的相关要求；

动车组中间车钩中心线距轨面高度 935^{+10}_{-25} mm；

动车组两端过渡车钩中心线距轨面高度为 880^{+10}_{-40} mm，满足机车（中国标准 15 号自动车钩）救援和回送要求。

(7) 动车组通过最小曲线半径

列车运行时：R250 m。

列车通过 S 形曲线时：两个连续反向 9 号道岔形成的 R180 m S 型曲线。

单节车辆调车时：R150 m。

(8) 轮周牵引功率(持续制)为 10 140 kW。

1.2.2　总体布置

京张智能高速动车组标准配置车种车型及平面布置见表 1.2-1,奥运配置车种车型及平面布置见表 1.2-2。

表 1.2-1　动车组配置表(标准配置)

项点	1号车	2号车	3号车	4号车	5号车	6号车	7号车	8号车
车种	一等/商务座车	二等座车	二等座车	二等座车(设无障碍设施)	二等座车/餐车	二等座车	二等座车	二等/商务座车
车型	拖车	动车	拖车	动车	动车	拖车	动车	拖车
定员	33(商务5)	90	90	75	63	90	90	45(商务5)
卫生间	1座	1蹲1座	1蹲1座	1蹲1座	/	1蹲1座	1蹲1座	1座
座椅	商务座: (1+1)+(1+2) 一等: 2+2	2+3	2+3	2+3	2+3	2+3	2+3	商务座: (1+1)+(1+2) 二等: 2+3

表 1.2-2　动车组配置表(奥运配置)

项点	1号车	2号车	3号车	4号车	5号车	6号车	7号车	8号车
车种	一等/商务座车	二等座车	二等座车	二等座车(设无障碍设施)	媒体车/餐车	二等座车	二等座车	二等/商务座车
车型	拖车	动车	拖车	动车	动车	拖车	动车	拖车
定员	33(商务5)	90	90	75	48	90	90	45(商务5)
卫生间	1座	1蹲1座	1蹲1座	1蹲1座	/	1蹲1座	1蹲1座	1座
座椅	商务座: (1+1)+(1+2) 一等: 2+2	2+3	2+3	2+3	2+2	2+3	2+3	商务座: (1+1)+(1+2) 二等: 2+3

动车组标准配置方案的平面布置见图 1.2-1—图 1.2-9。

第一章 > 总体技术

图 1.2-1　动车组编组平面布置

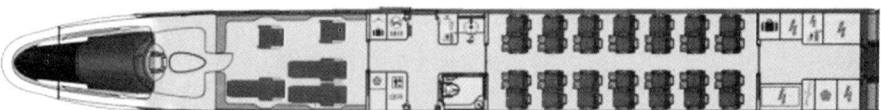

图 1.2-2　动车组 1 号车平面布置

图 1.2-3　动车组 2 号车平面布置

图 1.2-4　动车组 3 号车平面布置

图 1.2-5　动车组 4 号车平面布置

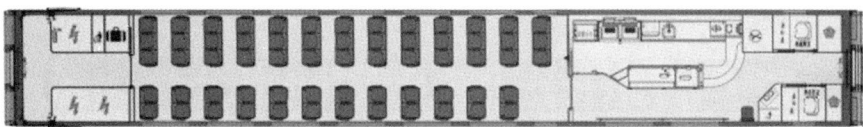

图 1.2-6　动车组 5 号车平面布置

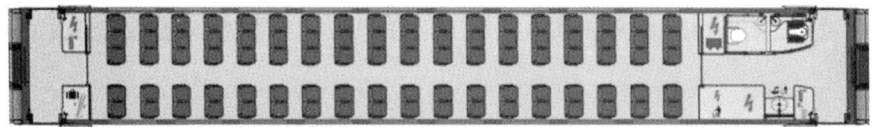

图 1.2-7　动车组 6 号车平面布置

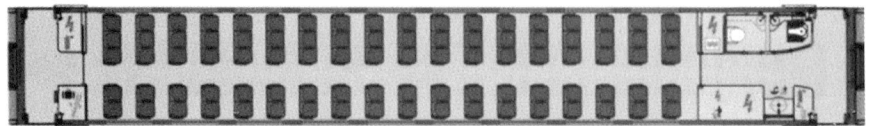

图 1.2-8　动车组 7 号车平面布置

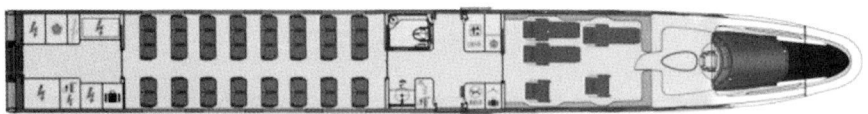

图 1.2-9　动车组 8 号车平面布置

奥运配置动车组平面布置见图 1.2-10—图 1.2-18。

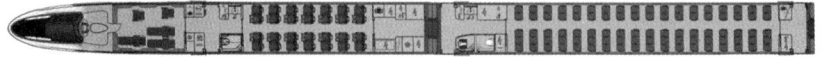

总定员：561人（商务座10人，一等座28人，二等座475人，媒体座48人）								
车号	1	2	3	4	5	6	7	8
等级	商务/一等	二等	二等	二等	餐车/媒体	二等	二等	商务/二等
定员（人）	5/28	90	90	75	48	90	90	5/40

图 1.2-10　动车组编组平面布置

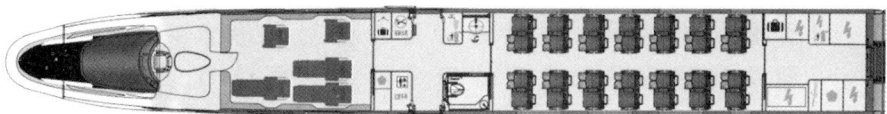

图 1.2-11　动车组 1 号车平面布置

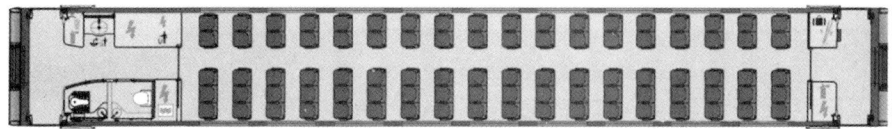

图 1.2-12　动车组 2 号车平面布置

图 1.2-13　动车组 3 号车平面布置

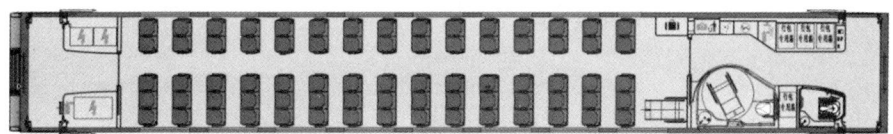

图 1.2-14　动车组 4 号车平面布置

图 1.2-15　动车组 5 号车平面布置

图 1.2-16　动车组 6 号车平面布置

图 1.2-17　动车组 7 号车平面布置

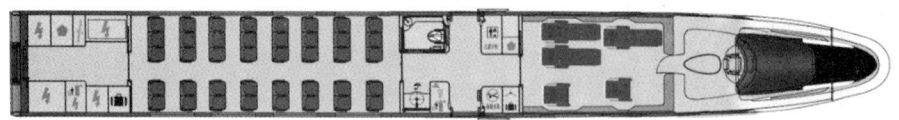

图 1.2-18　动车组 8 号车平面布置

动车组外观效果图 1.2-19。

图 1.2-19　动车组外观效果

1.2.3　牵引制动性能

1.2.3.1　牵引特性

(1) 正常工况(平直道定员载荷)

0—200 km/h 平均加速度为 0.434 m/s^2；

350 km/h 时的剩余加速度为 0.077 m/s^2。

(2) 25%动力失效(定员载荷)

30‰坡道平衡速度可达167 km/h,满足全程往返一次的要求。

(3) 30‰坡道50%动力失效(定员载荷)

启用困难模式起动加速度约为0.017 m/s²,在此基础上启用动力电池时,起动加速度约为0.141 m/s²。

(4) 救援能力(空载车救援定员载荷车)

30‰坡道起动加速度约为0.032 m/s²,满足救援要求。

牵引特性曲线见图1.2-20。

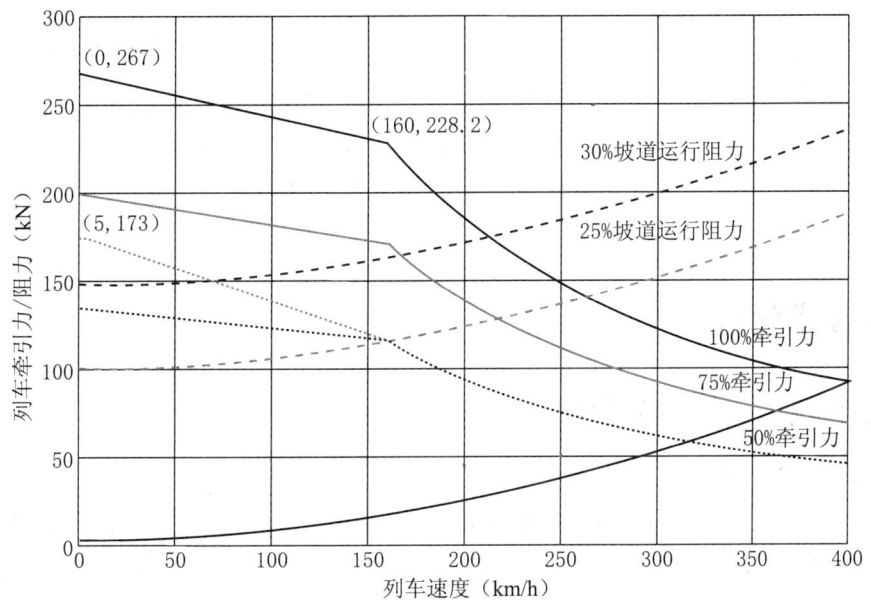

图1.2-20 京张智能高速动车组牵引特性曲线

1.2.3.2 制动特性

初速度350 km/h,制动距离:约6 065 m<6 500 m;

紧急制动EB

初速度350 km/h,制动距离:约5 464 m<6 500 m;

停放制动(定员载荷)

可在30‰的坡道上停放,具有1.22倍安全余量;

图1.2-21给出了常用制动减速度曲线。

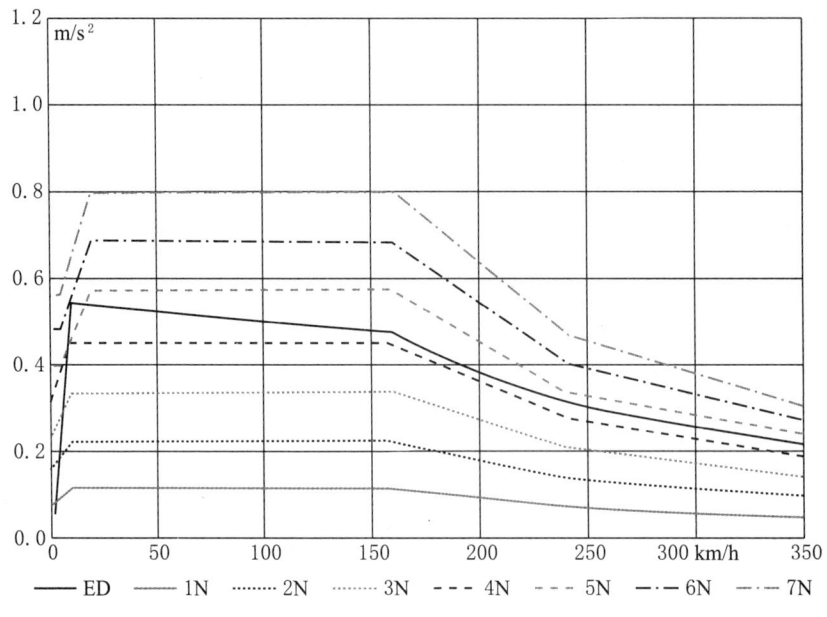

图 1.2-21 常用制动减速度曲线

1.3 技术创新

1.3.1 安全性及舒适性

1.3.1.1 安全性

以故障导向安全为原则,基于 CR400BF 型动车组成熟技术,提高零部件的可靠性,并对整车安全性设计系统总结提升,保证动车组运行安全,安全性主要分为主动安全和被动安全两部分组成,详见图 1.3-1 所示。

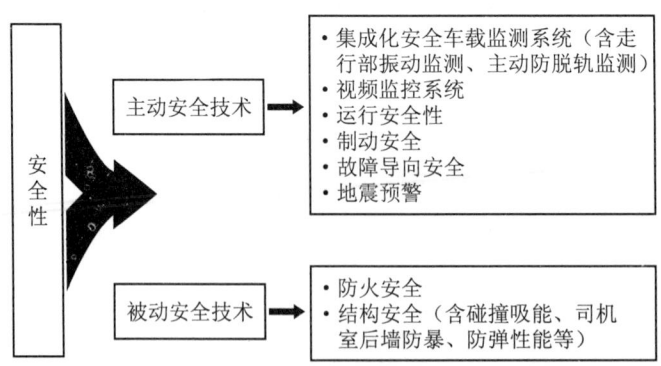

图 1.3-1 列车安全性升级框图

(1) 车载安全监测系统

京张智能高速动车组设有车载安全监测系统,该系统由车辆级主机、列车级主机、列车级显示屏、温度/振动复合传感器、防脱轨振动传感器等组成。车辆级主机和列车级主机与 TCMS 实现 MVB 和以太网通信,车辆级主机实时接收本车失稳/平稳监控主机、轴温监控主机、火警主机、制动控制单元(BCU)、牵引控制单元(TCU)、辅助控制单元(ACU)、充电机等设备的监控数据和故障信息。同时,车辆级主机和列车级主机连接本车温度/振动复合传感器和防脱轨振动传感器,接收牵引电机轴承、齿轮箱轴承、轴箱轴承和防脱轨振动信号。车载安全监测系统实现以下功能:

1) 轴箱轴承振动和温度监控;
2) 齿轮箱轴承振动和温度监控;
3) 牵引电机轴承振动和温度监控、定子温度监控;
4) 构架横向加速度监控;
5) 车体平稳性监控;
6) 车轴及电机转速监控;
7) 制动施加/缓解监控;
8) 停放制动施加/缓解监控;
9) 火灾监控;
10) 电气绝缘监控;
11) 防脱轨监控。

车载安全监测系统架构图见图 1.3-2。

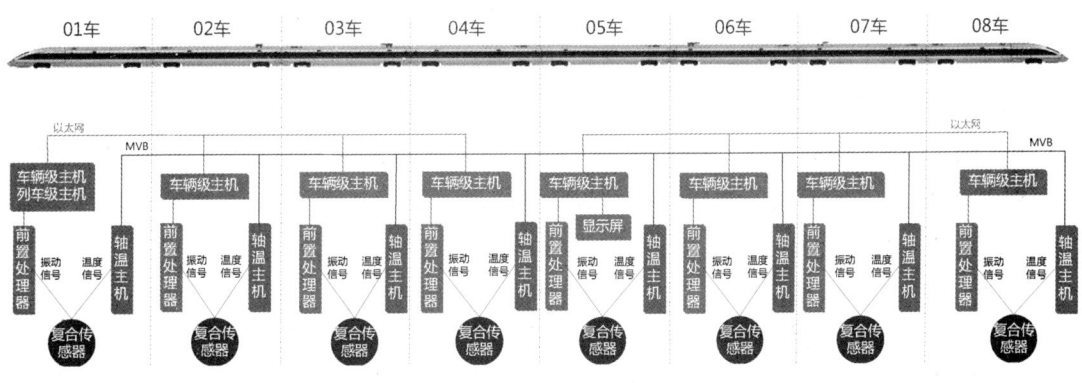

图 1.3-2 车载安全系统框架图

车辆级主机对本车部件状态或功能进行实时监控,综合评判本车转向架失稳、转向架脱轨、轴承超温或振动异常、车体平稳性超标、车辆失火、制动状态/牵引状态、轴承转速、电机超温、电气绝缘（如接地、短路、漏电流等）等，当运行过程中监测值超出正常控制指标时进行预判、预警和报警，并将故障信息通知 TCMS，采取限速或停车等导向安全措施，保障动车组安全运行。同时，车辆级主机会将实时监测数据和诊断结果通过以太网传送给列车级主机和列车级显示器，作为列车级诊断的依据。

列车级主机除具备车辆级主机功能外，还对所有车辆级主机汇总的监控数据进行横向对比和历史纵向对比，依据各车监控数据的时空关联性，结合数据模型和数据平台，形成对故障部位的综合诊断。

车载安全监测系统的监测数据通过远程无线传输系统（WTD）实时发送到地面，并结合地面专家系统，对动车组的运营状态进行评估，分析故障演变，进行故障定位和故障预测，为动车组检修提供数据支撑，最终实现智能化检修。

(2) 视频监控系统

京张智能高速动车组设置视频监控系统，按《动车组车厢视频监控系统暂行技术条件》（铁总运〔2015〕274 号）执行，商务座席区域摄像头安装在靠近通过台端。

客室座椅上方区域设有电子座位号及票务信息显示灯，安装位置及显示方式按规范执行。

司机室和商务座区的广播扬声器设单独的音量调节装置。

动车组设受电弓视频监控装置，可在运行途中实时监视车顶受电弓及附近高压设备工作画面，为随车机械师处理异常降弓等弓网故障提供辅助的图像监视功能。受电弓视频监控装置按《动车组受电弓视频监控系统暂行技术条件》（铁总运〔2015〕360 号）执行。

拉动乘客紧急制动设施，将在司机室中产生声光报警信号并可显示具体车辆位置，启动旅客信息系统的双工通讯功能，同时列车自动触发紧急制动 EB，并可由司机手动缓解，以选择适当位置停车。

(3) 运行安全性

车辆在运行运营过程中，根据车辆各部件运行状态，提前做好车辆运行安全分析，确保车辆始终处于无故障运行状态，制动系统、牵引系统、网络、给水卫生系统等均提前进行车辆运行安全分析。

(4) 故障导向安全

车辆在运行运营过程中，当车辆某部件发生不影响运营安全的故障时，车辆检测系统检测出故障，根据故障类型，采取响应应对措施及监控，确保车辆始终处于安全运营状态，制动系统、牵引系统、给水卫生系统、网络系统等车辆控制机服务系统均进行导向安全检测。

(5) 地震预警

车辆安装车载地震预警装置，其具有基于 GPRS 和小区广播（预留）方式的 GSM-R 无线数据收发功能,实现紧急装置信息的接收与应答。当接收到地震预警监测铁路局中心系统发来的紧急处置信息后,根据紧急处置级别的不同,通知司机施加最大常用制动或自动触发紧急制动。此外,车载地震装置还具有制动控制解除、继电器状态回采、装置隔离、装置隔离状态回采、语音显示报警、解除语音显示报警、事件语音提示、功能设置、参数录入、日志记录、系统信息查看、文档管理、事件数据存储与导出、系统复位与自检等功能。

1.3.1.2 舒适性

京张智能高速动车组从乘客感官和乘坐感受两方面,提升旅客乘车舒适性。见图1.3-3。

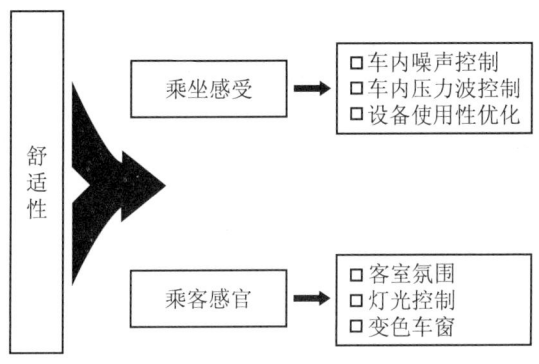

图 1.3-3 列车舒适性升级框图

1.3.2 绿色环保

京张智能高速动车组在 CR400BF 型动车组基础上,从动车组本身环保和动车组对环境的影响两方面进行优化,提升动车组绿色环保性能。见图1.3-4。

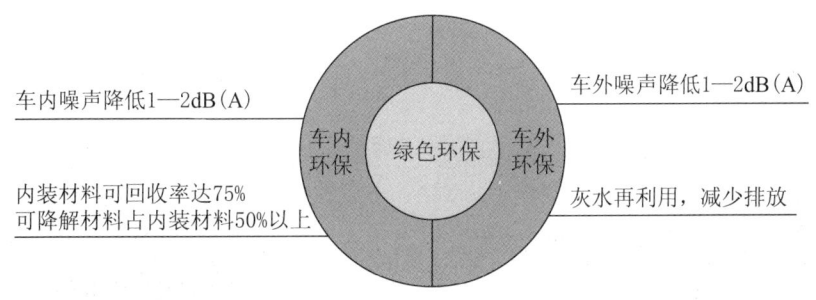

图 1.3-4 绿色环保结构框图

1.3.2.1 车内噪声

(1) 整车车体隔声性能优化

京张高铁有大量隧道运行工况,声学环境恶劣,为提高车内声学环境,对整车车体隔声性能优化,需优化侧墙、顶板和地板隔声性能,采用新型高隔声材料,建立高隔声方案,重点提高侧墙、顶板和地板的隔声量,尤其对受电弓区域顶板和转向架区域地板,提高侧墙和顶板的隔声量到 50 dB(A),较标准动车组提高约 1—2 dB。

车内噪声控制从噪声源控制、噪声传递路径两方面入手,按照分频段控制、"等隔声量"和轻量化的原则,通过部件级实验室吸、隔声测试,从而对整车级噪声仿真分析进行降噪方案设计。考虑到京张智能高速动车组有大量隧道运行工况,因此对京张智能高速动车组进行了车体隔声设计,进一步优化了侧墙、顶板和地板的隔声性能。如图 1.3-5 所示为京张高铁车辆减振降噪设计总体路线。

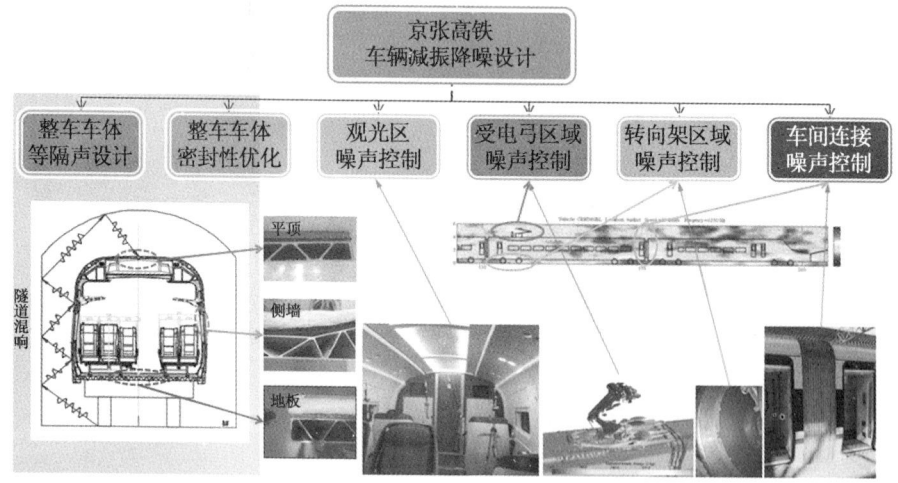

图 1.3-5　京张高铁低噪声设计路线图

(2) 整车车体的密封性能优化

底架、端墙过线孔车外侧采用聚氨酯发泡,车内侧采用防火密封胶密封,将线缆分开涂胶。将客室内部密封性能 4 000 Pa 降低到 1 000 Pa 的时间,提高到 150 秒。

 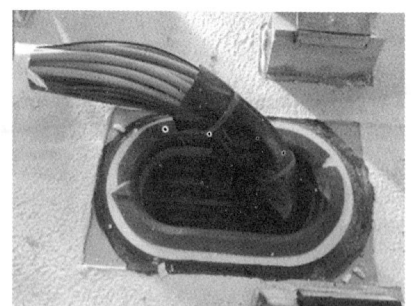

图 1.3-6　车体密封性能优化

1.3.2.2 车外噪声

京张智能高速动车组项目的车外声学指标,需满足《京张智能高速动车组暂行技术条件》的要求,并且力求车外噪声降低 1—2 dB(A)。

(1) 优化车头形状,减小空气阻力,降低气动噪声 1 dB(A)。

(2) 优化转向架裙板结构,降低转向架区域对外辐射噪声 0.5 dB(A)。

(3) 优化受电弓导流罩结构,降低受电弓气动噪声声源辐射噪声 0.5 dB(A)。

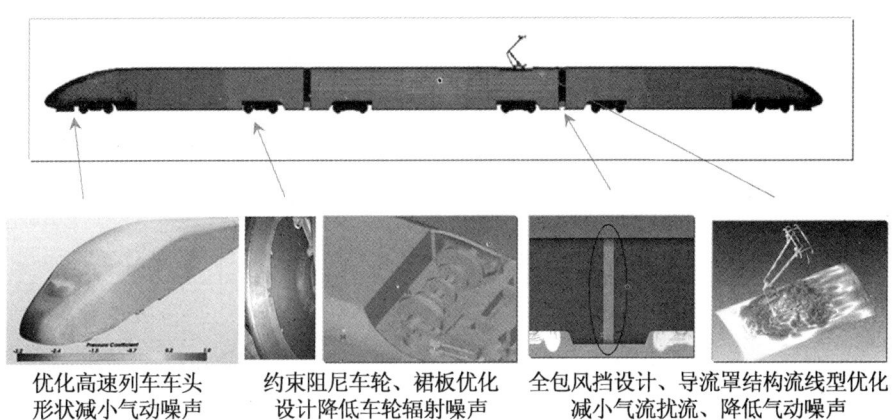

图 1.3-7 车外噪声控制设计路线图

优化动车组的头型形状,减小车身表面凸凹结构,减小气动噪声。对关键区域(转向架和受电弓)进行优化设计,采用全包裙板设计降低对外辐射噪声,低噪声车轮设计、约束阻尼车轮来降低轮轨噪声;优化受电弓导流罩结构,减少受电弓气动噪声声源,使受电弓区域辐射噪声降低,如图 1.3-7,为车外噪声控制设计路线图。

1.3.2.3 车内环保材料

京张智能高速动车组内装材料使用清单如下,可回收率达 75%,可降解材料占材料使用比例为 50%,具体详见表 1.3-1。

表 1.3-1 车内使用材料对照表

序号	部 位	CR400BF 型动车组材质	京张智能高速动车组材质	可降解/可回收	部件所占使用空间
1	侧墙板	3 mm 玻璃钢	碳纤复合材料	可回收	12
2	客室中顶板	1.5 mm 多孔铝板	1.5 mm 多孔铝板	可降解/可回收	7
3	客室侧顶板	3 mm 玻璃钢	碳纤复合材料	可回收	10

续表

序号	部位	CR400BF型动车组材质	京张智能高速动车组材质	可降解/可回收	部件所占使用空间
4	间壁柜	胶合板+纸蜂窝	酚醛复合板+纸蜂窝	可降解/可回收	9
5	圆头	玻璃+铝型材	玻璃+铝型材	可回收	1
6	地板	胶合板	酚醛复合板	可降解/可回收	9
7	弹性支撑	铝型材	铝型材	可回收	5
8	地板布	3 mm橡胶地板布	3 mm橡胶地板布	可回收	6
9	防寒材	碳纤维棉	聚酯纤维棉	可降解/可回收	10
10	卫生间内墙板	玻璃钢	超轻碳纤复合材料	可回收	3
11	洗手池台面	玻璃钢	理石	可回收	1
12	外间壁	铝蜂窝板	纸蜂窝板	可降解/可回收	3
13	洗池下检查门	HPL板	纸蜂窝板	可降解/可回收	2
14	行李架后墙	3 mm铝型材	新型超轻碳纤材料	可回收	9
15	座椅骨架	铝合金	镁合金	可回收	10
16	厨房内装	胶合板	新型超轻碳纤材料	可回收	3

(1) 材料的回收主要指材料可以是车内材料的回收方法如下:

1) 碳纤维/玻璃纤维/植物纤维板复合材料(可回收):热解法是其独有技术,其特点是以废料燃烧时所产生的热分解气作为碳纤维及玻璃纤维回收工程的热源,目前该回收产品已应用于汽车部件。

2) 铝蜂窝产品及铝型材(可回收):回收再生铝是由废旧铝和铝合金材料,经重新熔化提炼而得到的铝合金或铝金属。

3) 钢化玻璃(可回收):循环利用方式是以玻璃碴的形式通过2次加工制造成浮法玻璃。

4) 酚醛材料(可回收):优质的绝缘隔热材料,酚醛纸蜂窝产品可通过粉碎造粒,作为优秀的保温填充材料应用于建筑行业。

(2) 车内材料降解的方法如下:

1) 自然分解的有机材料,可以在微生物的作用下,自然分解为自然界常态的化合物的方法,现主要使用的材料有:纸蜂窝板、木制胶合板、聚酯纤维棉、玻璃等。

2)材料可以在热、光、机械力、化学试剂、微生物等外界因素作用下,聚合物发生了分子链的无规则断裂、侧基和低分子的消除反应,致使聚合度和相对分子质量下降,现主要使用的材料有:橡胶、铝板、酚醛复合板等。

1.3.2.4 灰水再利用

给水卫生系统采用保持式真空污物收集系统,在污物箱体上集成灰水箱实现热开水器、洗面间、拖布池的灰水的收集,设置蹲式卫生间、座式卫生间相结合的布置方案,满足不同乘客的使用需求,在污物箱附近设置液位显示,可显示水箱和污物箱的液位状态。

灰水再利用在既有集便系统基础上增加灰水箱、过滤单元清洗设备和控制单元等设备,将洗手盆灰水收集处理后用于便器冲洗。灰水量充足的状态下,直接由灰水箱向便器水增压器供水,用于便器冲洗;灰水量不足状态下,由净水箱通过旁通管路向便器水增压器供水,用于便器冲洗。

1.3.3 综合节能

京张智能高速动车组在 CR400BF 型动车组基础上,预计降低能耗约 7%,从低阻力、轻量化、牵引效率、辅助设备能耗等方面开展优化。以京张高铁线路模拟运营计算(每年运营 330 天,每天 5 个往返),年耗电量减少约 118 万度。

表 1.3-2 综合节能目标图

节能项点	优化方案	节能目标
低阻力	运行阻力减小约 9%	5.5%
轻量化	减重约 7 t	0.5%
牵引能耗	优化控制策略和设备参数	0.7%
其他辅助设备	低能耗空调机组、变频控制、智能照明等	0.8%
合 计		约 7.0%

1.3.3.1 低阻力

在 CR400BF 型动车组第一列基础上,京张智能高速动车组在流线型车头、外风挡和转向架区域等方面进行减阻优化设计。通过仿真分析计算,京张智能高速动车组 8 车编组气动阻力可减小9.3%,具体减阻方案见下表1.3-3。根据CR400BF型动车组第一列运行阻力试验结果,通过列车减重7 t,气动阻力减小9.3%,使运行阻力可减小约9%。

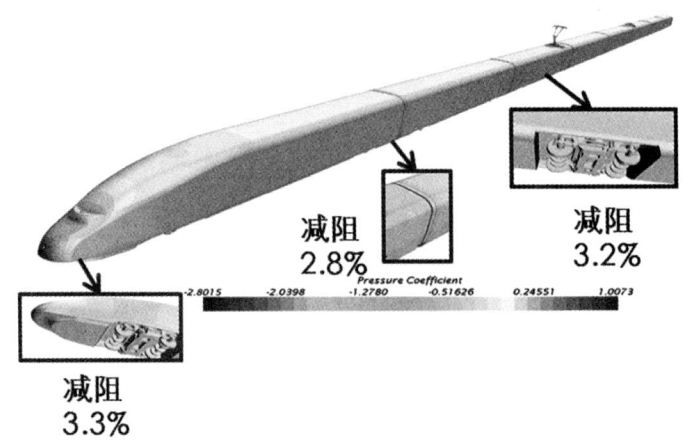

图1.3-8　京张智能高速动车组减阻方案

表1.3-3　车辆减阻方案汇总表

优化位置	优化方案	8车编组减阻率
流线型车头	流线型长度由9.8 m加长至12.5 m	3.3%
	排障器后端与转向架腔平齐,前端尖角60—90度	
外风挡	风挡全包无台阶,并且两外风挡无间隙	2.8%
转向架区域	头车转向架腔两侧垂直端板变为倾斜形式	1.5%
	裙板下拉,两侧加宽	1.7%
合计		9.3%

1.3.3.2　轻量化

京张智能高速动车组在CR400BF型动车组基础上,主要优化车体附件、内装、车内设备设施和电气部件等结构和材料,减重约15 t,新增应急自走行动力电池等功能件增重约8 t,目前综合减重约7 t。

1.3.3.3　牵引能耗

牵引系统整体节能超0.7%:

(1) 优化系统匹配指标,实现系统工作效率提升约0.9%;

(2) 提高轮周再生制动功率至轮周牵引功率的1.37倍。

表 1.3-4 各区段牵引能耗节能表

交　路	CR400BF 能耗/公里 kW·h	京张智能高速动车组 能耗/公里 kW·h	节　能	备　注
张家口南—北京北	24.12	23.73	-1.62%	上行,站停 10
北京北—张家口南	35.17	34.74	-1.22%	下行,站停 10
太子城—北京北	17.18	16.79	-2.27%	上行,站停 9
北京北—太子城	40.08	39.59	-1.22%	下行,站停 9

1.3.4 流线型车头

1.3.4.1 设计目标

独一无二、线条硬朗、具有阳刚之气、体现时代感;头型气动阻力较 CR400BF 减少 3% 以上;尾车升力接近为零;车头长度大于 12 m,长细比大于 6.16(综合减阻效果、对司机视野和整车性能影响);司机室空间中顶高不小于 2 000 mm,司机台面高 1 050 mm。

1.3.4.2 设计概念

京张智能高速动车组车头外观本着节能环保、节能降噪的宗旨,结合动车运行线路实际特点,在大量调研了国内外动车组头型技术基础上,为了体现速度感,分别以鹰隼、猎豹、旗鱼为设计灵感,以仿生学理念设计研发了 3 大类 12 种方案,实现造型上独一无二、线条硬朗、具有冲击力和雕塑感、体现时代精神等设计特征的车头。

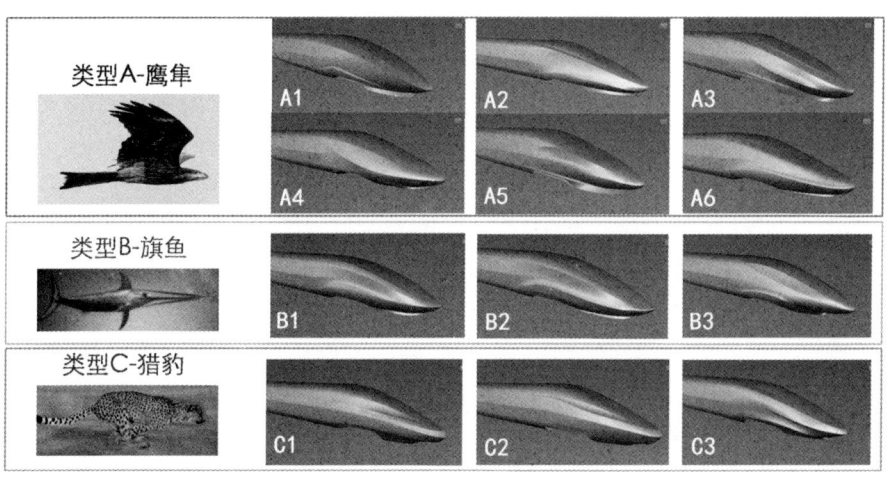

图 1.3-9　12 种方案头型方案图

根据不同车头造型,制作车辆1:1模型,通过车头不动移动地面、中间车无弓、来流速度 350 km/h,对 12 种头型进行仿真分析,与 CR400BF 型动车组阻力系数相比,B1、A1 减阻效果尤为明显,详见图 1.3-10、图 1.3-11 所示。

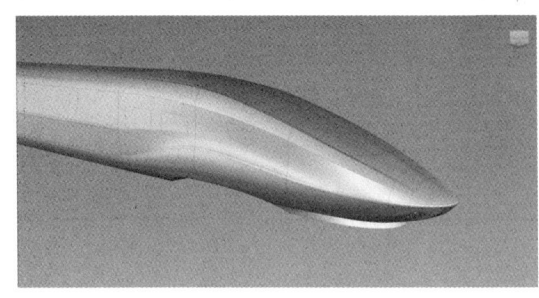
图 1.3-10　头型 B1 方案图

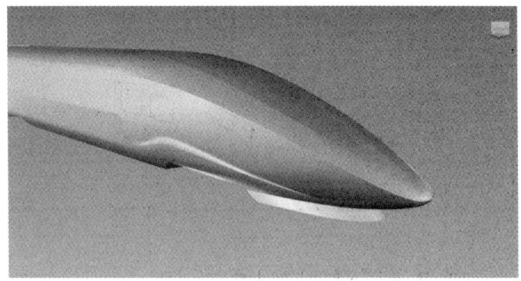
图 1.3-11　头型 A1 方案图

不同车头造型与 CR400BF 型动车组阻力系数相比见图 1.3-12。

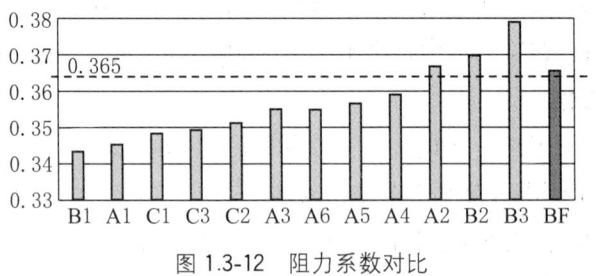
图 1.3-12　阻力系数对比

第二章 智能行车

京张智能高速动车组智能行车体现在自动驾驶、应急自走行、安全监测三个方面。

2.1 自动驾驶

2.1.1 系统概述

2.1.1.1 概述

京张智能高速动车组搭载 CTCS3 级 ATP + ATO 铁路列控系统,在 ATP 系统的防护下,实现有人值守的自动驾驶功能。每个端车上都没有一套完整的 ATO 系统,两套系统独立运行。

2.1.1.2 术语及缩略语

ATO	Automatic Train Operation	列车自动运行
TCMS	Train Control and Monitoring System	列车控制、监视与诊断系统
AM	Automatic Mode	列车自动运行车载设备工作模式—自动驾驶模式
FS	Full Supervision mode	完全监控模式
GPRS	General Packet Radio Service	通用分组无线业务
MO/MC	Manually Open/Manually close	手动开门/手动关门(ATO 门控模式之一)
AO/MC	Automatic Open/Manually close	自动开门/手动关门(ATO 门控模式之一)
DMI	Driver Machine Interface	司机—车载设备接口
DMS	Dynamic Monitor System	列控设备动态监测系统
TSRS	Temporary Speed Restriction Server	临时限速服务器

2.1.1.3 ATO 系统架构

车载设备在 CTCS-2/CTCS-3 级列控系统的基础上,增加 ATO 单元、GPRS 电台及相关配套设备;地面在 TSRS、CTC、TCC 等设备上增加功能;车站股道增加精确定位应答器,构成京张高铁 ATO 系统,系统结构示意图如图 2.1-1 所示。

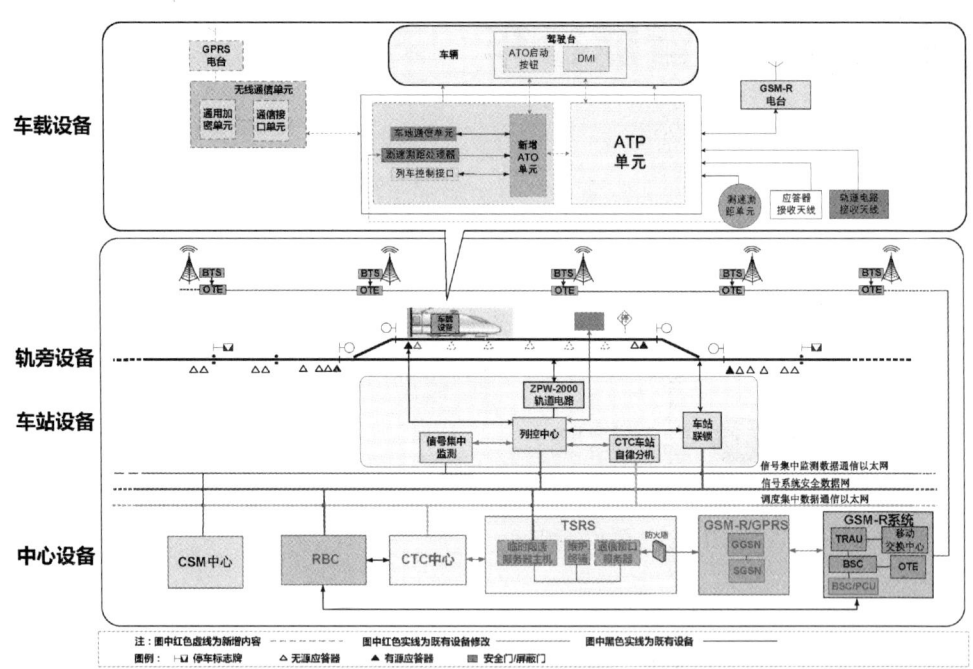

图 2.1-1 ATO 系统总体结构图

2.1.1.4 ATO 技术指标

ATO 安全等级为 SIL2 级,安全相关功能由 ATP 系统实现,具体满足如下指标:

① ATO 设备及功能不影响既有 ATP 设备的安全功能;

② ATO 设备 EMC 指标满足 GB/T 24338.4 的相关要求;

③ ATO 设备安全信息传输设计符合 GB/T 24339.1-2009、GB/T 24339.2-2009 的相关要求;

④ ATO 设备平均无故障时间(MTBF)不小于 105 h;

⑤ ATO 设备设计符合 GB/T21562-2008、GB/T28808-2012、GB/T28809-2012 及 TB/T2615-94 的相关要求。

⑥ 列车以平稳的减速度在目标停车点停车窗内停车,减速度的变化率满足冲击率的要求,控制列车减速度的变化率小于 0.75 m/s^3;

⑦ ATO 系统自动速度控制功能精度为 ±2 km/h；

⑧ 采用一次连续制动模式制动至目标停车点，且在进站前无非线路限速要求的减速台阶，站台定点停车精度指标为 ±0.5 m，在完成精确停车的同时，ATO 施加保持制动防止列车不会溜车。当施加牵引时，ATO 取消保持制动命令。

2.1.1.5 ATO 主要功能

ATO 系统主要功能包括：车站自动发车、区间自动运行、车站自动停车、车门开门防护、车门/站台门联动控制。

ATO 系统运行时由 ATP 设备保证列车运行的安全，ATO 设备始终在 ATP 设备的监控下工作，其运行控制速度不超过 ATP 的防护速度。当 ATO 系统不具备使用条件时，转为人工控制列车将在 ATP 监控下运行。

对于 8 辆编组、16 辆重联的列车，均可实现 ATO 系统功能和车门/站台门联动控制。

ATO 系统具备按照线路限速条件(含通过隧道时)自动调节运行速度的功能。

2.1.2 接口方案

2.1.2.1 系统组成

京张智能高速动车组采用标准配置与奥运配置两种配置方式，对于 ATO 系统，两种配置系统组成相同。ATO 车载设备组件在车顶、车上、车下区域均有分布，设备安装分布图如图 2.1-2、图 2.1-3 所示(以"标准型"为例)。

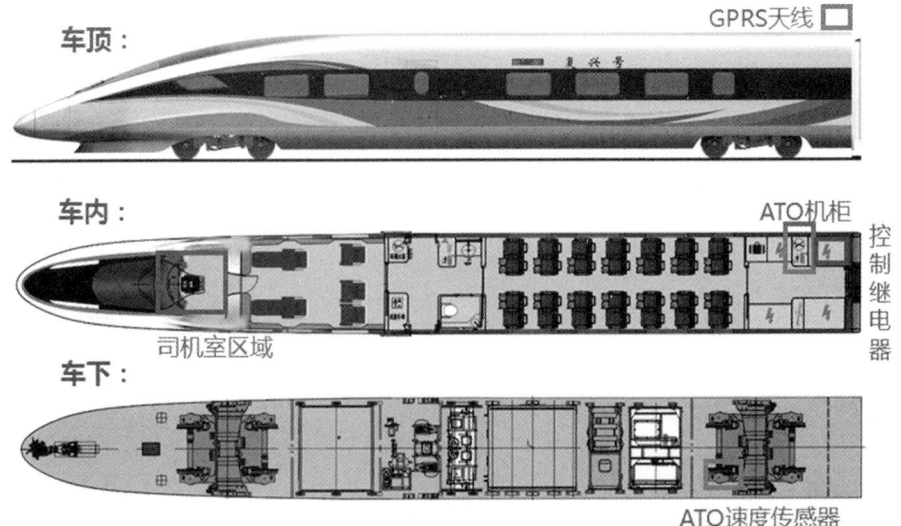

图 2.1-2　ATO 车载设备区域分布图 1

图 2.1-3 ATO 车载设备区域分布图 2

ATO 车载设备主要包括：ATO 主机、GPRS 天线、ATO 速度传感器、多普勒雷达（选用）、ATP 开门允许选择开关、门模式开关、"ATO 启动"灯按钮、ATO 供电空开等。

2.1.2.2 机械接口

（1）ATO 主机

ATO 主机工作电压为 DC110 V（+25%～−30%），工作温度为 −25 ℃～+70 ℃。ATO 主机安装于头车二位端上方工具柜，在承重底板上预埋铆螺母（M10，4PC），以底部固定的方式安装。安装图纸见图 2.1-4，安装效果图见图 2.1-5。

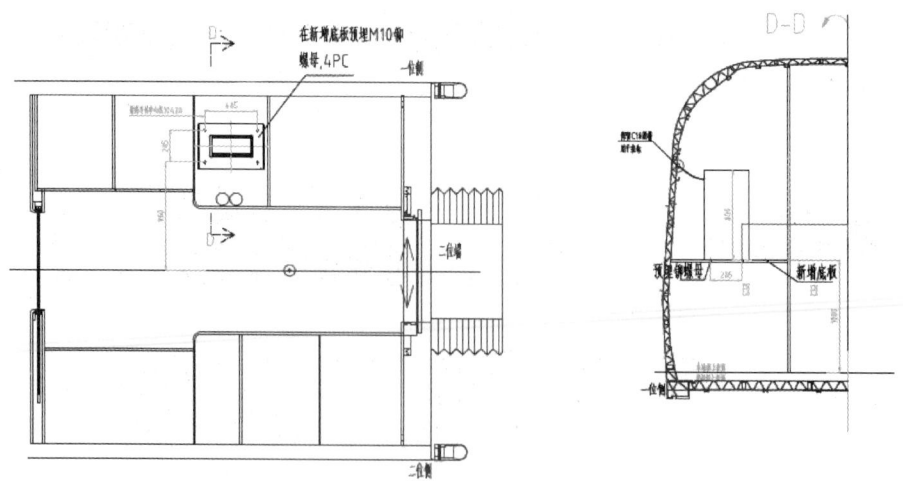

图 2.1-4 ATO 机柜安装图纸

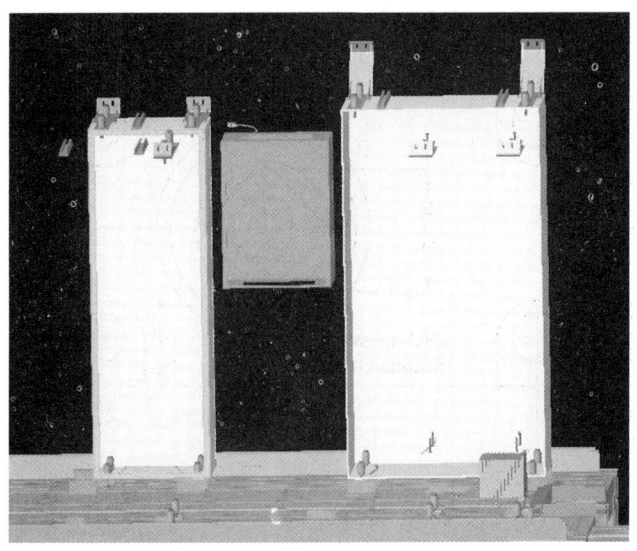

图 2.1-5　ATO 机柜安装效果图

(2) GPRS 天线

ATO GPRS 天线型号为 KATHREIN 741009，GPRS 天线重量约为 0.5 kg，工作温度为 -40 ℃～+70 ℃，GPRS 天线外形尺寸图见 2.1-6。为保证无线通信的正确性和可靠性，GPRS 电台天线需要安装在金属框架(定制支架)或在导电性表面上，接地平面(反射面)尺寸需要大于 500×500 mm。

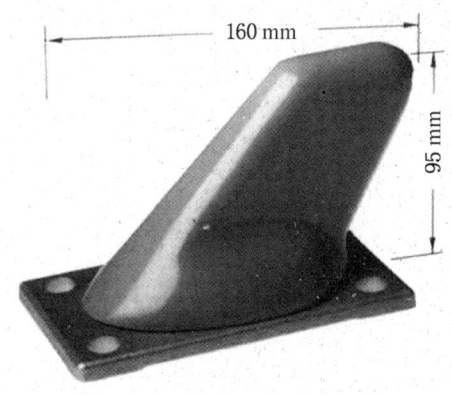

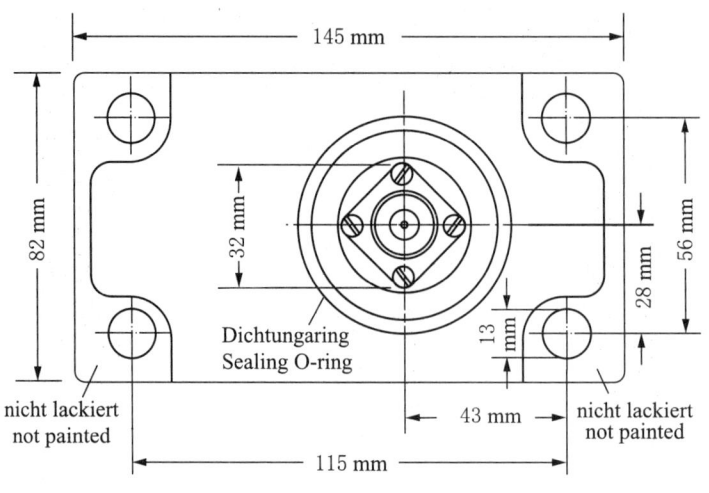

图 2.1-6　GPRS 天线外形尺寸图

ATO 系统 GPRS 天线安装于 TC 车外部车顶二位端空调机组后方区域,车体为天线安装开孔,并焊接天线安装支座。车顶安装平面能够满足天线接地平面(反射面)尺寸大于 500×500 mm 的需要。GPRS 天线安装座见图 2.1-7,安装效果图见图 2.1-8。

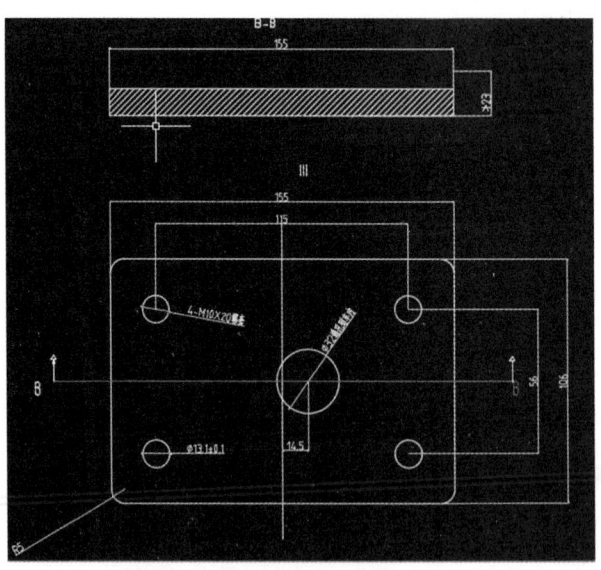

图 2.1-7　GPRS 天线安装座尺寸图

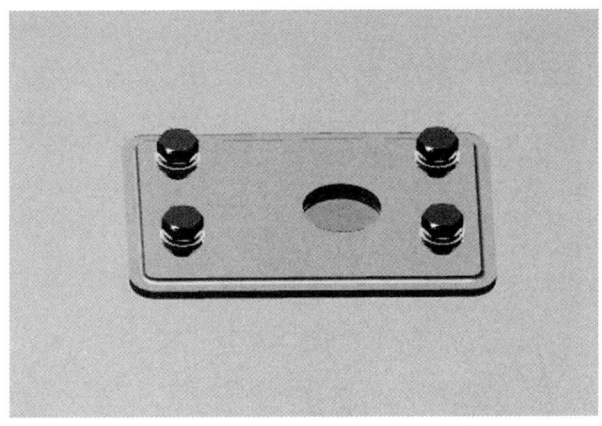

图 2.1-8　GPRS 天线安装座效果图

(3) ATO 速度传感器

ATO 速度传感器,采用型号为 HS22G5D 的 120 齿霍尔速度传感器,模数 1.5,速度传感器的额定工作电压为 DC15 V 或 24 V,工作温度为 -40 ℃~+120 ℃,防护等级为 IP68。速度传感器尺寸如图 2.1-9 所示。

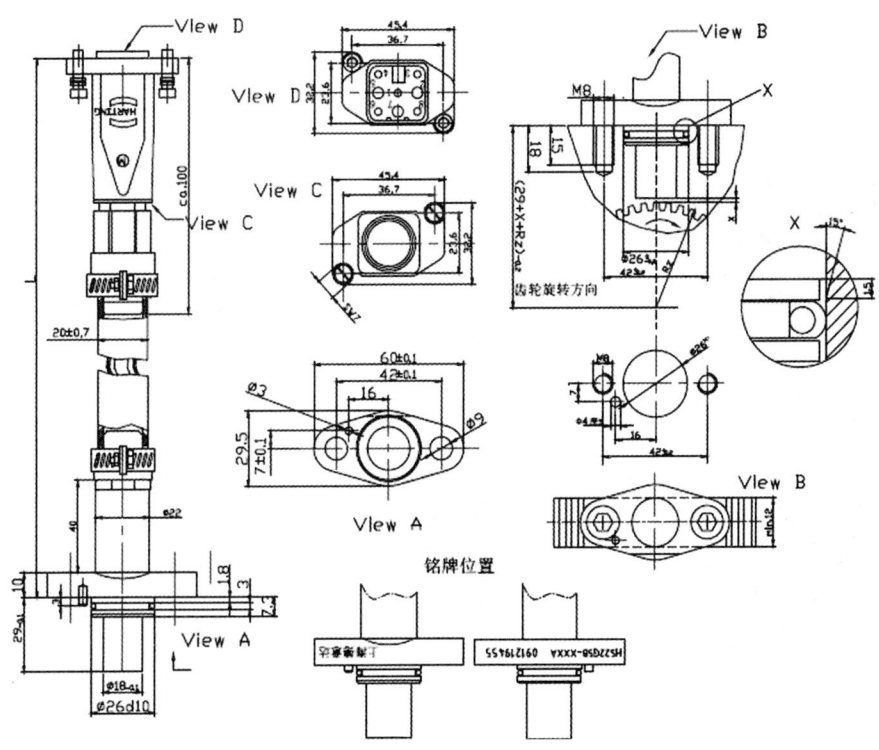

图 2.1-9　ATO 速度传感器尺寸图

ATO 速度传感器安装于 TC 车二位端转向架 3 轴二位侧,采用两个 M8 的螺栓进行紧固。安装示意图见图 2.1-10。为配合 ATO 系统提高测速精度,车辆取消该轴轴端接地装置,安装 120 齿测速齿轮,安装接口与 80 齿齿轮一致,120 齿测速齿轮图纸见图 2.1-11。

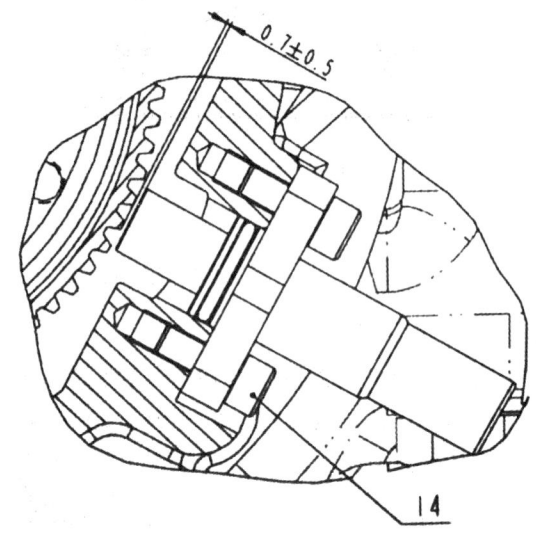

图 2.1-10　ATO 速度传感器安装示意图

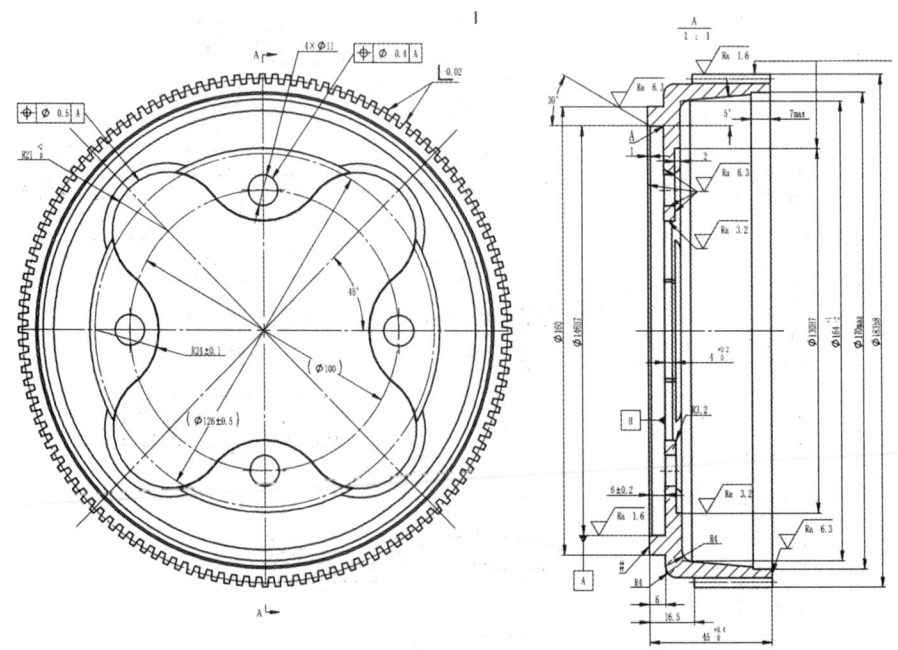

图 2.1-11　120 齿测速齿轮图纸

(4) 多普勒雷达

ATO 采用多普勒雷达型号采用德意达公司的 DRS05/1S1C,安装尺寸为高 140 mm×宽 214 mm,雷达重量约为 4.7 kg,工作温度为 −40 ℃～+70 ℃,防护等级为 IP67,多普勒雷达尺寸如图 2.1-12 所示。

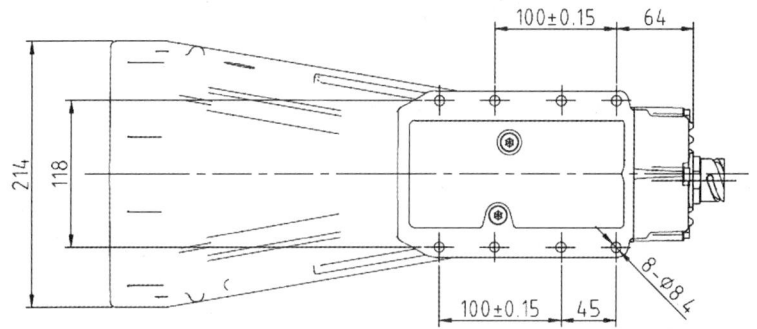

图 2.1-12　多普勒雷达尺寸图

多普勒雷达天线安装于 TC 车设备舱区域,车辆提供天线吊装支架,设备舱底板为天线开孔。多普勒雷达安装效果如图 2.1-13 所示。

图 2.1-13　多普勒雷达安装效果图

(5) ATP 开门允许选择开关

ATP 开门允许选择开关型号为:CRH16 PC9663,此开关为 CRH16 系列手柄转动角度 90°的二档定位式转换开关,开关额定容量为 DC110 V/1 A,额定瞬时耐受电流为 140 A,存储温度为 −40 ℃～+85 ℃,工作温度为 −25 ℃～+60 ℃,前端防护等级为 IP65,机械寿命为 1 000 000 次,电气寿命为 300 000 次。ATP 开门允许选择开关尺寸如

图 2.1-14 所示。

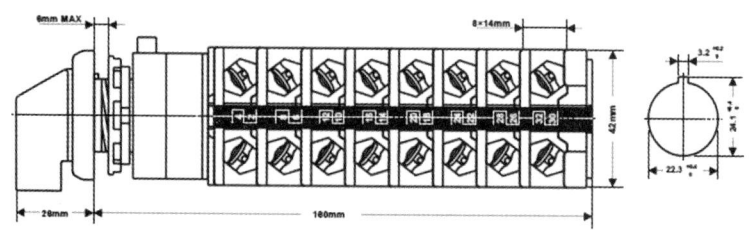

图 2.1-14　ATP 开门允许选择开关安装尺寸图

ATP 开门允许选择开关安装于司机室故障面板上,ATP 开门允许选择开关包括"ATP 允许"位和"人工允许"位。当开关置于"ATP 允许"位时,由 ATP 释放车门;当置于"人工允许"位时,由司机释放车门。安装位置示意图如图 2.1-15 所示。

（6）门模式开关

门模式开关型号为：CG8S-2T92,此开关为 CRH8 系列手柄转动角度 60°的二档定位式转换开关。开关额定容量为 DC110 V/1 A,额定瞬时耐受电流为 140 A,存储温度为 −40 ℃～+85 ℃,工作温度为 −25 ℃～+60 ℃,前端防护等级为 IP65,机械寿命为 1 000 000 次,电气寿命为 150 000 次门模式开关尺寸如图 2.1-16 所示。

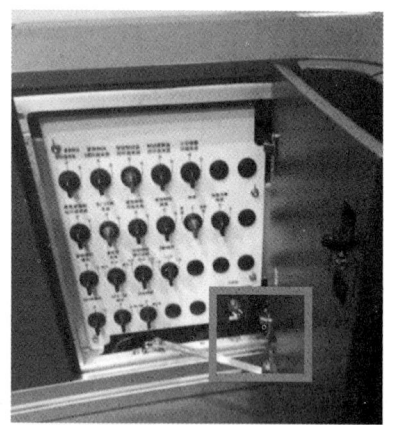

图 2.1-15　ATP 开门允许选择开关位置示意图

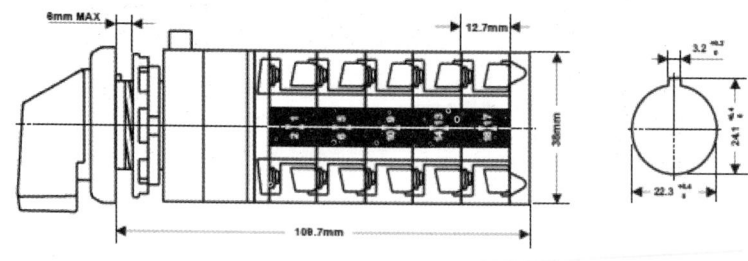

图 2.1-16　门模式开关尺寸图

门模式开关安装于司机室二级操作区。门模式开关包括"MO/MC"位和"AO/MC"位。当开关置于"MO/MC"位时,由司机控制门开/关;当置于"AO/MC"时,由 ATO 控制开门,司机控制关门。安装位置示意图如图 2.1-17 所示。

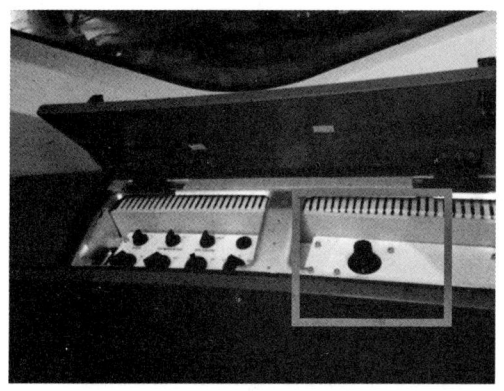

图 2.1-17　门模式开关位置示意图

(7)"ATO 启动"灯按钮

"ATO 启动"灯按钮型号为 3SB36 06-0AA41,绿色带灯自复位按钮,带有 4 对常开触点,见图 2.1-18。

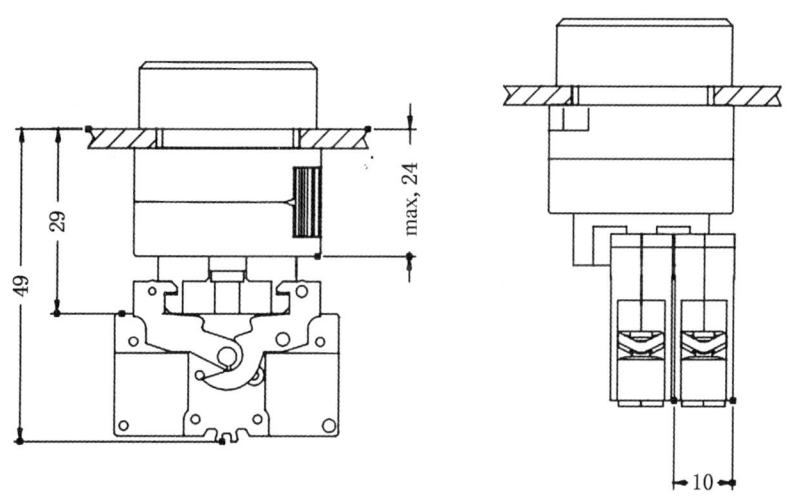

图 2.1-18　"ATO 启动"灯按钮尺寸图

"ATO 启动"灯按钮安装于司机操作台区域,安装位置示意图如图 2.1-19 所示。

2.1.2.3　电气接口

(1) 接口基本原则

ATO 与车辆接口遵循以下原则:

车辆只采信激活端 ATO 发送的控制和状态数据,及继电器接口控制命令。

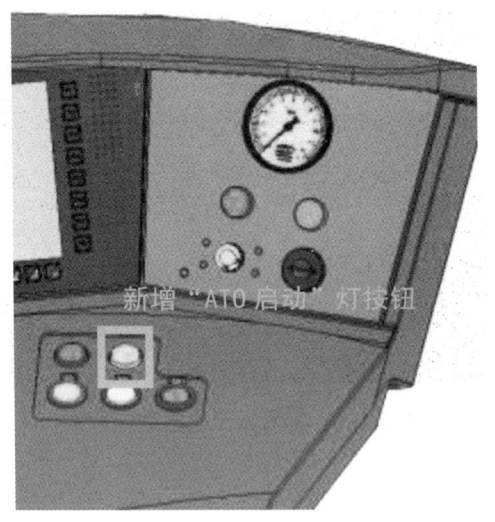

图 2.1-19 "ATO 启动"灯按钮安装位置示意图

当进入自动驾驶模式时,车载设备通过网络输出的"ATO 有效"字段为"有效",同时继电器接口输出"ATO 有效"干接点信号为"闭合";当退出自动驾驶模式时,车载设备通过网络输出的"ATO 有效"字段为"无效",同时继电器接口输出"ATO 有效"干接点信号为"断开"。

当同时满足以下条件时,车辆判断"ATO 有效"状态为有效,并执行 ATO 发送的 TCMS 控制命令(包括牵引、制动、保持制动、恒速命令(预留))和继电器接口控制命令(开门命令):

- TCMS 网络信息中"ATO 有效"为"有效"
- 继电器接口中"ATO 有效"输出干接点信号为"闭合"

1) 当车辆判断不允许进入自动驾驶模式时,向 ATO 发送"动车组允许 ATO 控车"为"不允许",同时不执行 ATO 输出的牵引、制动、保持制动、恒速命令(预留)、开门命令,并将"ATO 启动"灯作灭灯处理。

2) 车辆按照实际收到的 ATO 控制命令通过 TCMS 网络向 ATO 进行反馈,当车辆判断与 ATO 网络通信异常时,将命令反馈数据字段清零复位。

3) 车载设备 ATP 休眠时,ATO 退出自动驾驶模式,并将网络信号和继电器信号的"ATO 有效"置为"无效"。

4) 车载设备 ATP 上电或唤醒时,未进入自动驾驶模式前,ATO 设置网络信号和继电器信号的"ATO 有效"为"无效"。具备自动驾驶模式条件并转入自动驾驶模式后,ATO 设置网络信号和继电器信号的"ATO 有效"为"有效"。

(2) TCMS 网络接口

ATO 系统与 TCMS 系统采用 MVB/以太网通信，TCMS 为主设备，ATO 为从设备，ATO 与 TCMS 之间采用双向通信，应用数据的刷新周期不超过 500 ms。

（3）继电器接口

继电器接口分为电平信号接口和干接点信号接口两种方式，车辆提供的电源 DC110 V（-30%/+25%），电流最大不超过 100 mA。ATP、ATO 与车辆继电器接口以及车辆各开关接口如图 2.1-20 所示，各输出信号如表 2.1-2、表 2.1-3。

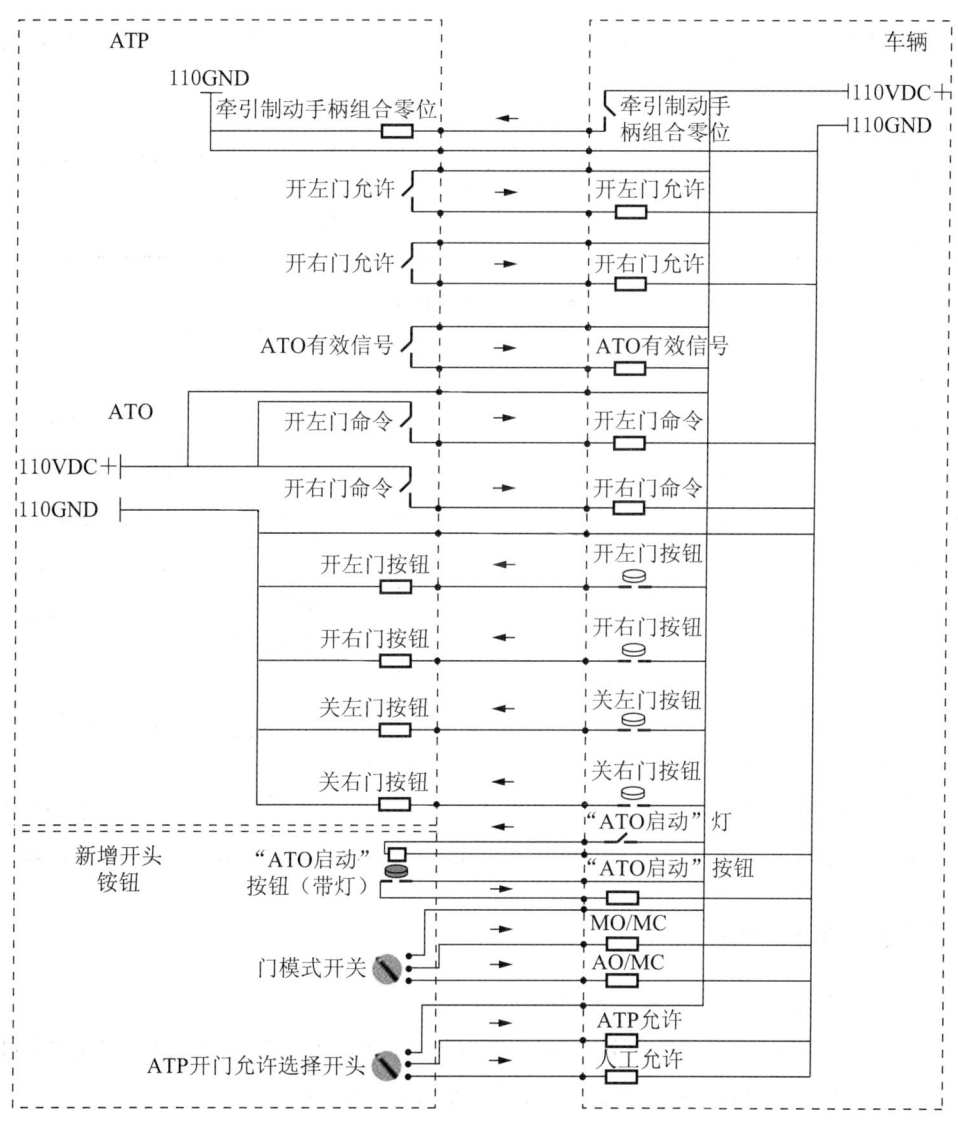

图 2.1-20　继电接口输入输出示意

表 2.1-1 输出信号

编号	名 称	电平/干接点	描 述	接口类型
1	开左门允许信号	干接点	闭合:允许 断开:不允许	ATP 输出
2	开右门允许信号	干接点	闭合:允许 断开:不允许	ATP 输出
3	开左门命令	电平	脉冲信号有效,高电平保持2秒	ATO 输出
4	开右门命令	电平	脉冲信号有效,高电平保持2秒	ATO 输出
5	ATO 有效信号	干接点	闭合:有效 断开:无效 只有当继电器信号和网络信号中"ATO 有效"信号同时有效时,车辆才响应 ATO 的牵引、制动、恒速、保持制动	ATP 输出

表 2.1-2 输入信号

编号	名 称	电平/干接点	描 述	接口类型
1	牵引制动手柄组合零位	电平	1:有效 0:无效	ATP 输入
2	开左门按钮状态	电平	1:按下 0:未按下	ATO 输入
3	关左门按钮状态	电平	1:按下 0:未按下	ATO 输入
4	开右门按钮状态	电平	1:按下 0:未按下	ATO 输入
5	关右门按钮状态	电平	1:按下 0:未按下	ATO 输入

2.1.3 控制方案

2.1.3.1 ATO 系统进入和退出 AM 工作模式

当 ATP 处于完全监控模式(FS),且具备下列 ATO 使用条件时,ATO 会将"ATO 启动"灯信号发送给 TCMS,通过"ATO 启动"灯闪烁对司机进行提示。

司机按压"ATO 启动"按钮方可进入 AM 模式,当 TCMS 采集到"ATO 启动"按钮由未被按下状态到被按下状态,并持续 1 s(暂定)后,判断按钮状态有效,并向 ATO 连续发送 3 秒(暂定)"ATO 启动"按钮有效状态。

当 ATP 处于其他工作模式时,原则上不允许进入 ATO 模式。

进入 AM 模式的必要条件:

1) 处于 FS 模式(来源 ATP 车载设备);

2) 方向手柄前向(来源 ATP 车载设备);

3) 牵引制动手柄处于零位(来源 ATP 车载设备);

4) ATO 工作正常(来源 ATP 车载设备);

5) ATP 未输出紧急制动(来源 ATP 车载设备);

6) 动车组允许 ATO 模式(来源车辆);

ATO 车载设备处于 AM 模式时,ATO 发送给 TCMS 的"ATO 有效"信号为"有效",同时,TCMS 通过硬线采集的"ATO 有效"信号为"有效"。只有两个信号均为"有效"时,车辆才执行 ATO 发送的控制命令(包括牵引、制动、保持制动、恒速命令(预留)、开门命令)。同时,TCMS 向 ATO 发送的"ATO 有效命令反馈"信号为"ATO 有效"。

ATO 车载设备处于 AM 模式时,警惕功能只能通过脚踏或按钮实现。司机若操作列车牵引、制动手柄,则车载设备自动退出 AM 模式。

ATO 车载设备处于 AM 模式时,若满足任一退出 AM 模式的必要条件,应自动退出 AM 模式并提示司机,若需司机在 5 s 内确认(通过 ATP 和 ATO 共用的 DMI),则 ATP 不输出常用制动,确认后转为司机操作;若未及时确认(0 到 5 s 空白期时间内车辆惰行),则 5 s 后 ATP 输出最大常用制动,确认后 ATP 缓解该制动。

退出 AM 模式的必要条件:

1) 方向手柄不在向前位(来源 ATP 车载设备);

2) 牵引制动手柄处于非零位(来源 ATP 车载设备);(是否需要确认,三家不统一)

3) ATO 工作不正常(来源 ATP 车载设备);

4) ATP 输出紧急制动(不包括 ATP 输出 1、4、7 级制动)(来源 ATP 车载设备);

5) 动车组不允许 ATO 模式。(来源车辆)。

● AM 自动退出后,无论司机是否确认,ATO 有效均变为"无效";

● AM 自动退出,ATP 未输出最大常用前,车辆应采取如下保护措施:

1) 当牵引制动手柄处于制动位时,车辆 TCMS 转为接收司机手柄的制动指令;当处于牵引位时,只有手柄回零位后再处于牵引位,车辆 TCMS 才转为接收司机手柄的牵引指令;

2) HMI 显示屏"ATO 有效"图标消失；

3) HMI 显示屏弹出 1 级故障；

4) 原有故障中,2 级故障需要司机根据显示屏的提示对故障进行甄别,并采取相应的措施。

ATO 车载设备记录司机的确认操作,并在 DMI 上显示当前工作模式。与之对应,车辆的 HMI 没有相关图标显示,显示处于 ATO 控车。(图标与 ATP 的 DMI 上显示的图标保持一致,显示条件为同时收到"ATO 有效"的网络和继电器信号有效时;无效时不显示图标。ATO 图标见图 2.1-21)

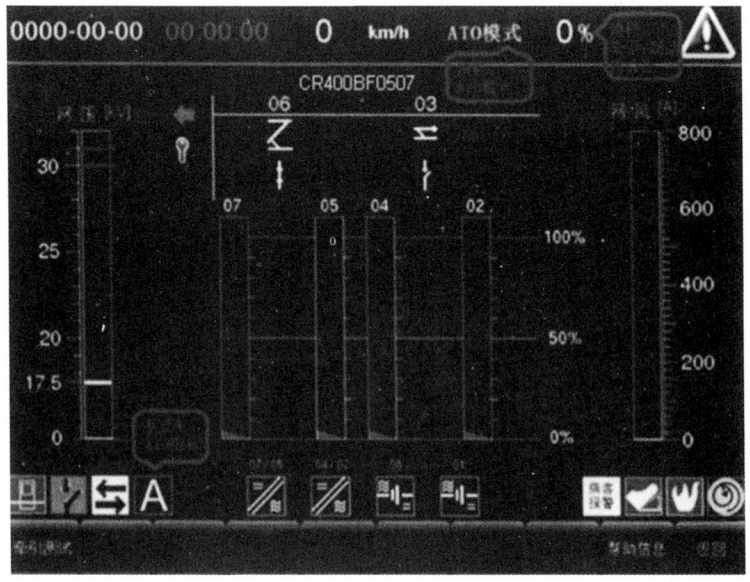

图 2.1-21　ATO 图标示意

2.1.3.2　动车组允许 ATO 模式的条件

存在以下任一条件时,动车组车辆不具备 ATO 控车的条件,车辆向 ATO 系统输出"允许 ATO 模式"为不允许;其他情况下,车辆向 ATO 系统输出"允许 ATO 模式"为允许：

1) 8 辆编组有 2 个及以上动车的牵引被切除；

2) 至少有一个车辆的空气制动不可用；

3) 车辆存在限速保护时；

4) 车辆自动施加常用制动时；

5) 车辆施加紧急制动(EB 或 UB)时；

6）保持制动缓解/隔离时；

7）动车组车辆监视到车载 ATO 系统的通信状态失效（数据的刷新周期超过通信周期的 5 倍，或者 ATO 系统的心跳 2 s 不更新）。

以上 7 种不允许进入 ATO 的条件以一个字节进行故障描述并传输给 ATO，同时车辆系统记录并输出故障诊断代码。

动车组车辆不允许进入 AM 模式时，车辆不采用 ATO 输出控制指令。

2.1.3.3　车站自动发车

对于始发站，司机以 C2 部分模式或 C3 目视模式发车，当列车在运行过程中进入完全模式并且满足进入 AM 模式条件时，"ATO 启动"灯闪烁，司机可按压"ATO 启动"按钮进入 AM 模式。（进入 AM 模式的结果：网络信号的"ATO 有效"为有效和继电器"ATO 有效"的干节点闭合。）

对于中间站，车载设备处于 AM 模式，ATO 确认车门关闭，方向手柄向前，牵引制动手柄处于零位，且发车条件具备后，闪烁"ATO 启动"灯提示司机，司机确认车门关闭后，根据发车提示按压"ATO 启动"按钮，ATO 根据列车运行计划信息，控制列车发车。

若发车时车载设备无法转入 AM 模式，需由司机人工驾驶列车从车站出发，待具备进入 AM 模式条件后，"ATO 启动"灯闪烁，司机可按压"ATO 启动"按钮进入 AM 模式。

"ATO 启动"灯状态含义：常亮，AM 模式；闪烁，AM 模式下从常亮到闪烁，发车提示；非 AM 模式由熄灭到闪烁，提示进入 AM 模式；熄灭，非 AM 模式。

1）车载 ATO 系统确认车门关闭到位（门环路继电器状态），车辆系统通过网络输出给 ATO 系统。

2）司机牵引/制动手柄的零位通过高电平的方式输出给 ATP 系统，不再单独提供给 ATO 系统；

3）"ATO 启动按钮"由动车组车辆采集，通过网络输出给 ATO 系统；

4）"ATO 启动按钮"的指示灯由车辆根据 ATO 系统的网络控制信号驱动；当车辆判断不允许进入 AM 模式时，应向 ATO 发送"动车组允许 ATO 控车"为"不允许"，同时不应执行 ATO 输出的牵引、制动、保持制动、开门命令；

5）保持制动由 ATO 系统自动施加，自动施加保持制动指令通过网络接口发送给车辆，由车辆施加保持制动。

当 ATO 启动输出牵引时，取消保持制动施加和制动输出信号。车辆根据缓解条件自动缓解保持制动。时序图如图 2.1-22 所示。

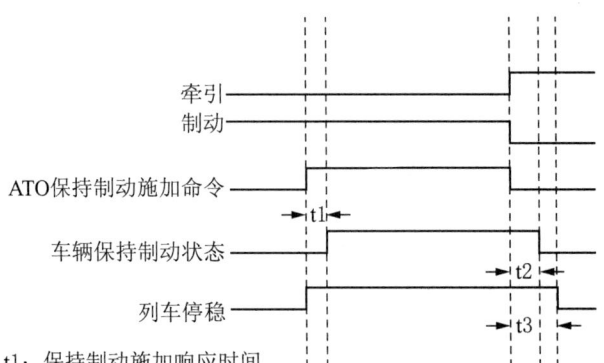

t1：保持制动施加响应时间
t2：保持制动缓解延时（车辆自动缓解）
t3：列车启动延时

图 2.1-22　保持制动时序图

2.1.3.4　区间自动运行

1）车载 ATO 设备根据地面设备提供的运行计划或按预选驾驶策略，控制列车加速、巡航(ATO 的恒速)、惰行、减速和停车，实现自动按运行图运行。

2）若运行计划不可用时，车载设备不退出 AM 模式，并自动选择预选驾驶策略中的默认策略控制列车。预选驾驶策略设置如下：

- 策略 1：低于 ATP 曲线 5 km/h，为默认策略。
- 策略 2：低于 ATP 曲线 2 km/h。
- 策略 3：低于 ATP 曲线 8 km/h。

3）区间信号关闭时，ATO 按照 ATP 的防护曲线在 ATP 的目标停车点前一定距离(可配置)自动停车。区间重新开放信号后，若满足车载设备进入 AM 模式条件，提示司机确认，此时司机可重新按压"ATO 启动"按钮进入 AM 模式自动运行；

4）当进入 AM 模式时，在司机显示屏 HMI 上显示动车组处于自动驾驶模式；当退出 AM 模式时，在车载 ATO 的 DMI 上提示 ATO 已退出；

5）当进入 AM 模式时，由 ATO 系统将牵引的百分比指令通过网络传输给车辆的 TCMS 系统；

6）当进入 AM 模式时，ATO 的制动控制指令通过网络信号传输级位信息；

7）ATO 不输出紧急制动 EB；

8）当进入 AM 模式时，ATO 系统的巡航模式由 ATO 系统完成，由 ATO 系统将牵引的百分比和制动的级位指令传输给车辆 TCMS 系统；

9）"ATO 有效"信号转为无效，车辆 TCMS 转为接收司机手柄的指令；

10）当进入 AM 模式后，牵引制动手柄不处于零位，当处于制动位时，车辆 TCMS 转

为接收司机手柄的制动指令;当处于牵引位时,只有手柄回零位后再处于牵引位,车辆 TCMS 才转为接收司机手柄的牵引指令;

11) 当进入 AM 模式后,方向手柄非前向时,车辆 TCMS 转为接收司机手柄的指令;

2.1.3.5 车站自动停车

车载 ATO 设备通过精确定位应答器进行位置校正,并根据地面设备提供的停车标位置及列车运行状况,自动控制列车准确地在车站股道停车标处停车。当列车停稳停准后,车辆判断 ATO 状态为有效时,保持制动由 ATO 系统施加,"保持制动施加命令"通过 TCMS 发送给车辆,当输出为"保持制动施加有效"时,ATO 输出保持制动,同时持续输出大于等于 4 级的制动级位。在保持制动施加时,BCU 响应 ATP + ATO 输出的最高制动级位;保持制动缓解由车辆系统 TCMS 自动缓解。当 ATO 状态为无效时,该字段为"保持制动施加无效",保持制动的施加和缓解由车辆执行。当 ATO 有效时,若 ATO 在停车期间未输出"保持制动施加有效",由 ATP 进行遛逸防护确保安全;ATO 有效时 BCU 不响应保持制动缓解硬线指令。

动车组换端时,ATP 进入休眠模式,ATO 退出 AM 模式,ATO 不再施加保持制动,保持制动由车辆继续施加。另一端激活后,ATO 在进入 AM 模式前,不输出保持制动。

2.1.3.6 车门开关控制

1) 车载 ATP 设备应判断列车停准且停稳,并根据轨道相关应答器中的站台侧信息,进行车门开门防护。

- 站台侧信息为"左侧"或"右侧",输出"允许开左门"或"允许开右门"
- 站台侧信息为"双侧",同时输出"允许开左门"和"允许开右门"
- 列车停车精度大于 ATP 允许开门精度时,不得输出"开门允许"
- ATP 在列车运动过程中不输出"开门允许"
- ATP 在停准停稳后且列车速度为 0 时,方可输出"开门允许"
- ATP 输出"开门允许"后在短时间(ms)内输出开门指令,同时伴随屏蔽门控制指令

2) 新增一个 2 位开关"ATP 开门允许"选择开关,设置"ATP 允许"和"人工允许"。车载 ATO 设备控制列车在站台停准且停稳后,根据"门控模式"开关和"ATP 开门允许"开关信息,进行车门开关控制。

ATP 系统通过继电器干节点将"开左门允许"或"开右门允许"信号叠加到现有车辆"释放左门"或"释放右门"硬线控制信号;同时车辆 TCMS 系统根据以上控制信号点亮相应的"门释放"指示灯;

ATO 系统通过继电器干节点将"开左门"或"开右门"信号叠加到现有车辆的"开左门"或"开右门"硬线控制信号,实现"开左门"或"开右门"功能。

3) 车辆新增一个 2 位置开关,采集门控的 MO/MC,AO/MC 模式通过网络输出给 ATO 系统。ATO 提供以下两种车门控制方式:

- 手动开门/手动关门(MO/MC);由司机负责开/关车门。
- 自动开门/手动关门(AO/MC);由 ATO 自动打开车门,由司机手动关闭车门;在 AO/MC 模式下,允许司机人工操作车门。

4) 车辆控制系统应该按照 ATO 门控模式的选择开关位置与车门控制按钮进行硬线联锁。

- 门模式开关处于 MO/MC 位置时,门控方式与现有控制方式相同;
- 门模式开关处于 AO/MC 位置时,由 ATO 输出的开门控制信号与司机控制的开门信号并联,由司机手动关闭车门。车辆系统提供车门的人工控制功能,且优先级高于 ATO 车门控制指令。

5) 下列情况之一时,ATO 不提供自动开门功能:

- ATP 给出双侧门允许;
- 本股道运行计划为"通过"或运行计划不可用;
- 本股道运行计划为"不办客";
- 列车停车精度大于 ATO 允许开门精度。

ATO 不提供自动开门功能时,应在 ATO 的 DMI 及 TCMS 的 HMI 上进行提示。车辆的 TCMS 屏上的车门界面上显示 ATP 人工允许状态和 ATO 的 AO/MC 和 MO/MC 状态。

"ATP 隔离开关"在"隔离"位时,ATP 不输出开门允许。

在设置站台门的情况下,为避免"ATP 门允许"给出后,本地进行开门操作,当 ATP 开门允许选择开关处于"ATP 开门允许"位,通过网络将"ATP 开门允许"信号发送给车门,若此信号有效,车门屏蔽本地开门功能。

2.1.3.7 车门/站台门联动控制

1) 设置站台门的线路,在车地通信正常时可实现车门/站台门联动控制,车门和站台门在联动过程中同步进行开/关门动作。

2) 车站/站台门的开门联动控制由 ATO 或司机触发,关门联动控制由司机触发。

3) 车地通信正常时,站台门开/关门命令应 2 s(暂定)内由列车发送至站台门系统。

车辆可配置车门动作延时时间(2 s,暂定),以满足站台门和车门同步打开、关闭。时序图如图 2.1-23 和图 2.1-24 所示。

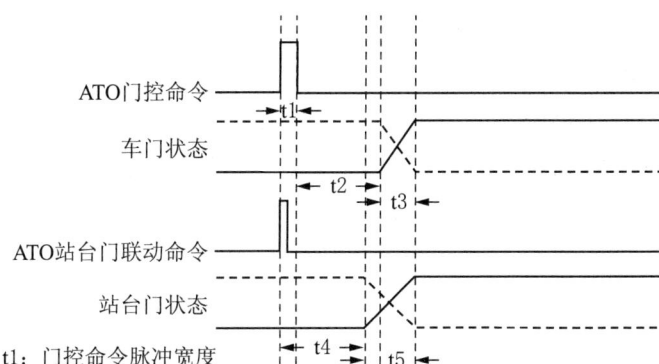

图 2.1-23　ATO 门控命令时序图

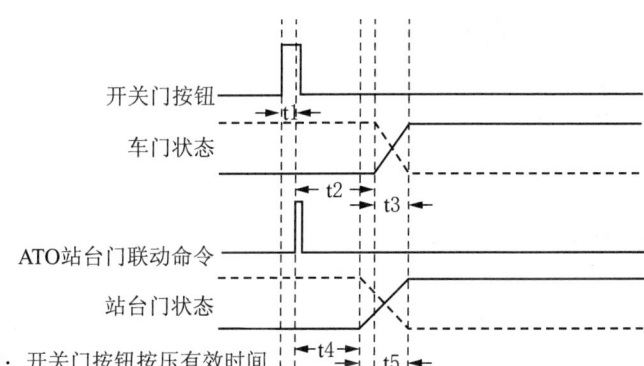

图 2.1-24　手动控制车门时序图

2.1.3.8　隧道信息

1) 车载 ATO 设备在列车接近隧道时,通过 MVB 向 TCMS 发送隧道信息,隧道信息包括:隧道入口距车头距离(备注:隧道入口距车头距离值)以及隧道长度(备注:当长度超过 65 534 m 时,ATO 将本字段置为 65 534 m)。

2) 地面设备仅提供长度大于 300 m 的隧道信息。相邻隧道间距大于 500 m 小于 1 000 m 时,隧道信息应合并描述。

当"ATO 故障信息"为"故障"时,ATO 将表示隧道信息的字段置为默认值,车辆不采信该字段信息。当"ATO 故障信息"为"无故障"时,TCMS 将该字段信息传输给空调系统用于压力保护。

备注：隧道信息为连续的距离信息。

2.1.3.9　自动过分相

车载 ATO 设备以 AM 模式运行时，不影响 ATP 自动过分相功能。

动车组处于 ATO 的 AM 模式控车时，在过分相信号有效期间，ATO 系统通过网络输出给车辆的"牵引/制动命令状态标志"不为牵引，"牵引控制量"设为 0。

2.2　应急自走行

2.2.1　必要性

动车组在运行过程中，因遇到接触网断电、全列高压或牵引设备故障导致列车无动力，在不依靠外界救援的情况下，车辆无法运行。京张动车组冬奥会期间会担当政治任务，政治意义大、社会关注极高，故障后的舆论影响较大，需要保证故障工况下动车组不需要外部救援就能够自走行，应急自走行需求度较高。

2.2.2　功能需求

依据《京张智能高速动车组技术条件》，对动车组应急自走行的性能要求如下：

（1）动车组利用车载电源系统，在接触网断电或高压设备故障情况下，具备应急自走行的功能。其中应急自走行即应考虑动车组具备在京张高铁任何一个区间发生供电故障时，动车组均可通过此功能、应急自走行至就近车站的能力（可以反向行车），同时还应考虑至少具备自走行 20 公里的能力，其中 5‰上坡道 5 公里、平直道 15 公里，走行速度 30 km/h。

（2）动车组利用上述车载电源系统，除具备应急自走行功能，还可兼顾具备应急空调供电功能。

2.2.3　设备构成

为实现京张智能高速动车组应急自走行和空调应急供电功能，京张智能高速动车组新增双向充电机和动力蓄电池，取消原单向充电机，将 DC110 V 电池系统与 DC635 V 电池系统整合为一箱动力蓄电池。

应急自走行系统在京张智能高速动车组标准配置与奥运配置中相同，如表 2.2-1 所示。

表 2.2-1 系统配置表

设备名称	单位	各车数量								总数
		1	2	3	4	5	6	7	8	
双向充电机	台	1	—	—	—	—	—	—	1	2
动力蓄电池	台	1	—	—	—	—	—	—	1	2

车下设备布置如图 2.1 所示。

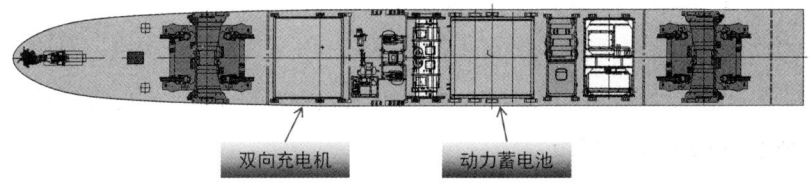

图 2.2-1 车下设备布置方案

2.2.4 电路拓扑结构及功能描述

系统电路拓扑结构如图 2.2-2 所示。

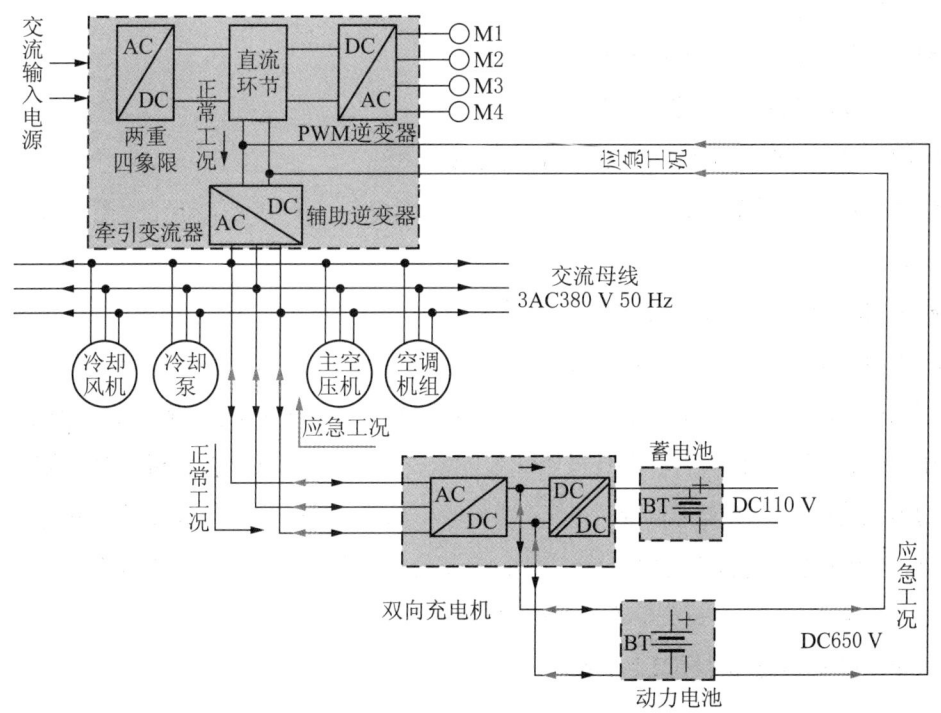

图 2.2-2 系统电路拓扑结构示意图

在动车组的头尾车分别增加一套双向充电机+动力蓄电池。当车辆正常运营时,双向充电机通过交/直流模块为动力蓄电池充电,同时通过直/直流模块为车辆 DC110 V 母线负载(辅助设备)供电。HMI 上设有空调应急供电和应急自走行模式可选,当接触网断电或全列高压及牵引设备故障时,需在 HMI 上手动激活应急供电模式,双向充电机激活直/交流逆变模块,将动力蓄电池的直流电压转换为 3＊AC380 V 电压为空调系统供电;当需要启动应急自走行时,动力蓄电池闭合输出接触器将直流电接入牵引变流器中间直流环节,经牵引逆变器带动牵引电机供电运行。

动力蓄电池通过非隔离型双向 AC/DC 模块接入 3AC380 V 母线:

➢ 正常工况下,3AC380 V 通过双向 AC/DC 为动力蓄电池组充电,再经隔离型 DC/DC 为整列 DC110 V 母线供电;
➢ 应急自走行工况下,动力蓄电池通过双向充电机向 3AC380 V 交流母线提供电源,为应急牵引相关冷却通风负载以及空调、空压机应急供电,同时通过动力电缆并联接入牵引变流器中间直流环节,为牵引逆变器供电。
➢ 在使用低压 DC110 V 电源时,动力蓄电池通过隔离型 DC/DC 并入 DC110 V 母线,为低压负载供电。

利用应急自走行系统可实现如下功能:

➢ 提升 30‰ 坡道起动能力,提高山区适应性;
➢ 动力电池长时为全列 DC110 V 低压负载供电;
➢ 在弓网或高压系统发生故障时,实现车辆应急自走行驶出隧道/桥梁或到达最近车站;
➢ 可启动应急空调供电,延长列车停放时间;
➢ 可启动主空压机,为全列用风设备供风,满足乘客乘坐舒适性。

京张智能高速动车组由两个对称的牵引单元(1-4 车和 5-8 车)组成,综合考虑车下设备排布空间、动力冗余性、经济性与可用性等因素,在 2/7 车车下设置接触器分线箱,其中 1 车动力蓄电池可为 2 车或 4 车牵引变流器供电,8 车动力蓄电池可为 5 车或 7 车牵引变流器供电,使用应急自走行功能时单个牵引单元仅启用 1 台牵引变流器。1/8 车双向充电机采用并网供电模式,为 3AC380 V 辅助负载供电。

整车主电路示意图如图 2.2-3 所示。

第二章 > 智能行车

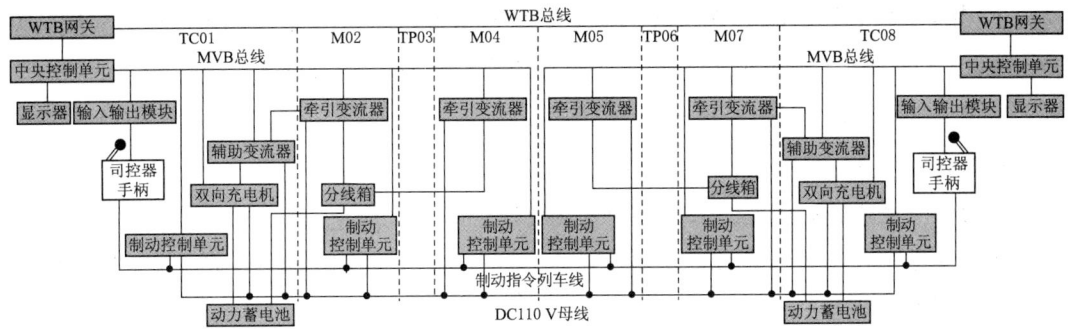

图 2.2-3　DC635 V 动力电池主电路图示意图

2.2.5　工作模式

在启用应急自走行或应急空调模式时,基于电路拓扑结构,可实现以下工作模式的转换,如表 2.2-2 所示。

表 2.2-2　供电模式

工作模式	设备状态	启动设备	实现功能
① 高/中/低压负载正常工作	接触网供电:受电弓升起、高压、牵引设备可用	高压设备、牵引辅助变流器、双向充电机(AC/DC 整流,DC/DC 带载)	双向充电机为动力蓄电池充电,并为 DC110 V 母线负载供电
② DC110 V 放电	接触网供电:受电弓降下、高压、牵引设备不工作	双向充电机(AC/DC 不启动,DC/DC 带载)	动力蓄电池为 DC110 V 母线负载供电
③ 空调、空压机应急供电	接触网无电:高压、牵引设备不可用通过 HMI 手动激活空调应急供电	双向充电机(DC/AC 逆变,DC/DC 带载)	动力蓄电池为 AC380 V 母线负载供电(仅含空调、空压机),满足整车用风需求(制动、卫生间)
④ 应急自走行	接触网无电:高压、牵引设备不可用通过 HMI 手动激活自走行模式	双向充电机(DC/AC 逆变,DC/DC 带载)、牵引逆变器激活、牵引电机运行	动力蓄电池为 3AC380 V 母线负载供电(仅含空调、空压机、牵引冷却风机),满足应急自走行
⑤ 应急自走行	接触网供电:30‰坡道起动,升起半列受电弓,切除车顶隔离开关,全列 3AC380 V 负载设备由 2 台牵引辅助变流器提供	双向充电机(DC/AC 不启动,DC/DC 带载)、牵引逆变器激活、牵引电机运行	激活故障牵引单元应急自走行模式,空调、空压机、牵引冷却风机(正常单元全冷、故障单元半冷)由辅助变流器提供电源

上述四种工作模式中,工作模式①与工作模式②,属于动车组正常运用情况,自动转换工作模式,不需要手动操作;工作模式③与工作模式④,属于接触网无电下的故障工况,需要司机手动操作进入该模式:

> 为满足乘客乘坐舒适性,可进入工作模式③;
> 为尽快驶离接触网无电区,可进入工作模式④;
> 为满足京张智能高速动车组技术要求,整车设计方案中新增工作模式③、工作模式④和工作模式⑤。

2.2.6 应用场景分析

针对工作模式③与工作模式④的自救援情况,可考虑以下场景下应用该应急工作模式,表 2.2-3 给出了应用场景。

表 2.2-3 应用场景

设备状态	环境温度	停车位置	京张智能高速动车组应急方案	CR400BF应急方案	应急方案对比
接触网无电,短时无法恢复	外温较适宜	停车点距离车站较近	①若机车救援等待时间短:同 CR400BF; ②若机车救援等待时间较长:可立即决策启动应急自走行驶入最近站	仅能利用 DC110 V 进行应急通风,提供必要的应急负载,申请救援: ①机车救援。	京张智能高速动车组对于接触网无电情况下的应急处置方案更灵活,选择更多
接触网无电,短时无法恢复	夏季/冬季	停车点距离车站较近	①若机车救援等待时间短:启动空调制冷/制热,等待救援; ②若机车救援等待时间较长:立即决策启动应急自走行驶向最近站	同上	若电池电量从 90% 开始启动空调应急供电,空调制冷/制热维持时间约 30 min
接触网无电,短时无法恢复	外温较适宜	停车点距离车站较远	①若等待机车救援:启动空调制冷/制热,等待救援; ②评估能否驶到最近站:根据剩余电量和正线研究性试验结果,综合评估是否开车	同上	需要根据剩余电量判断是否启动应急自走行
接触网无电,短时无法恢复	夏季/冬季	停车点距离车站较远	由于动力电池供电不能提供长时制冷/制热需求,建议立即决策启动应急自走行驶向最近站	同上	

续表

设备状态	环境温度	停车位置	京张智能高速动车组应急方案	CR400BF应急方案	应急方案对比
接触网有电，但高压或牵引设备不可用	—	—	① 若救援等待时间短：同CR400BF； ② 若救援等待时间较长：启动空调制冷/制热，等待动车组救援。	最近动车组实施联挂救援	动车组相互救援效率更高。
接触网有电，但网络设备不可用	—	—	同 CR400BF	可进入紧急牵引模式，否则仅能利用DC110 V进行应急通风，提供必要的应急负载，申请救援： ① 机车救援； ② 动车组救援	处理方式相同

应急自走行进入工况较多，限制因素主要包括电池剩余电量、停车地点、季节因素等。

综上分析，由于车载动力蓄电池电量有限，除非停车点距离车站较近，否则应在进入应急自走行模式时，不启动空调制冷/制热，确保动力蓄电池剩余电量能够完全用于应急自走行需要。

2.2.7 设备选型及参数

2.2.7.1 动力蓄电池参数

考虑到钛酸锂电池已在 CR400BF 平台动车组批量应用，为满足应急自走行功能对安全/可靠性的要求，京张智能高速动车组采用钛酸锂电池作为动力源，与其他类型电池相比，钛酸锂电池具有如下优势：①倍率放电能力强；②低温放电性能优；③循环寿命长；④无记忆效应。

动力蓄电池参数如表 2.2-4。

表 2.2-4 动力蓄电池参数

参　　数	DC635 V 动力电池/箱	DC110 V 蓄电池/箱
电池数量	1组	2组
额定容量	200 Ah	80 Ah
额定功率	400 kW	60 kW
额定电量	≥120 kWh	8.8 kWh * 2

续表

参　　数	DC635 V 动力电池/箱	DC110 V 蓄电池/箱
额定电压	DC635 V	DC110.4 V
电压范围	DC550—729 V	DC72—129.6 V
电芯类型	钛酸锂	钛酸锂

2.2.7.2 双向充电机参数

双向充电机以 CR400BF 平台动车组充电机为基础进行设计,增加 AC/DC 模块,实现双向供电功能,包含 2 组 AC/DC 模块和 2 组 DC/DC 模块,系统冗余性更高。双向充电机具有如下功能和性能:

- AC/DC 采用三相四象限整流技术,为动力蓄电池及 DC/DC 供电;
- 应急自走行模式下:DC635 V 电池放电,经 DC/AC 逆变和 LC 滤波,输出正弦 3AC380 V 电源;
- DC/DC 是移相全桥变换器,满足 DC/DC 长期满载运行;
- 具有漏电检测、过压/过流、充放电保护、缺相保护等安全保护功能,采用强迫风冷;
- 具有 3AC380 V 和 DC110 V 零压启动功能。

双向充电机参数如表 2.2-5 所示。

表 2.2-5　双向充电机参数

项　　目	描　　述
1. 正向充电模式(AC/DC + DC/DC):	
额定输入电压	AC380 V±5%
AC/DC 额定输出电压	DC635 V
AC/DC 额定输出功率	80 kW
DC/DC 额定输出电压	DC110 V
DC/DC 额定输出功率	35 kW
2. 反向牵引模式(AC/DC):	
额定输入电压	DC635 V
额定输出电压	AC380 V±5%
输出功率	70 kW

续表

项　目	描　述
3. 低压扩展模式(DC/DC)：	
额定输入电压	DC635 V
输出电压	DC110 V
输出电压范围	DC77 V～DC137.5 V
输出电压精度	±1.5%
额定输出功率	≤80 kW

2.2.7.3 充电机工作模式

(1) 正常工作模式

列车正常升弓运行时,双向 AC/DC 模块工作在整流模式下,从 3AC380 V 中压母线取电,为 DC635 V 动力蓄电池和 DC/DC 充电机供电。

双向 AC/DC 模块检测到输入三相电符合整流器启动条件后,闭合预充电接触器,当直流支撑电容电压达到预定电压值时闭合主接触器,当不控整流电压值达到启动条件时切换到可控整流模式,给 DC635 V 电池及 DC/DC 模块供电。

充电机主要由两个功率模块 PM1、PM2,每个功率模块额定输出 40 kW,充电机对外额定输出 80 kW,采用移相全桥 DC/DC 电路,直流电经过全桥逆变变为交流电,通过变压器传递到变压器副边,副边交流电经过全波整流后变为脉动的直流电,在经过 LC 滤波输出稳定的直流电压。

(2) 牵引供电模式

弓网故障或高压系统故障时,DC635 V 动力蓄电池同时给牵引中间环节和双向 AC/DC 模块供电,驱动整车自走行,同时给冷却风机、冷却泵、空压机等必要中压负载供电。

✓ 应急自走行

通过预充电给牵引变流器供电,驱动牵引电机;双向 AC/DC 模块工作在逆变模式下,功率模块检测到满足逆变条件后启动,DC635 V 蓄电池经过三相全桥逆变后,通过 LC 滤波输出稳定的交流电压,为牵引冷却风机、水泵等交流负载供电。此时充电机模块停止工作(也可使能工作),由蓄电池为列车提供 110 V 电源。

✓ 应急空调供电

车辆原地等待时,牵引变流器不工作。DC635 V 动力蓄电池仅给双向 AC/DC 模块供电,给整车空调等中压负载供电,满足乘客舒适度。

双向 AC/DC 模块工作在逆变模式下,功率模块检测到满足逆变条件后启动,DC635 V 蓄电池经过三相全桥逆变后,通过 LC 滤波输出稳定的交流电压,为空调等交流负载供电。此时 DC/DC 充电机模块正常工作,为列车提供 DC110 V 电源。

2.2.8 设备技术方案

2.2.8.1 动力蓄电池方案

动力蓄电池由 4 个台车组成,其中 3 个全模组电池台车和 1 个接触器台车。如下图 2.2-4 所示,图中蓝色框内组成 DC635 V 电池系统;红色框内组成 DC110 V 电池系统。

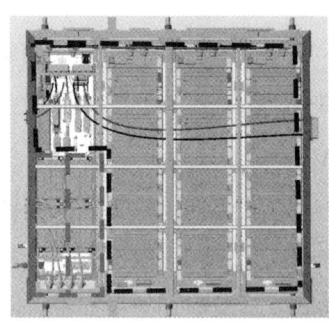

图 2.2-4　DC635V 动力电池主电路图示意图

动力蓄电池箱体如图 2.2-5 所示,采用 Q345E 材质,边梁弹性吊装结构,外形尺寸为 3 072 mm× 3 000 mm×620 mm,重量约 4 000 kg。

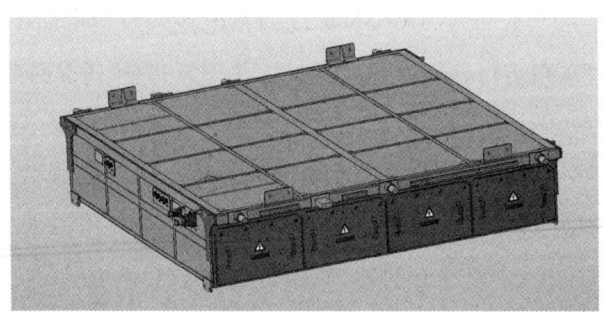

图 2.2-5　动力蓄电池外形图

表 2.2-6 给出了动力蓄电池电气接口。

表 2.2-6 动力蓄电池电气接口

对外接口		与 CR400BF 相比
X01:1	110 V 蓄电池 1 总正	相同
X01:2	110 V 蓄电池 1 总负	相同
X02:1	110 V 蓄电池 2 总正	相同
X02:2	110 V 蓄电池 2 总负	相同
X3	110 V 充电通信接口	相同
X4	烟雾传感器接口	相同
X6	动力通信接口	新增(接触器、熔断器状态输出)
X7	双向充电机动力接口	新增(应急自走行需求)
X8	应急自走行动力接口	新增(应急自走行需求)

2.2.8.2 双向充电机方案

双向充电机箱体外形如图 2.2-6 所示,采用 Q345E 材质,边梁弹性吊装结构,外形尺寸为 3 064×2 460×650.5 mm,重量约 1 600 kg。双向充电机主要部件沿用 CR400BF 充电机,对 AC/DC 相关部件做适应性优化。

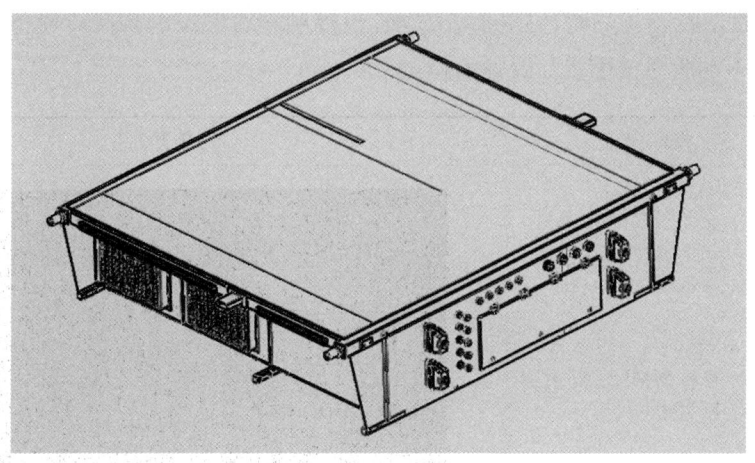

图 2.2-6 双向充电机外形图

表 2.2-7 双向充电机电气接口。

表 2.2-7 双向充电机电气接口

对外接口		与 CR400BF 相比
X4	DC/DC 硬线控制	相同
X5	DC/DC 通信接口	相同
X6	AC/DC 硬线控制	新增接口,用于 AC/DC 与动力蓄电池硬线交互
X7	AC/DC 通信接口	新增接口,AC/DC 具有独立的对外通信接口
X10	110 V 蓄电池接口	相同
X11	BN1 直流负载	相同
X13	BD 直流负载	相同
X15	BN2 直流负载	相同
X17	635 V 蓄电池接口	新增接口,用于 AC/DC 与动力蓄电池连接
X19	AC380 V 供电接口	相同

2.2.9 应急自走行操作

2.2.9.1 操作说明

进入应急自走行和空调应急供电功能,司机需在占用端 HMI 上进行操作。HMI 上设有"应急自走行"和"应急空调"供电模式选项,当接触网断电或全列高压设备故障时,司机可在 HMI 上手动激活该模式。具体流程如下:

步骤	操作内容	HMI 界面
第一步	在占用端 HMI 左屏主界面点击"维护界面"	

续表

步　骤	操作内容	HMI 界面
第二步	进入维护界面后点击"应急牵引"	
第三步	进入应急牵引界面后默认"应急自走行"界面，根据需要选择车号进入该模式，组合方式仅为2/7车、4/5车、2/5车、4/7车，然后点击"启动应急自走行"按键，待绿灯亮起后提示已进入该模式,司机可使用牵引级位行车	
第四步	走行前若需启动空调应急供电功能，则点击"应急空调"按键，进入该界面后再点击"起动应急空调"，待绿灯亮起后提示已进入该模式此时全列空调根据客室温度自动调整为半冷或半暖	

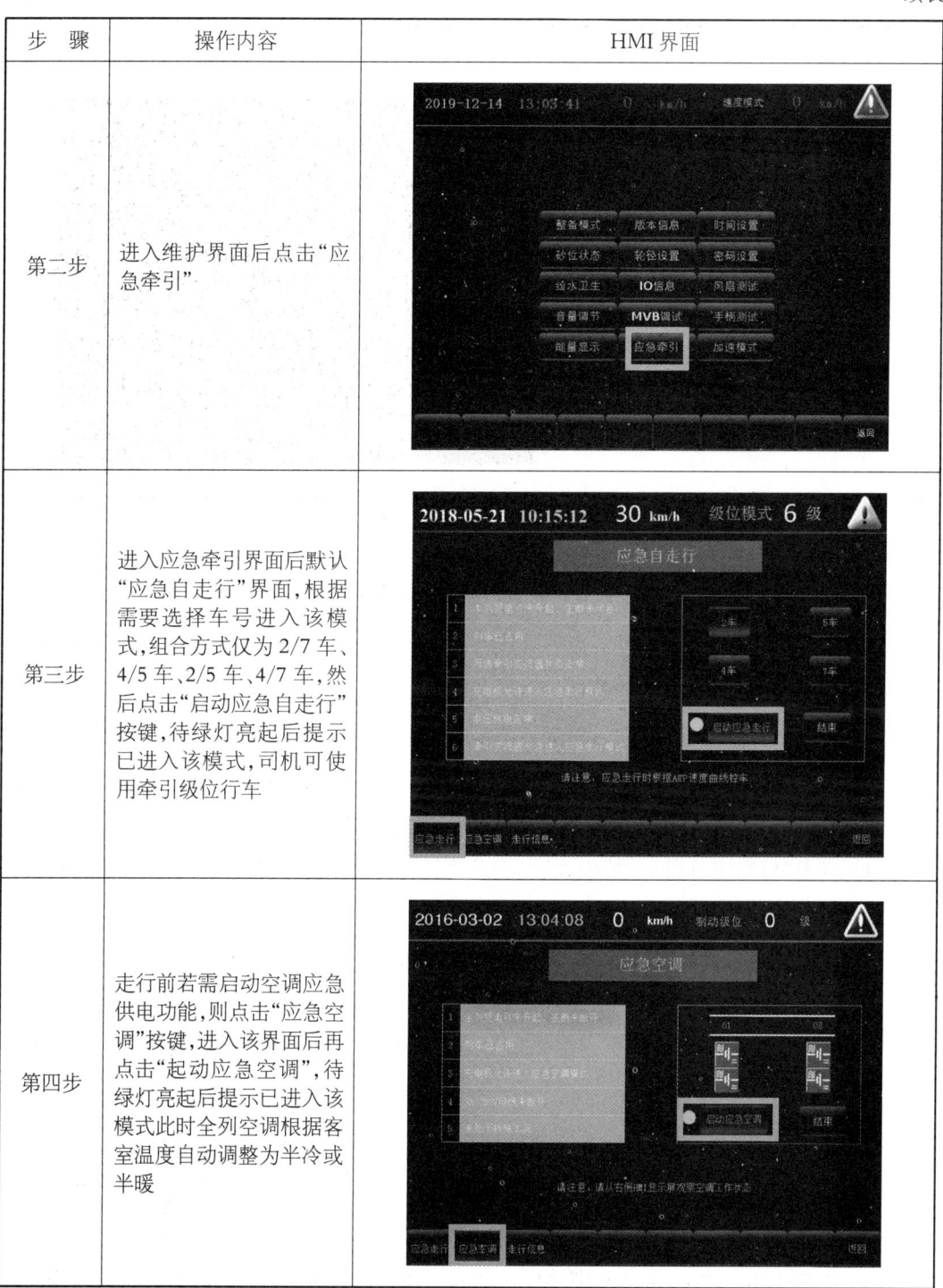

续表

步　骤	操作内容	HMI 界面
第五步	在使用应急自走行时,可点击"走行信息"按键,实时查看当前牵引状态、级位信息、空调状态、电池电压等	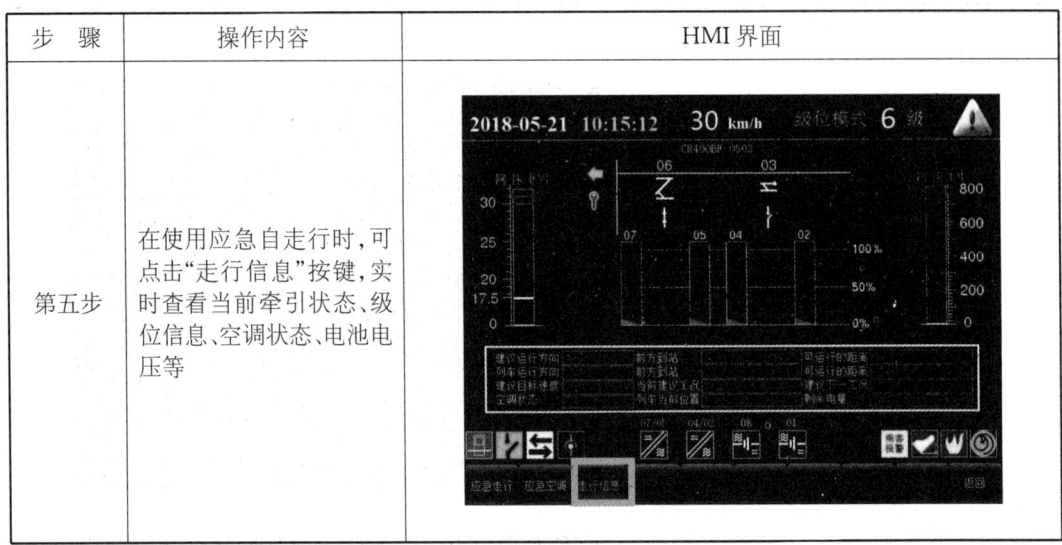

2.2.9.2 操作前注意事项

进入应急自走行和应急空调模式前,注意事项如下:

(1) 启动应急自走行模式时,必须选择 2 辆动车,车号选择仅有如下组合方式:2 车和 7 车、4 车和 5 车、2 车和 5 车、4 车和 7 车;

(2) 启动应急自走行模式前,需确认所选动车的牵引变流器无故障且未被切除;

(3) 若无法启动应急自走行或应急空调模式,需查看故障记录,确认无动力电池"三级"故障后,操作小复位,可尝试选择其他车辆组合方式再次进入应急自走行模式;

(4) 点击"启动应急自走行"模式后,启动等待数秒,待看到 HMI 上绿色图标亮起后表明已进入该模式;

(5) 启动应急空调模式前,需确认全列空调未处于手动控制方式;

(6) 中压母线发生短路故障、电池电量过低时,不能进入应急自走行和应急空调模式;

(7) 启动应急自走行或应急空调模式,换端无提示,换端插入钥匙后模式不自动退出。

2.2.9.3 运行中注意事项

(1) 应急自走行模式下高于一定速度值后牵引力自动退出,低于自动恢复;

(2) 应急自走行模式下,仅能使用牵引级位模式行车,不具备自动恒速控制功能;

(3) 应急自走行模式下,无自动过分相功能;

(4) 应急自走行模式下,仅能施加空气制动,模式启动后需时刻确认总风管压力在正常范围内；

（5）应急自走行模式下，可参考 HMI 上"走行信息"界面和语音提示信息，进行行车规划；

（6）应急自走行和应急空调模式下，没有电池低电压保护，达到保护值后会自动退出模式，请运行中时刻关注动力电池电压值；

（7）为尽可能确保应急自走行驶出无电区，应急自走行前须退出应急空调模式，节省电量。

2.2.10 应急自走行能力

2.2.10.1 特性曲线

考虑到应急自走行时，动力电池需进行大功率 3C 放电，京张智能高速动车组应急自走行牵引特性设计如下图 2.2-7 所示。

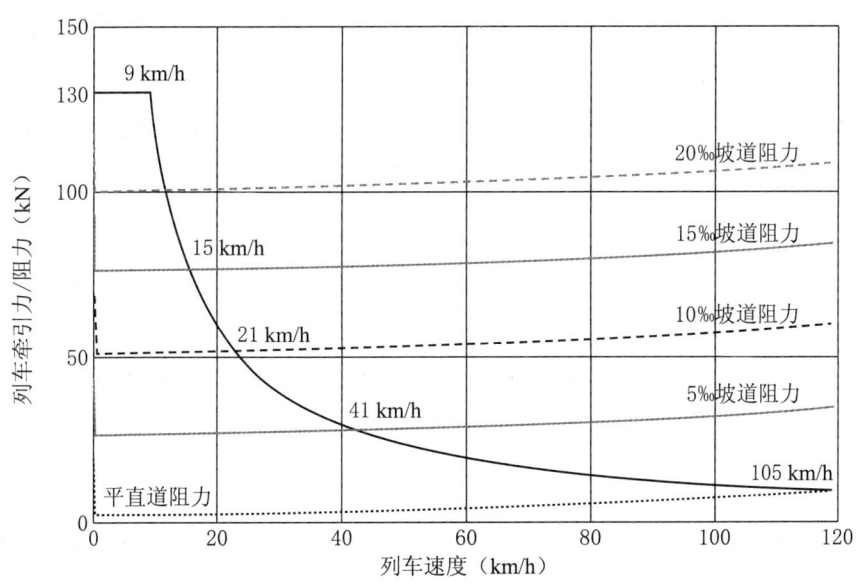

图 2.2-7 应急自走行牵引特性

应急自走行时可满足最大上坡道为 15‰。

2.2.10.2 坡道运行能力

根据牵引特性曲线计算各坡道起动运行情况如表 2.2-8 所示。

表 2.2-8 应急自走行运行能力

坡 道	起动加速度 （m/s²）	走行速度 （km/h）	最大运行距离(km) （含起动距离）
平直道	0.21	30	30
5‰	0.162	30	6
10‰	0.116	21	4
12‰	0.097	18	3
15‰	0.069	15	2

京张智能高速动车组依靠动力蓄电池实现应急自走行功能，根据动力蓄电池电量和牵引特性，计算应急自走行系统的能力如表 2.2-9 所示。

2.2.10.3 京张线路计算及故障运行能力计算

在京张高铁任何一个区间发生供电故障时，动车组仅能通过动力电池储备的能量进行应急自走行，考虑京张高铁线路坡道较多，站间距离较近，当动车组高压供电突然中断时，若列车速度不足以惰行至最近车站，可采取以下措施进行应急行车：

① 若故障发生时前方有"连续上坡道"，且无法利用剩余速度通过连续上坡，那么应尽可能利用速度停止在坡道最上方，应急自走行时反向行车便于利用坡道优势提高行驶速度；

② 若故障发生时前方为"连续下坡道"，且反向距离车站较远，那么应尽可能停止在坡道顶部，应急自走行时便于利用坡道优势提高正向行车速度；

③ 若故障发生时前方为"下坡道+上坡道"，且无法利用剩余速度通过上坡道，那么应尽可能停止在下坡道顶部，应急自走行时便于利用坡道优势正向行车冲过下一个上坡；

④ 若故障发生时前方为"坡度为15‰以上的上坡道"，且利用剩余速度无法通过，那么应尽可能利用剩余速度在坡道上部停止，应急自走行时反向行车便于利用坡道优势提高行驶速度。

基于上述理论和操作方式，可避免列车停止在"双向上坡道"的坡底困难位置，通过仿真计算，京张高铁全线共梳理出 15 个困难点，如表 2.2-9 所示。

表 2.2-9 京张全线应急自走行计算结果

序号	困难点区间	目标站	运行距离 km	运行最高速度 km/h	耗电量 kW/h	能否驶入最近站
1	北京北至清河区段	北京北	3.23	33.77	123.8	√（次困难点）
2		清河	2.7	30	28	√
3	昌平至八达岭长城	昌平	4.18	30	40	√
4	八达岭西线路所至东花园	东花园	4.51	43.15	122	√
5	东花园至怀来区段	东花园	7.63	30	88.6	√
6		东花园	10.43	60	96.8	√
7	怀来至下花园北	怀来	14.99	60	121.5	√
8	下花园北至太子城	下花园北	20.66	60	140	√（最困难点）
9	清河至沙河	清河	1.8	30	20	√
10		沙河	2.14	30	30	√
11	沙河至昌平	沙河/昌平	2.91/6.27	30	35/57	√
12		沙河/昌平	5.61/3.57	30	40/30	√
13	下花园北至宣化北	下花园北	12.35	30	80	√
14		宣化北	5.66	30	50	√
15	宣化北至张家口南	宣化北	5.79	30	60	√

京张全线应急自走行最困难起动点(K19+069)位于下花园北至太子城区间，见图2.2-8，双向均上坡，能够驶入的最近站为下花园北站，运行距离20.66 km，最高运行速度为60 km/h。图2.2-9给出了下花园北至太子城区段应急自走行仿真计算结果。

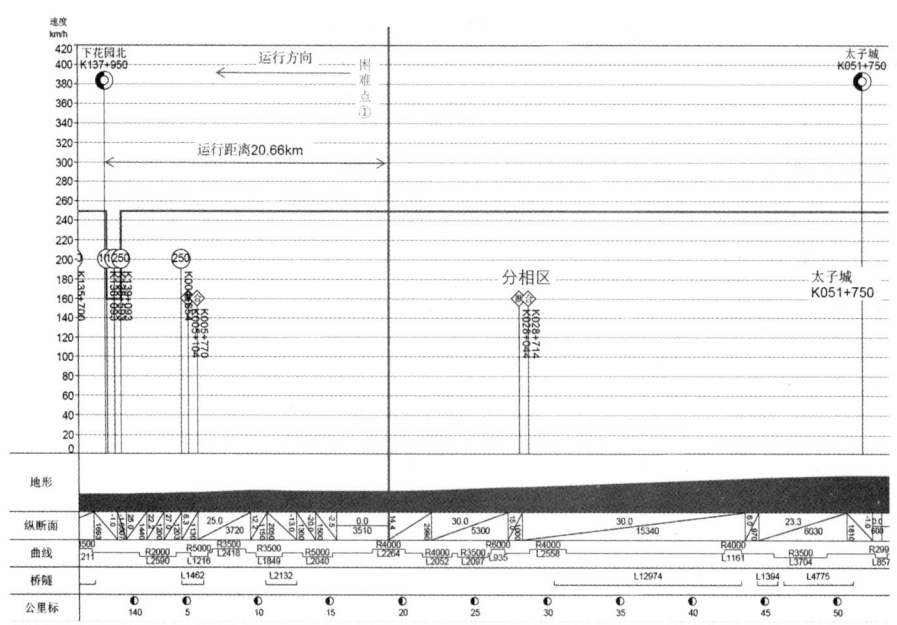

图 2.2-8　下花园北至太子城区段困难停车点

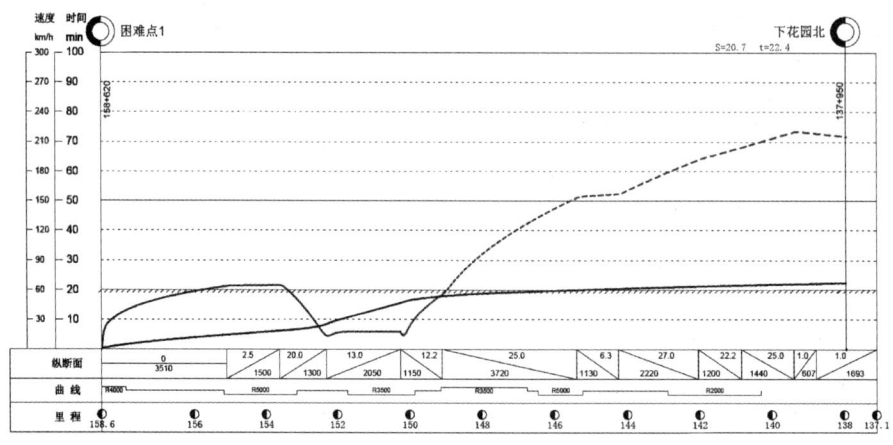

图 2.2-9　下花园北至太子城区段应急自走行仿真计算结果

2.2.11　主动灭火装置

2.2.11.1　技术方案

动力蓄电池作为应急自走行动力源,箱内排布有 2 000 余个锂电池单体,且其内部空间狭小与高压接触器、熔断器等电气部件距离较近,一旦发生火灾,如果不及时阻止,后果不堪设想。

动力蓄电池箱火灾防控装置是一套专注于列车蓄电池箱内部热失控火灾防控的智能装置,实现电池箱内部早期火灾感知、智能判断、抑制初期火灾,具备电池热失控早期预警、自动喷放、手动启动喷放功能。实现对电池箱火灾实时检测与火灾防控功能。

装置拓扑如图 2.2-10 所示,1/8 车动力蓄电池箱外安装有 1 台控制器、1 台消防箱;动力蓄电池箱内安装有 6 个火灾探测器用来采集电池箱内部区域的烟雾浓度和温度,2 条感温电缆用来采集电池箱体内区域的超温信息。

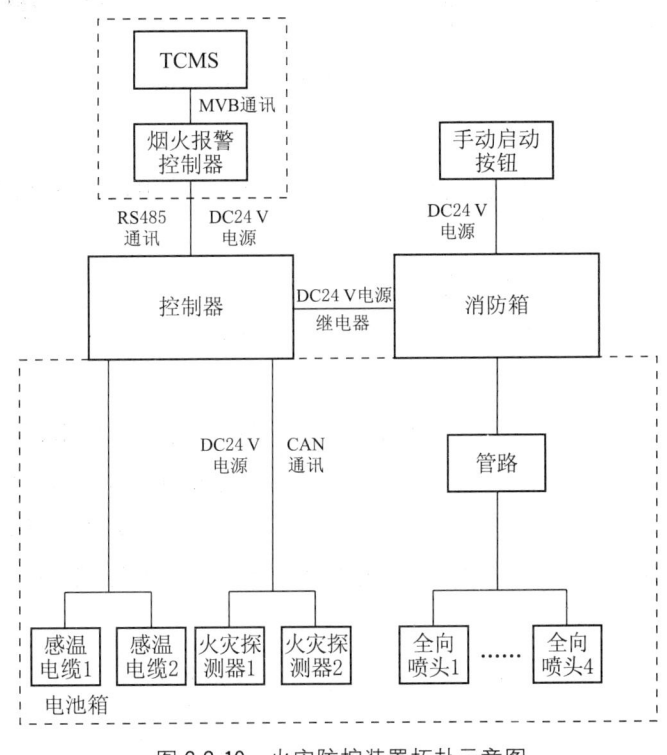

图 2.2-10　火灾防控装置拓扑示意图

图 2.2-11 为采用的主动灭火系统安装示意图,火灾探测器将信息通过 CAN 总线传输给控制器,同时控制器通过连续采集感温电缆阻值信息来确定火灾情况,如有火情控制器自启动灭火。电池箱火灾防控装置将信息通过 RS485 通讯方式发送给烟火报警系统,再由烟火报警系统将信息发送给车辆 TCMS 系统。

2.2.11.2　系统控制逻辑

(1) 自启动逻辑

当 2 条感温电缆报警、2 个火灾探测器报警,或 1 个火灾探测器、1 条感温电缆报警,控制器控制启动消防箱喷放药剂。

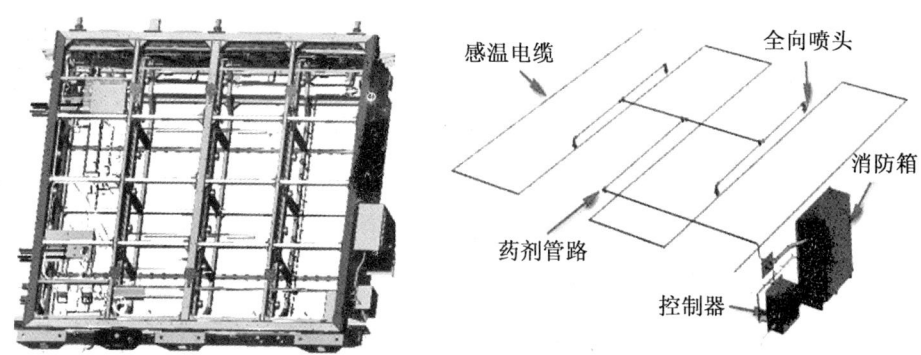

图 2.2-11 主动灭火系统安装示意图

（2）手动启动逻辑

为防止电池箱火灾防控装置在火灾产生时功能失效，在出现以下情况时，可通过手动按钮人工启动消防箱喷放药剂：

➢ 观察到车下蓄电池箱位置冒烟或起明火时；

➢ 观测到车下蓄电池箱有热失控产生的爆炸声音时。

2.2.11.3　火灾检测设计依据

（1）在锂电池热失控着火前期，不管是锂电池单体还是电池模组，在发生短路、过充、过热或者泄露等问题时，首先是单体胀气，通过泄压孔挥发电解液等气体（不可见），随后产生烟雾和电池芯温度上升，最后发生火焰。为了更快、更精确的发现火情，主动灭火装置采用烟雾、温度等参量综合判断，选择点型感烟探测器及线型感温探测器；

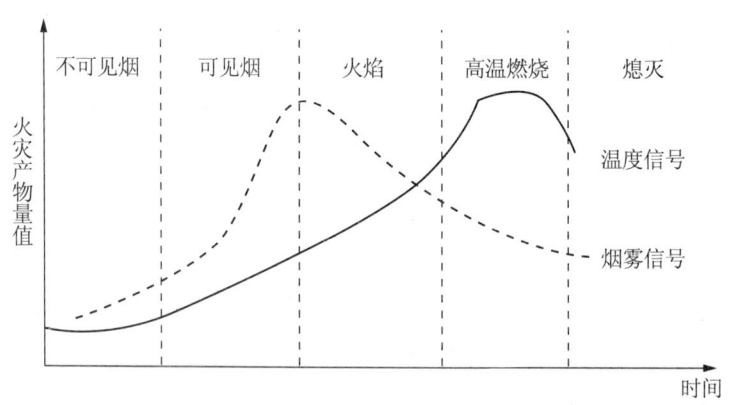

图 2.2-12　火灾发展的阶段变化曲线

（2）火灾发展分为不可见烟、可见烟、火焰、高温燃烧、熄灭，共 5 个阶段。不可见烟阶段是指可燃物在加热温度较低或含水分较高时发生的引燃，过程中产生不可见烟雾，为了尽早期识别火灾,因此选择点型感烟探测器。

2.2.11.4 试验验证情况

在地面采用真实的动力蓄电池箱做接触器拉弧起火试验和线缆加热起烟试验,试验中按现车安装的 6 只点式火灾探测器能够正常报警,满足设计要求。考虑到线缆加热试验中,烟雾首先顺着所在台车蔓延,随后向旁边台车蔓延,设置 6 台点式火灾探测器,提高火灾响应速度,图 2.2-13 为火灾探测器布置图。

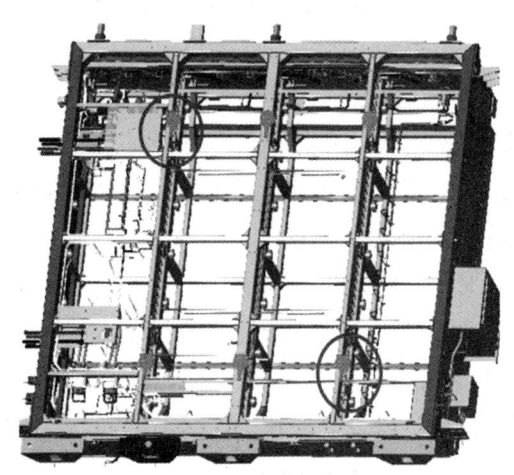

图 2.2-13　火灾探测器布置图

2.3　车载安全监控系统

2.3.1　车载安全监控系统技术概念

长期以来,在保障动车组运行安全方面,中车长客股份开展了大量的研究工作,并形成了轴温监测装置、转向架失稳检测装置、车体平稳性监控装置等多种技术路线的独立监测系统。尽管对高铁列车运行安全发挥了保障作用,但是由于前期的安全监测系统是在不同时期陆续进行试验和安装的,只能实现对轴承温度、构架振动、车体振动等物理量分别进行监测,无法形成多系统、多学科的综合安全评估体系,且在标准、接口和安装规范方面也有必要进行完善和统一。因此,在前期已有的动车组安全设备的基础上,基于标准化、平台化的要求,针对我国动车组运用安全监控的现状与需要,研制动车组安全与运维集成平台,以实现下列目标：

（1）平台化、综合分析评估

动车组控制信息与监测维修信息分两层管理，已有的控制信息主要集中在报警事件及有关开关量信息，车载安全监测网在集成上述信息的同时，将过程信息与控制信息统一管理起来，以获得安全监测与运营维修的信息源，为列车级、地面综合诊断提供支撑。

（2）监测运营和检修一体化

基于车载监测网的安全监测信息，地面可构建运维支持系统，实现监测诊断信息与维修管理信息一体化建设。

（3）高铁动车组未来发展提供运营状态的评估信息

根据平台化的监测状态信息，对不同交路、不同车辆、不同使用季节和地点以及不同生产厂商的产品运用性能进行定量评估，在有利于监测运营的同时也为高速铁路动车组未来产品改进提高提供定量的评估依据。

建立动车组车载安全监控系统是我国高铁动车组实现工业4.0、智能制造、云计算、物联网等技术具体应用的一次创新。集成平台将为总公司、运用单位、主机厂等各级各类用户提供具有针对性的信息，满足不同使用需求。

动车组车载安全监控系统的研发与应用，既是铁路运输安全生产的需要，也是维修体制改革的需要；既是铁路运输改革和新技术创新的需要，也是激发动车组设计制造创新的需要。它能改善铁路运输生产的安全性，显著提高动车组维修的可靠性和经济性，是智能监测、动车组PHM和智慧铁路在动车组上的实例化。

2.3.2 车载安全监控系统技术现状

目前，中车长客股份公司研发制造的动车组车载安全监控系统安装情况如下表2.3-1。

表 2.3-1 车载安全监控系统安装情况

车 型	温度状态监控	振动状态监控	温度监测设备	振动监测设备
CR400BF/CR300BF 动车组	轴箱温度、齿轮箱温度、牵引电机温度	构架振动状态、车体振动状态	轴温监测主机	失稳监控主机
CRH380B 系列动车组	轴箱温度、齿轮箱温度、牵引电机温度	构架振动状态	中央控制单元CCU	制动控制单元BCU
CRH380CL 动车组	轴箱温度、齿轮箱温度、牵引电机温度	构架振动状态	轴温监测主机	制动控制单元BCU

续表

车　　型	温度状态监控	振动状态监控	温度监测设备	振动监测设备
CRH5A 动车组	轴箱温度、齿轮箱温度（结合五级修加装）、牵引电机温度	构架振动状态	轴温监测主机	制动控制单元 BCU
CRH5G 动车组	轴箱温度、齿轮箱温度、牵引电机温度	构架振动状态	轴温监测主机	制动控制单元 BCU
CRH3A 动车组	轴箱温度、齿轮箱温度、牵引电机温度	构架振动状态	轴温监测主机	制动控制单元 BCU

2.3.3　设计原则

基于平台化的设计原则，形成面向全路动车组的车载、车地和地面分析三位一体的综合安全监测与运营维护平台，其主要理念和设计原则有如下几点：

（1）系统化

系统按照机械系统、电气系统、信息系统、人机交互系统进行层次划分，各个层次之间统一考虑供电要求、系统时钟要求、空间信息的一致性要求、信息层面的统一存储与下载，遵循系统性的设计原则。系统由车载安全监测系统、车地信息无线传输系统（WTDS）和地面运维支持系统三个部分组成。

车载安全监测系统由车辆级主机、安全监测网和列车级主机构成。

车辆级主机：已安装的安全监测、检修及运维设备，通过通信接口接入车辆级主机。新增的安全监测模块通过总线集成到车辆级主机。

安全监测网：各车辆级主机通过安全监测网络通信，将监测过程数据发送给列车级主机。安全监测网可利用既有的宽带列车通信网络，或者新建高速通信网络。

列车级主机：列车级接收全列各车辆监测数据，并与 TCMS（网络控制系统）、EOAS（司机操控信息分析系统）等系统互联，获取动车组关键设备状态信息和列车操控信息，在统一时空基准上进行信息融合，实现全列动车组各系统数据的集中存储和统一下载，并实现综合诊断与评估。

车地信息无线传输系统具备车地无线通信功能，可将车载监测数据通过无线通信方式实时发送到地面，动车组回段后通过无线局域网自动下载监测过程数据。系统可利用动车组上既有的车载信息传输装置实现，或者在列车级主机集成此功能。

地面运维支持系统由地面接收服务器、数据存储服务器、WEB 服务器、配套数据库及专家系统、用户终端组成。地面运维支持系统以数据为驱动,实现维修、监测、诊断一体化,对动车组的运营状态进行评估,分析故障演变,与车载安全监测系统一起构成车辆级诊断、列车级诊断、交路诊断的三级诊断系统。结合 PHM 系统根据列车历史数据、故障案例等先验知识,将过程数据进行单车历史数据纵向对比、多车之间同工况横向对比、多子系统关联综合判断以及统计学分析,进行智能推理和判断,模拟人类专家的决策过程,以实现列车运管修的自动化、智能化。

(2) 智能化

动车组车载安全监控系统通过利用智能传感技术、通信技术和信息融合技术,对动车组的关键部件进行动态监测和预警,保障动车组在途运行安全,维护运输秩序,提高运输效率。

应用大数据思想,对复杂环境下轨道交通系统全局性能劣化机理与全生命周期能力演变规律进行感知和设备健康状态预判。具备故障检测、故障隔离、性能检测、故障预测、健康管理、部件寿命追踪等能力。通过整合动车组配属信息、整车型式试验信息、运用考核信息、监控与诊断系统、维修信息等系统的数据,对车辆的健康状态综合评估及预测,实现智能化维修,减轻运营维护人员的检修工作量,提高车载部件的利用率,使之始终处于良好的运营状态,减少甚至避免故障的发生。

(3) 综合化

在设计之初就把系统综合设计作为设计的原则之一来指导后续工作。一方面,对于动车组某个部件各类信息综合有利于状态分析和故障诊断,如走行部的振动性能与轴温监测的热学性能是有事件发生的时间顺序关系的;牵引传动系统的牵引电机电压电流、输出功率与操作信息、运行状态密切相关。另一方面,将若干个监测系统或部件的监测信息和状态信息结合有利于关联分析,例如通过视频监测与火灾监测相融合,将火灾报警界面与视频监测界面联动,可实现危险情况的直接预警,为司机提供第一时间的报警与确认信息;通过制动系统操作信息和监测信息与线路运行数据结合,可实现对动车组制动系统及司机操纵情况综合分析,确保运行安全。

基于标准化要求,在相同的时空坐标基准上,将多学科、多系统,通过统一平台管理来实现不同子系统的协同与融合,为动车组安全监测数据和运用维护信息的综合关联分析提供翔实有效的基础。

(4) 扩展化

系统应能实现功能扩展和扩容升级,通过采用开放的架构,核心通用功能平台化,监测功能模块化,信息交互规范化,支持将来智能业务的扩展,实现诸如事件报警、人脸识别等应用。各监测子系统采用模块化结构,以便提供系统的后期维护和扩容升级的条件,对今后因应用环境和管理要求变化带来的新需求。

(5) 一致化

平台和各子系统内部采用柔性接口,可集成前期动车组已有的各类型相关设备,平台对外及车地通信采用统一的输出界面,以实现输入数据的多样性、车地传输一致性和地面运维管理一致性相结合。

2.3.4 系统构建原理

车载安全监控系统分为车载安全监测系统、车地信息无线传输系统和地面运维支持系统三个部分,其架构如图 2.3-1 所示。

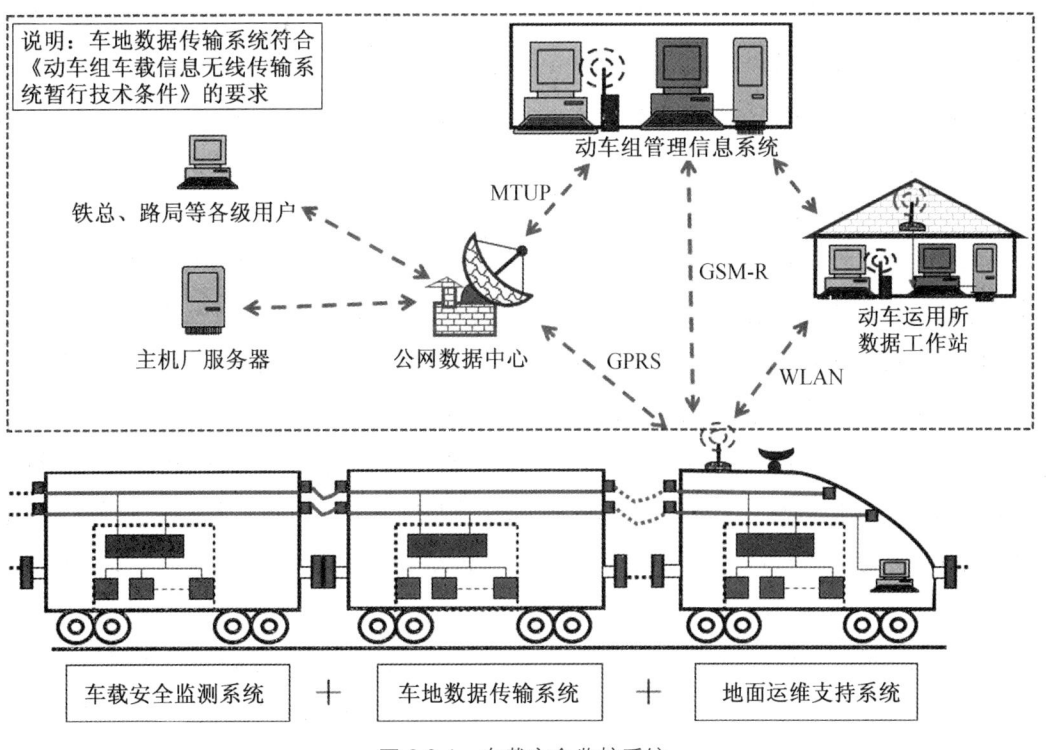

图 2.3-1 车载安全监控系统

(1) 车辆级诊断

车载安全监测系统的数据来源于两部分:TCMS 已集成的监测数据通过列车网络获取,TCMS 未集成的监测数据和新测功能(如轴承和传动系统监测、转向架失稳监测、车体平稳性监测)的监测数据从车辆级主机获取。

车辆级诊断对通过车辆级安全监测网获取数据,对本车辆的部件或功能进行状态实时监测,如轴承超温、转向架失稳等,并将监测数据和诊断结果通过安全监测网传送给列车级主机,作为列车级诊断的依据。

车辆级主机预留 RS232、RS484、CAN、以太网、20 mA 电流环等通信接口,可接入动车组已安装的安全和运维设备,以及新增的安全和运维设备。

(2) 列车级诊断

列车级主机配备大容量固态存储器,可存储全列的过程数据、事件信息和故障信息,在列车级对全列数据进行综合分析和对比,从而形成对故障的进一步诊断。

对于列车级监测诊断系统来说,车辆级监测诊断子系统是基本监测诊断单元。各车辆是相同的,物理上是独立的。车辆各功能级监测诊断子系统则只负责本车辆某一部件或功能的监测和诊断。由于动车组采用固定编组,各车辆数据具备固定的相位关系,各子系统响应具有某种程度的关联性,其分布式、相位相关特点为列车级综合诊断提供了理论基础和工程背景,也为构建的具备自主知识产权的中国高铁动车组监测诊断技术体系提供了数据支撑和依据。

(3) 交路诊断

车载安全监测子系统将采集到的数据通过 WLAN 传输方式传入地面运维支持系统。地面运维支持系统对数据进行清洗,提取特征值,获得单个交路有效数据,并进行多个交路之间的横向对比,根据算法生成派工单并提供检修建议。维修工人收到派工单后按照检修建议对动车组进行检修,同时将检修情况上传到地面数据库。

各个车型、各个交路样本点的数据积累形成地面大数据库,进而依托大数据分析进行动车组关键部件的维修预测,指导动车组的周期性维修,实现全生命周期管理。地面系统采用开放式的体系结构,方便各种故障诊断与预测方法的不断完善,实现即插即用。

动车组车载安全监控系统构建完成后,向用户进行状态推送,授权用户可对平台进行日常使用和维护,可对动车组关键系统和部件的运行状态、维修历史、检修建议等进行查询。

(4) 三级诊断过程举例

以走行部监测子系统为例介绍动车组车载安全监控系统的三级诊断过程。

车辆级诊断系统通过传感器监测车辆转向架及车体横向、垂向振动加速度,报告本车转向架、一系/二系横向/垂向振动情况；

在列车级诊断阶段，由于动车组采用固定编组模式，同列不同车之间的线路信息、行驶速度、运行工况等因素均保持一致，因此存在相位关系。通过列车级的诊断，能够将不同车间的数据联动综合分析，从而获取更多的列车运行状态信息，实现进一步的故障定位，如踏面剥离、轮对失圆、悬挂异常、空簧漏泄等。

下载到地面运维支持系统的过程数据与报告，可实现查询、比较、再次诊断和故障确认。通过对不同交路的数据累计，地面运维支持系统依据大数据挖掘的思想，通过归类、特征描述、数据分析、模型建立、现场实践这一迭代过程对走行部监测的状态进行建模处理，迭代演进，从而实现维修预测。如对于轮对动平衡诊断来说，将提取的数据特征与现场轮对检修实际物理状态相结合，通过对大量匹配的关联信息进行系统建模和机器学习，从而实现轮对动平衡状态的自动化评估。

图 2.3-2 为样本处理及决策过程图。

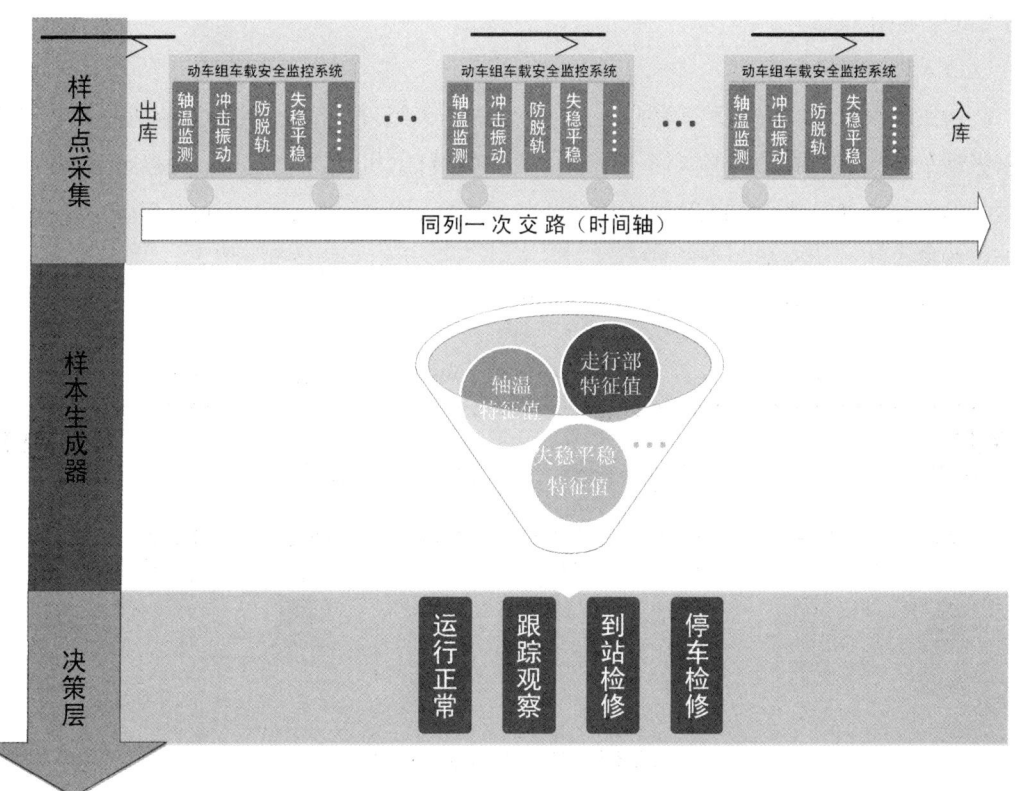

图 2.3-2　样本处理及决策过程

2.3.5 方案概述

车载安全监测系统具备监测走行部件振动状态的功能,同时从轴温主机读取走行部件温度数据,实时监测诊断轴承、齿轮箱、牵引电机的振动状态、构架失稳性和车体平稳性等部件和安全因素相关的状态。综合诊断动车组突发信息、演变信息和大容量信息,对列车运行过程中出现的异常情况进行实时监测,监测值超出正常控制指标时行诊断和报警,并通过TCMS通知动车组采取降速等故障导向安全措施,保障动车组安全运行。

车载安全监测系统除具备本节车监控功能外,还具备列车级诊断功能。各车辆级主机通过网络通信,将监测的实时数据发送给列车级主机。列车级主机汇总全列车辆级主机的数据,进行全列数据的横向对比和单车历史数据纵向对比,并将全列监测信息和报警信息在列车级显示屏上集中显示。

车载安全监测系统的监测状态数据通过远程无线传输系统(WTD系统)实时发送给车辆健康管理系统和地面数据中心,配合地面监控设备数据及健康管理系统的应用,实现动车组的智能化维修。

(1) 系统组成及作用

为实现京张智能高速动车组(以下简称京张动车组)行车安全的相关监测和监控功能,京张动车组新增车载安全监测系统车辆级(列车级)主机、前置处理器、轴箱、齿轮箱、电机振动温度复合传感器。与CR400BF型动车组相比,取消轴箱、齿轮箱、电机温度传感器和失稳监控主机。由车载安全监测系统对车辆进行振动相关的监测和监控。

车载安全监控系统拓扑图如图2.3-3所示。

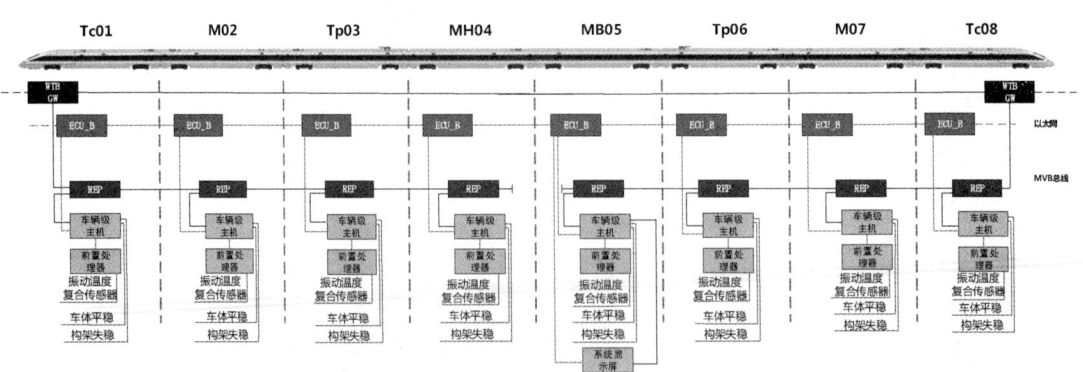

图2.3-3 车载安全监控系统拓扑图

车载安全监测系统在京张动车组标准配置与奥运配置中相同,如表2.3-2所示。

表 2.3-2　系统配置表

设备名称	各车数量								总数
	1	2	3	4	5	6	7	8	
车辆级主机（5车具有列车级功能）	1	1	1	1	1	1	1	1	8
显示器					1				1
前置处理器	2	2	2	2	2	2	2	2	16
轴箱复合传感器	8	8	8	8	8	8	8	8	64
齿轮箱复合传感器		16		16	16		16		64
电机复合传感器		8		8	8		8		32
定子温度传感器		4		4	4		4		16
构架失稳传感器	2	2	2	2	2	2	2	2	16
车体平稳传感器	2	2	2	2	2	2	2	2	16

（2）系统功能

➢ 轴箱轴承振动和温度监测功能

监测物理量:振动冲击、温度;

监测对象:轴箱轴承;

数据采集:每个轴箱轴承配置一根振动温度复合传感器;

监测方式:振动信号通过温度振动复合传感器采集,通过前置处理器传输至车载安全监测系统车辆级主机,温度信号通过温度振动复合传感器采集,硬线传输至轴温主机并上传 TCMS,车载安全监测系统车辆级主机通过 TMCS 读取轴箱轴承的温度信息数据。

故障诊断:车辆级主机通过综合振动及温度等数据对轴箱轴承的状态进行故障预测、故障预警和故障报警。目前振动相关故障仅用于数据积累及走行部件的健康状态预测,不影响温度状态诊断,不影响行车秩序。

➢ 齿轮箱轴承振动和温度监测功能

监测物理量:振动冲击、温度;

监测对象:齿轮箱轴承;

数据采集:每个齿轮箱设置四个测点,大小齿轮各两个,每个轴测点配置一根复合振动温度传感器。

监测方式:振动信号通过温度振动复合传感器采集,通过前置处理器传输至车载安全监测系统车辆级主机;温度信号通过温度振动复合传感器采集,硬线传输至轴温主机并上传 TCMS,车载安全监测系统车辆级主机通过 TMCS 读取温度信息数据。

故障诊断:车辆级主机通过综合振动及温度等数据对齿轮箱轴承的状态进行故障预测、故障预警和故障报警。目前振动相关故障仅用于数据积累及走行部件的健康状态预测,不影响温度状态诊断,不影响行车秩序。

➢ 牵引电机轴承振动和温度、定子温度监测功能

监测物理量:振动冲击、温度;

监测对象:牵引电机轴承、定子;

数据采集:每个电机设置三个测点,驱动端和非驱动端各一个测点,每个轴测点配置一根复合振动温度传感器;定子设置一个测点,配置一根温度传感器。

监测方式:振动信号通过温度振动复合传感器采集,通过前置处理器传输至车载安全监测系统车辆级主机;温度信号通过温度振动复合传感器采集,硬线传输至轴温主机并上传 TCMS,车载安全监测系统车辆级主机通过 TMCS 读取温度信息数据。

故障诊断:车辆级主机通过综合振动及温度等数据对牵引电机轴承的状态进行故障预测、故障预警和故障报警。目前振动相关故障仅用于数据积累及走行部件的健康状态预测,不影响温度状态诊断,不影响行车秩序。

➢ 构架横向加速度监控功能

监测物理量:横向、垂向振动加速度;

监测对象:构架;

数据采集:每台转向架配置一根构架加速度传感器;

监测方法:构架加速度信号通过失稳检测加速度传感器采集,硬线传输至车载安全监测系统车辆级主机。主机经过逻辑判断后,将构架状态上传 TCMS。

故障诊断:车辆级主机通过加速度信号对构架状态进行实时评估,采用 CR400BF 型动车组的控制判断逻辑,向 TCMS 发出预警和报警指令。车辆根据收到的指令进行控车。

➢ 车体平稳性监测功能

监测物理量:横向、垂向、纵向振动加速度;

监测对象:车体;

数据采集:每节车配置两根车体加速度传感器;

监测方法:车体加速度信号通过平稳检测传感器采集,硬线传输至车载安全监测系统车辆级主机。主机经过逻辑判断后,将车体平稳性状态上传 TCMS。

故障诊断:车辆级主机通过加速度信号对车体舒适性状态进行实时评估,采用 CR400BF 型动车组的判断逻辑,向 TCMS 发出相关指令。

➢ 火灾检测功能

监测物理量:烟雾、热量;

监测对象：司机室、客室、厨房；

数据采集：火灾探测器；

监测方式：接收 TCMS 发送的火警信息。

故障诊断：当车载安全监测系统接收到 TCMS 发送的火警信息后，通过 PIS 系统的摄像头画面确认火灾报警地点的实时情况。

(3) 显示功能

➢ 主页面

主页面上方主要显示日期、时间、速度信息、报警标识(若有报警则显示)。该部分为固定信息栏。

底部按钮顺序从左至右依此为主页面、旋转部件、失稳平稳、综合分析、防火联动、系统设置、PHM。点击可进入对应界面。示意图如 2.3-4 所示。

图 2.3-4　主页面显示示意图

➢ 旋转部件

旋转部件的界面主要体现了旋转部件故障诊断系统的被监测对象—轴箱、齿轮箱、电机位置的状态(正常、报警、监测设备故障、离线等)。

点击 01 车—08 车的任意图标，或点击右下角的"数据"按钮可以进入下级详细数据展示界面。示意图如 2.3-5、2.3-6 所示。

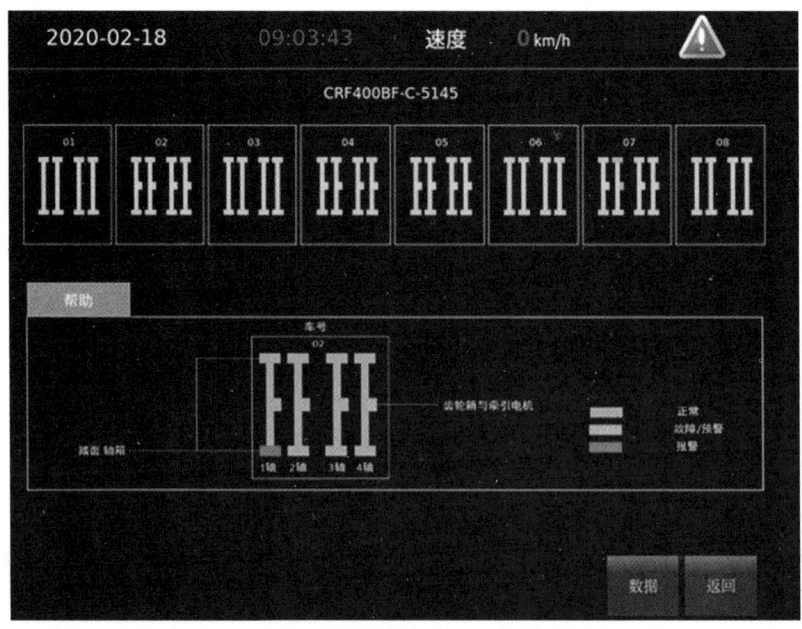

图 2.3-5　旋转部件显示示意图

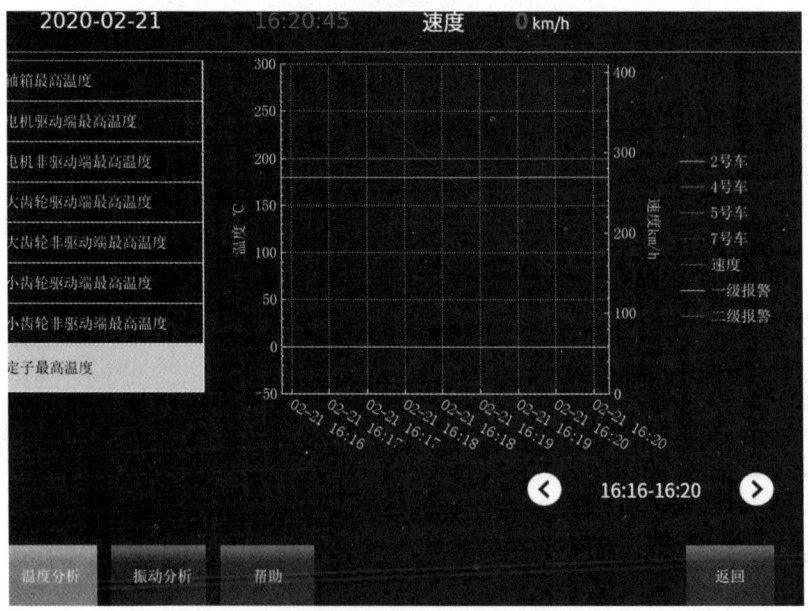

图 2.3-6　旋转部件显示示意图

➢ 失稳平稳

展示了各个车辆的 1 架及 2 架的车体平稳性指标及构架横向加速度值。

其中各单元格颜色表示当前监测状态,状态指示类别包括正常、预警、报警、故障及离线。示意图如 2.3-7、2.3-8 所示。

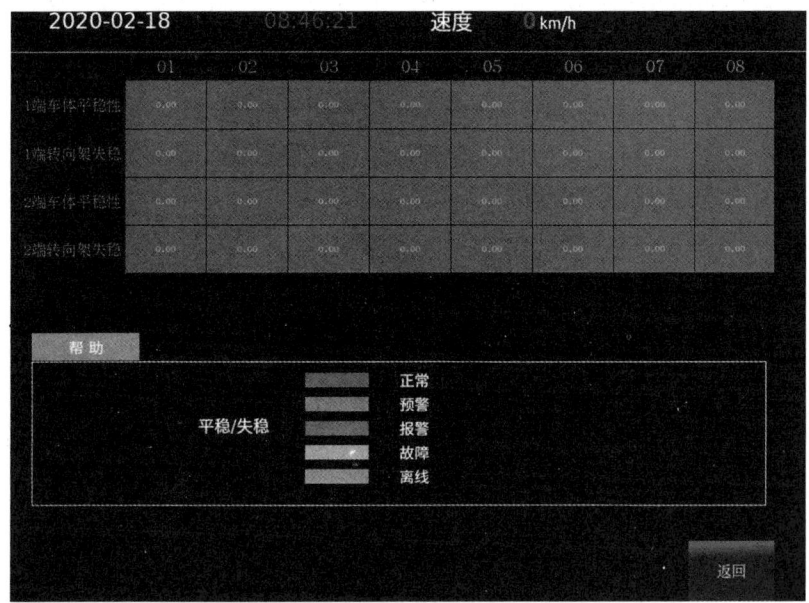

图 2.3-7　失稳平稳显示示意图

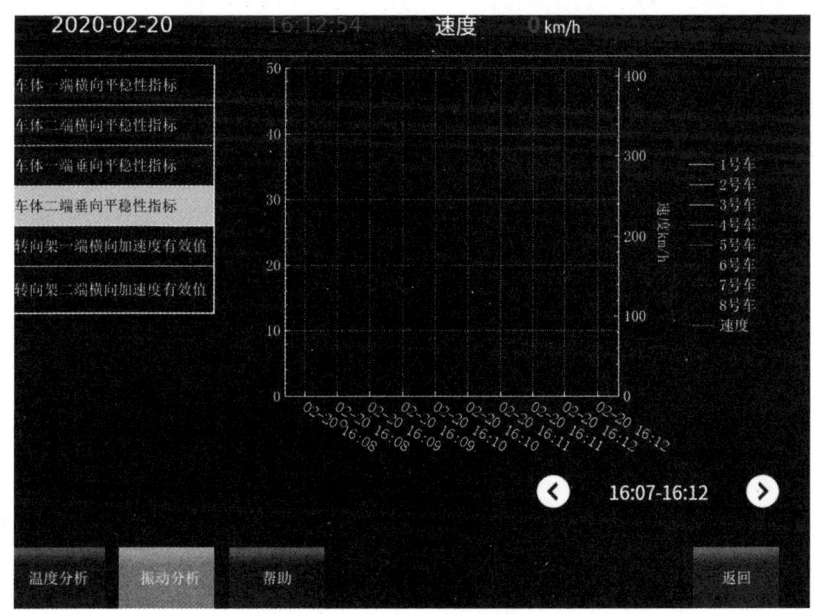

图 2.3-8　失稳平稳显示示意图

2.3.6 部件方案

车载安全监测系统由车辆级主机、显示器、前置处理器、温度振动复合传感器、加速度传感器组成。

(1) 车辆级主机

➢ 基本参数

额定电压:DC110 V,电压变化范围 DC77~137.5 V。

功率:不大于 100 W。

供电间隔:当供电间隔小于等于 10 ms 时,设备应正常工作。

电磁兼容:满足 GB/T 25119 的相关要求。

➢ 性能要求

车载安全监测系统车辆级(列车级)主机在满足机械接口尺寸的前提下至少具有以下功能和性能:

电源板卡:车辆级(列车级)主机包含一个冗余设计的电源板卡,当电源板卡一路发生故障时,不能影响主机正常工作,并将故障信息以指示灯或网络信息的方式发送至 TCMS。负责数据处理、内外部通信控制、车辆级综合诊断等功能。

CPU 板卡:车辆级(列车级)主机包含一个冗余设计的 CPU 板卡,当 CPU 板卡一路发生故障时,不能影响主机正常工作,并将故障信息以指示灯或网络信息的方式发送至 TCMS。

MVB 板卡:车辆级(列车级)主机包含一个冗余设计的 MVB 板卡,当 MVB 板卡一路发生故障时,不能影响主机正常工作,并将故障信息以指示灯或网络信息的方式发送至 TCMS。

以太网板卡:车辆级(列车级)主机包含一个以太网板卡,用于主机之间的信息交互以及主机的日常维护和数据下载。

旋转部件监测板卡:车辆级(列车级)主机包含一个旋转部件监测板卡,对本车旋转部件的状态进行动信息的数据采集、处理和故障诊断。

构架失稳监测板卡:车辆级(列车级)主机包含一个对构架的失稳状态进行数据的采集、处理和故障诊断。

车体平稳监测板卡:车辆级(列车级)主机包含一个车体平稳性状态进行数据的采集、处理和故障诊断。

数据存储板卡:车辆级(列车级)主机包含一个数据存储板卡,保存每起报警前后 5 min 内的原始数据,且总存储时长不低于 72 h(数据采样频率不低于 400 Hz),并提供数据下载接口。

➢ 机械接口

主机采用3U、19寸机箱,安装于电气柜内。外形尺寸如下图2.3-9所示。

图 2.3-9　车载安全监控系统主机外形图

(2) 前置处理器

➢ 基本参数

额定电压:DC24 V 范围 DC15—32 V。

功率:不大于 10 W。

电磁兼容:满足 GB/T 25119 的相关要求。

IP 等级:IP68。

➢ 性能要求

将轴箱、齿轮箱、电机的轴承振动数据收集整合,发送给车辆级主机。

对振动温度复合传感器供电,并监测传感器工作状态。

➢ 机械接口

前置处理器安装于车下的终端箱内,通过安装支架固定在车体底架。外形尺寸如下图 2.3-10 所示。

(3) 列车级显示器

➢ 基本参数

额定电压:DC77—137.5 V。

触摸屏类型:电阻式。

➢ 性能要求

旋转部件振动故障状态信息显示。

旋转部件温度故障状态信息显示。

构架失稳故障状态信息显示。

图 2.3-10　前置处理器外形图

车体平稳故障状态信息显示。

火灾报警监控状态显示。

历史故障和状态数据显示。

➢ 机械接口

列车级显示器安装于 05 车机械师室间壁上，尺寸如图 2.3-11。

图 2.3-11　显示器外形图

(4)温度振动复合传感器

温度振动复合传感器构成图见图 2.3-12。

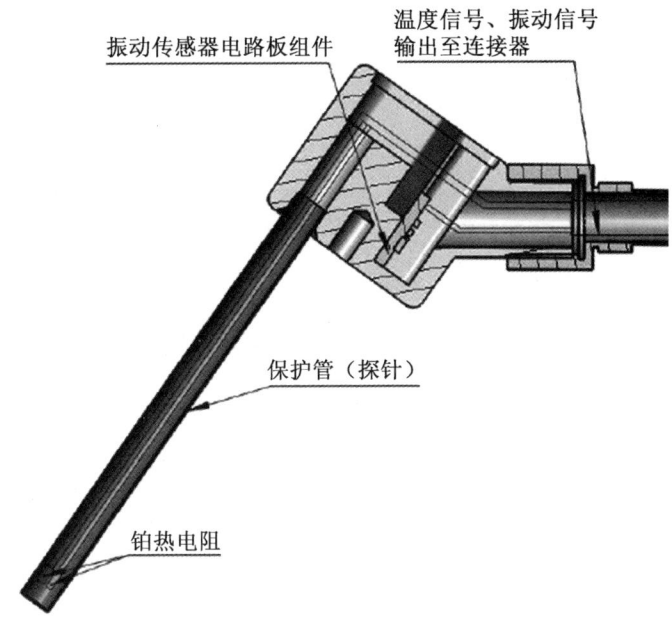

图 2.3-12　复合传感器构成

> 性能要求

复合传感器的性能要求见表 2.3-3 和表 2.3-4。

表 2.3-3　复合传感器性能要求

序号	项　目	技术数据	备　注
1	电阻类别	铂电阻,分度号:PT100	分度特性复合 JB/T 8622
2	传感器外壳材质	不锈钢	
3	测量温度范围	−55 ℃～＋250 ℃	温度敏感部位
4	工作温度范围	−40 ℃～＋125 ℃	
5	温度接线方式	两线制(传输距离不能超过 2 米)	
6	防护等级	IP68	GB 4208-2008
7	温度允差等级	A 级(不包含导线电阻)	JB/T 8622-1997
8	输入电压	DC10 V-DC15 V	
9	电流输出	1.5～3.5 mA	
10	振动范围	±100 g	

续表

序号	项　　目	技术数据	备　　注
11	灵敏度	20 mV/g(160 Hz)	
12	冲击频率响应	5 kHz～25 kHz	
13	谐振频率	≥15 kHz	
14	冲击极限	5 000 g	
15	绝缘电阻	信号线对屏蔽线、信号线对传感器外壳、屏蔽线对传感器外壳之间的绝缘电阻＞200 MΩ/500 V	
16	介电强度	AC2 500 V/Hz，1 min 屏蔽线对信号线之间的漏电流≤5 mA，屏蔽线、信号线对外壳的漏电流≤5 mA。	信号线与外壳，信号线与屏蔽线，屏蔽线与外壳耐压
17	热响应时间	τ0.9≤12 s	组装后的温度传感器的热响应要求，在流速为 0.4 m/s 的水中测试时，热响应时间：τ0.9≤12 s。
18	耐振动及冲击	能承受 GB/T 21563-2008 中 3 类车轴安装要求的振动及冲击试验，无损坏及性能下降	

表 2.3-4　复合传感器电磁兼容要求

序号	项　　目	要　　求		性能评定
1	传导骚扰	150 kHz～500 kHz，限值：99 dBμV 准峰值		—
		500 kHz～30 MHz，限值：93 dBμV 准峰值		
2	辐射骚扰（10 m 法），也可以 3 m 法，判定值按标准调整	30 kHz～230 MHz，限值：40 dBμV 准峰值		—
		230 MHz～1 GHz，限值：47 dBμV 准峰值		
3	浪涌抗扰度	线—线 2.5 kV，线—地 3 kV　波形 1.25/50 μs 源阻抗：线—线 2 Ω；线—地 12 Ω		A
4	静电放电抗扰度	接触：±6 kV		A
		空气：±8 kV		
5	射频场感应的传导骚扰抗扰度	电源端口：10 Vr.m.s(载波电压)，150 kHz—80 MHz，1 kHz 80% AM，源阻抗：150 Ω		A
		信号通信端口：10 Vr.m.s(载波电压)，150 kHz—80 MHz，1 kHz 80% AM，源阻抗：150 Ω，电磁钳耦合		

续表

序号	项 目	要 求		性能评定
6	射频场电磁辐射抗扰度	80 MHz—1 GHz,试验等级:20 V/m(载波的 r.m.s 值),1 kHz 80% AM		A
7	电快速脉冲群抗扰度	电源端口:2 kV,5/50 ns,Tr/Th,5 kHz 重复频率电容耦合、正负极化		A
		信号通信端口:2 kV,5/50 ns,Tr/Th,5 kHz 重复频率电容耦合、正负极化		
8	电压暂降、短时中断和电压变化	短时中断	输入电压间断 10 ms,不应引起传感器任何损坏	
		电压变化	0.6 Ub—1.4 Ub:不超过 0.1 s 的电压波动不应引起传感器功能异常	
			1.25 Ub—1.4 Ub:不超过 1 s 的电压波动不应引起损坏,允许功能降级	

(5) 加速度传感器

加速度传感器将车体横向、垂向、纵向加速度值转化为电流信号,输出给监控主机。传感器通过 2 个 ϕ11 孔水平安装,安装孔垂直于地面,安装孔距为 98 mm,横向加速度检测方向为平行于 2 个 ϕ11 孔连线方向,传感器检测的横向、垂向、纵向与车辆的横向、垂向、纵向误差不超过 2 度,传感器构成图见图 2.3-13。

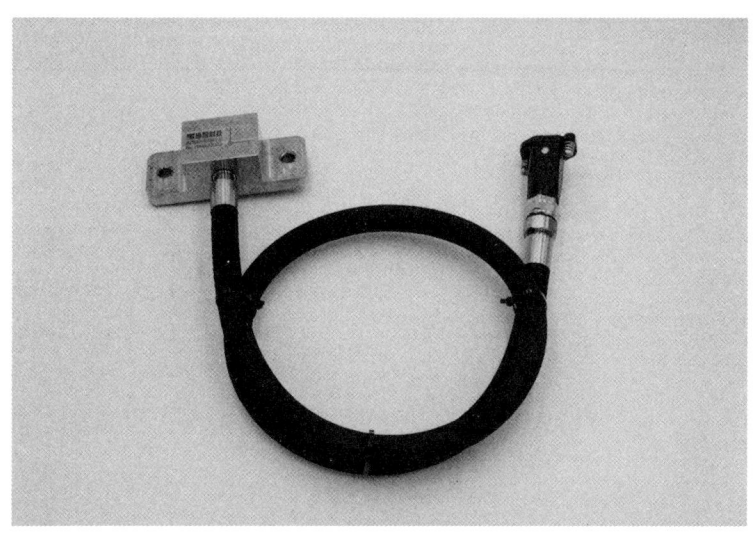

图 2.3-13 加速度传感器外形图

传感器电气参数如下表 2.3-5。

表 2.3-5　加速度传感器电气参数

项　　目	规　　格	备　　注
输入电源	DC12 V(＋/－5%)	
耗电量	不大于 80 mA	
工作温度	－40 ℃～＋85 ℃	
储存温度	－55 ℃～＋125 ℃	
工作湿度	95%以下(无结露现象)	
自带电缆规格	0.75 mm^2 屏蔽电缆	
电缆护套最小弯曲半径	100 mm	
重量	小于 1 kg	传感器本体
防尘防水	IP68	
检测范围	±100 m/s^2	
连续超负荷极限	±200 m/s^2	符合 IEC 61373-2010 中 2 类
响应频率	DC-100 Hz（－3 dB）	
精度	≤5% FS	±10 m/s^2 范围误差±1 m/s^2
输出	4—20 mA 电流	4 mA 对应－100 m/s^2
对地耐压强度	2.5 kV	
冲击强度	200 g, 3 ms	

第三章 智能服务

京张智能高速动车组以向旅客提供及时、准确、周到、方便、快捷的智能化服务为目的,同时满足奥运期间的个性化和多样化的定制化需求,采用智能化信息技术和人性化设备设施,通过旅客信息系统智能化服务、奥运定制化服务等提升旅客对京张智能高速动车组的满意度和体验性。将智能技术的应用与旅客服务系统相结合所形成的新一代智能化旅客服务系统,为旅客提供全方位的、智能化的服务,对提高动车组在高铁市场的整体竞争力具有重要意义。同时,建立智能旅客服务系统也是满足旅客在新技术条件下产生的更高的服务需求的必然选择。

3.1 智能环境调节

3.1.1 空调智能调节

3.1.1.1 方案概述

京张智能高速动车组空调系统基于CR400BF型动车组车型空调系统进行优化升级,增加智能化功能,满足车辆总体智能型要求。

空调系统的智能调节主要体现在车厢内的温度智能调节和压力智能调节两方面。

京张线路运行区间具有因海拔高度带来的温度变化快、隧道内外温差大、人流量变化明显等特点,极易造成客室温度产生较大波动,影响旅客舒适性,空调系统可实现客室空调目标温度能够根据当前列车载客量变化、室外温度变化进行随时自动适应调整,调整具有高效性、准确性,使温度始终能维持在比较舒适的目标值。

京张线路全程共计15个隧道,桥隧比约为66%,最长隧道为八达岭隧道,隧道长12公里,全程具有隧道长大且连续特点,其中太子城至下花园北的崇礼支路为高海拔支路,为30‰坡道且多隧道,海拔带来的压差约为11 000 Pa,出隧道后即停车到站,压力若平衡不及时,车门无法打开,将导致列车晚点,因此京张智能高速车内压力的智能控制对车厢的乘坐舒适性及车辆运营秩序有着至关重要的作用。

3.1.1.2 温度智能调节

1) 温度控制系统组成

空调系统主要包括客室空调机组、司机室空调机组、废排装置、压力波保护装置、空调控制柜、温度传感器、风扇电加热等零部件。客室空调机组布置在每节车厢端部上方,废排装置布置在车下设备舱内,空调控制柜布置在空调机组下方,车内布置送风道、回风道、废排风道,输送气流,达到控制车厢内环境的目的。客室空调机组内、消音风道以及通过台设置电加热器,为冬季采暖提供必要的热量。空调系统组成图示见图3.1-1。

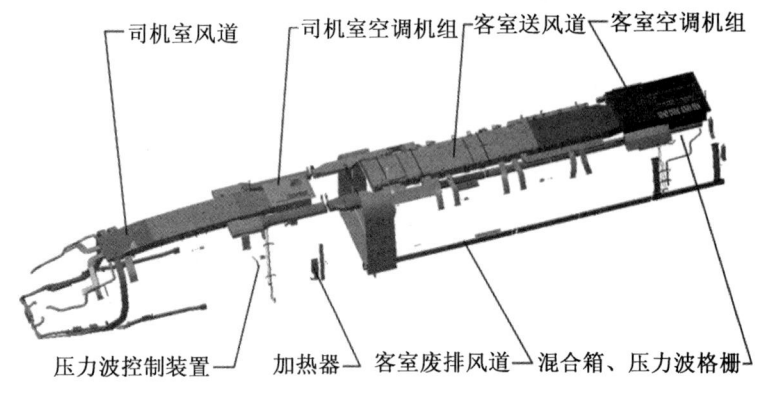

图3.1-1 空调系统组成图示

(1) 客室空调机组

空调机组采用车顶单元嵌入式安装结构,制冷量45 kW,制热量30 kW,送风量最大4 800 m³/h,制冷剂采用R407C环保制冷剂。机组内设压缩机、变频器、冷凝器、蒸发器、冷凝风机、蒸发风机、加热器、旁通阀、膨胀阀、压力开关、压力传感器、风压开关等。压缩机安装采用二级减震结构,冷凝换热采用下压风式,降低噪声,框架材料采用铝合金材料。客室空调机组见图3.1-2。

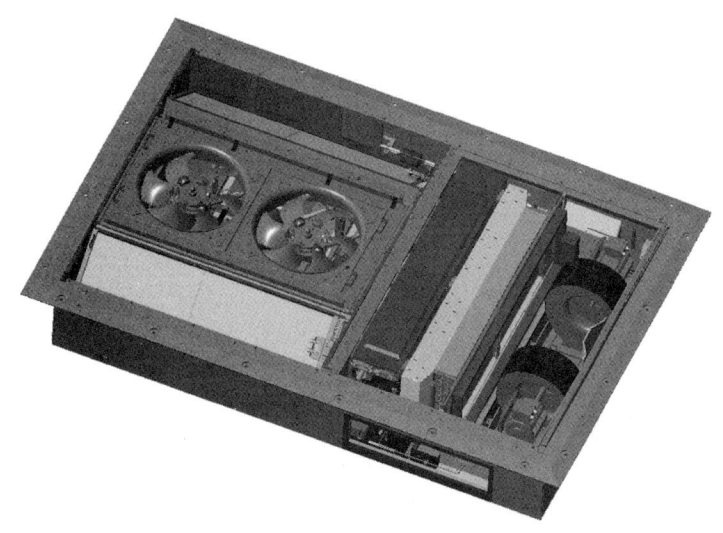

图 3.1-2　客室空调机组图示

(2) 司机室空调机组

京张智能高速动车组司机室空调机组采用单元集中式布置,车顶单元嵌入式安装结构,安装后与车体轮廓保持一致,在机组的四周贴有密封条,与空调安装框压缩密封,保证车体气密性。

司机室空调机组制冷量 5 kW,制热量 5 kW,送风量最大 900 m^3/h,制冷剂采用 R407C 环保制冷剂。机组内除设压缩机、冷凝器、蒸发器、冷凝风机、蒸发风机、加热器等常规部件外,还设有高压风机,用于克服车外压力波动对司机室内压力的影响,从而保证司机的舒适性,见图 3.1-3。

图 3.1-3　司机室空调机组图示

(3) 废排单元

废排装置为单元式,通过安装座与车体刚性连接,吊挂安装在车下设备舱中,车厢地板中设有风道,通过车下风道与废排装置连接,废排装置工作时将车内废气排出车外。废排装置主要由风机、废排风阀、二位五通阀等部件组成。废排单元见图3.1-4。

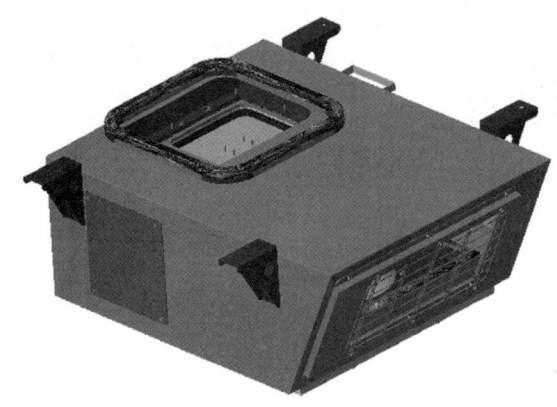

图 3.1-4　废排单元图示

(4) 控制器

空调系统的控制元件均集成在客室空调控制柜中,空调控制柜以空调控制器为核心,配合断路器、接触器、继电器、传感器等元件,自动完成空调装置的控制、保护、故障诊断和故障记录等功能,使空调系统工作在预冷、预热、通风、制冷、加热、紧急通风等模式,调节客室内的舒适度,同时也具有 MVB 网络及以太网通信接口,可与列车网络通信,进行指令和信息的交换。控制柜控制每辆车的一台空调机组。空调控制器具有以太网接口,每辆车的空调控制器通过以太网相连,在头车的空调控制器上可以进行整列车空调系统数据交互、故障下载等操作。

每辆车配置一台空调控制器,同时具有 MVB 和以太网两种通讯方式,且设有触摸屏及手动控制装置。除了客室空调控制功能,头车的控制器还具有司机室空调机组和压力波控制功能,见图3.1-5。

(5) 温度传感器

全列共设温度传感器 80 个,温度传感器采用 NTC 类型,见图 3.1-6,相关要求满足标准 DIN EN 175 301-803-A 要求,温度传感器引线线径最大尺寸 1.5 mm²,电缆密封套采用 PG9,防护等级不低于 IP54。

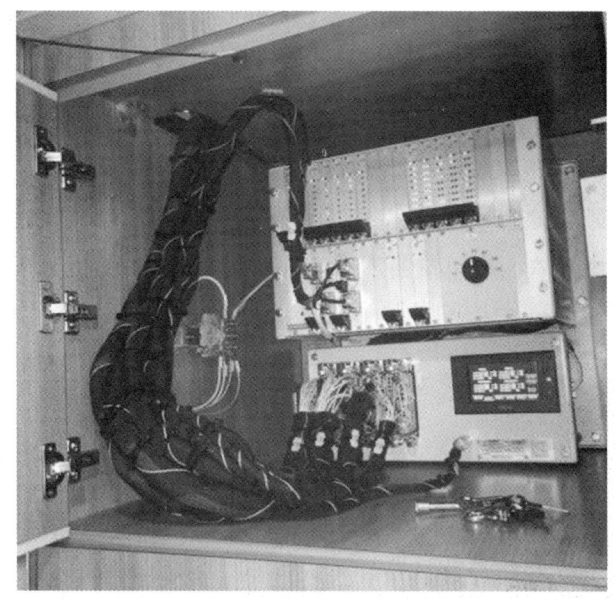

图 3.1-5　空调控制器图示

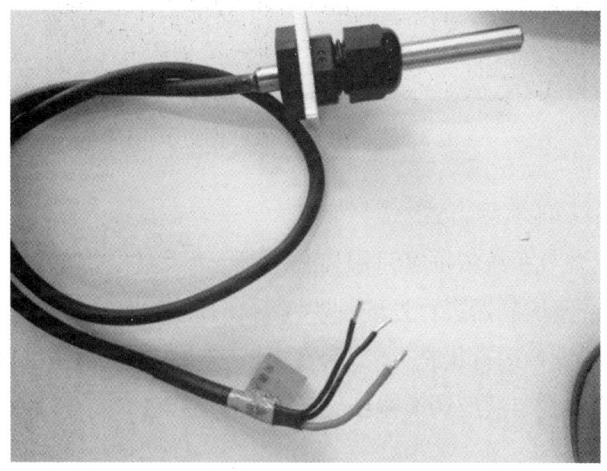

图 3.1-6　温度传感器图示

在测量范围内的测试值偏差小于实测温度换算的 0.5%，或将测试值换算成温度后，偏差在实测温度 $T(K)\pm0.1$ 度内。

温度传感器使用及存放的条件为：存储温度 $-40\ ℃\sim+125\ ℃$，使用温度 $-40\ ℃\sim+70\ ℃$。

根据传感器用途的不同，空调系统配备有不同数目的温度传感器，用于对客室和通过台温度调节和控制，满足需求。

温度传感器无需特殊检修和维护的要求,仅在高级修阶段进行功能检测,使用寿命为30年。

(6) 风门

风门是空调控制系统的关键部件,包括新风门、废排风门、回风门,各风门均通过伺服电机驱动,由空调控制器发送驱动信号,控制风门打开的角度,调节新风量、回风量、废排风量,以适应因外温变化导致的新风量需求不同,空调风门的开度变化直接决定着车内新回风量配比、影响车内压力,进而影响车厢舒适性。风门见图3.1-7。

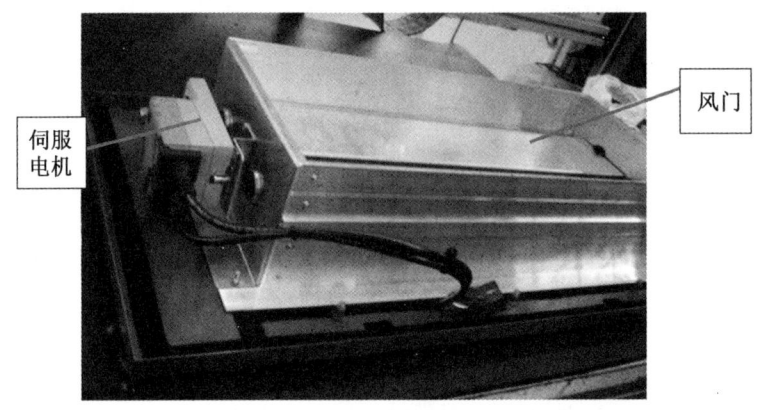

图 3.1-7 风门、伺服电机图示

2) 温度智能调节功能实现方式

空调温度自适应调节系统依据客室温度传感器、新风温度传感器、走廊温度传感器反馈的温度信息,通过空调控制器进行处理,调节新风门开度、废排风门开度、回风门开度,控制制冷系统、加热系统设备运行状态,调节客室区域、走廊区域、商务区区域的温度,京张智能高速动车组采用的温度自适应调节系统结构组成见图3.1-8。

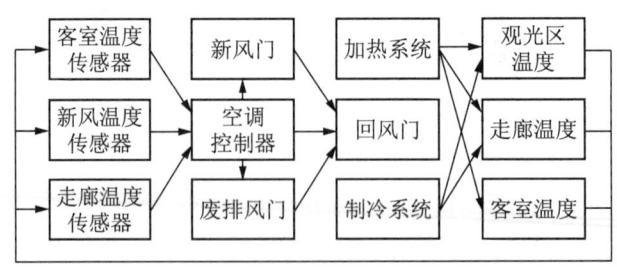

图 3.1-8 空调控制系统框架图示

(1) 温度自动控制模式

自动模式下,温度传感器温度信号发送给空调控制器,控制器对相应的元器件发送指令,并使其动作,来控制车内温度。

设定点温度根据新风温度计算:

① 新风温度 Text≤20 ℃时,Tsp = 22 ℃ + △T;

② 新风温度 20＜Text＜35 ℃时,Tsp = 22 + 0.2 * (Text − 20) + △T;

③ 新风温度 Text≥35 ℃时,Tsp = 25 + 0.4 * (Text − 35) + △T。

空调温度控制曲线见图 3.1-9。

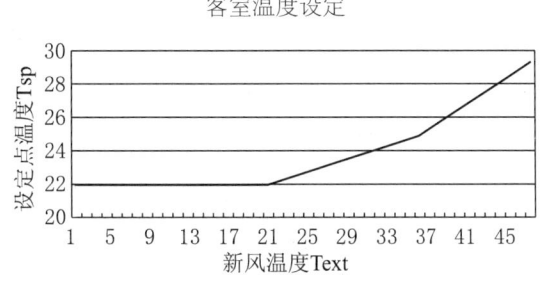

图 3.1-9 空调温度控制曲线图示

Text 为新风温度,由新风温度传感器反馈,Tsp 为目标温度,为控制器根据当前运行工况逻辑计算后得出,△T 为偏置温度,通过乘务员室或司机室人机界面 HMI 设定,设定值可以为 + 2 ℃、+ 1 ℃、0、− 1 ℃、− 2 ℃。

(2) 预冷和预热智能调节模式

为了保证在开始载客时车内温度的舒适性,空调控制器可以预先调节空调系统。考虑到预先进入列车运行的启动时间(在司机的 HMI),空调控制系统将根据室内外温度来计算每辆车的预启动时间,最长预启动时间 70 分钟。

根据温度,空调系统将启动预热或者预冷模式,这时新风门和废排风门关闭,空调系统运行于全回风模式。

① 预热模式:在车门关闭、车上无乘客、内部照明打开、车辆未暴露于太阳下等条件下,制热系统应能够在内外温度为 0 ℃时,在 70 分钟内将车内温度增加到 + 18 ℃。

② 预冷模式:在车门关闭、车上无乘客、内部照明打开、车辆暴露于太阳下(800 W/m²)和环境温度 + 30 ℃的条件下,空调系统应能在 70 分钟内将客室的内部空气温度从 40 ℃降

至 28 ℃。

(3) 变频控制智能调节

为适应京张线因海拔高度带来的温度变化及因隧道内外环境温差过大,带来的客室内温度波动过大,空调系统采用变频控制技术。传统空调机组由于供电频率不能改变,定频空调的压缩机转速基本不变,依靠其不断地"开、停"压缩机来调整室内温度,其一开一停之间容易造成室温忽冷忽热,并消耗较多电能。而与之相比,变频空调变频器改变压缩机供电频率,调节压缩机转速,使客室在短时间内迅速达到所需要的温度并在低转速、低能耗状态下运行,客室温差波动较小,实现了快速、节能和舒适控温效果,实现温度智能调控。变频控制原理示意见图 3.1-10 所示。

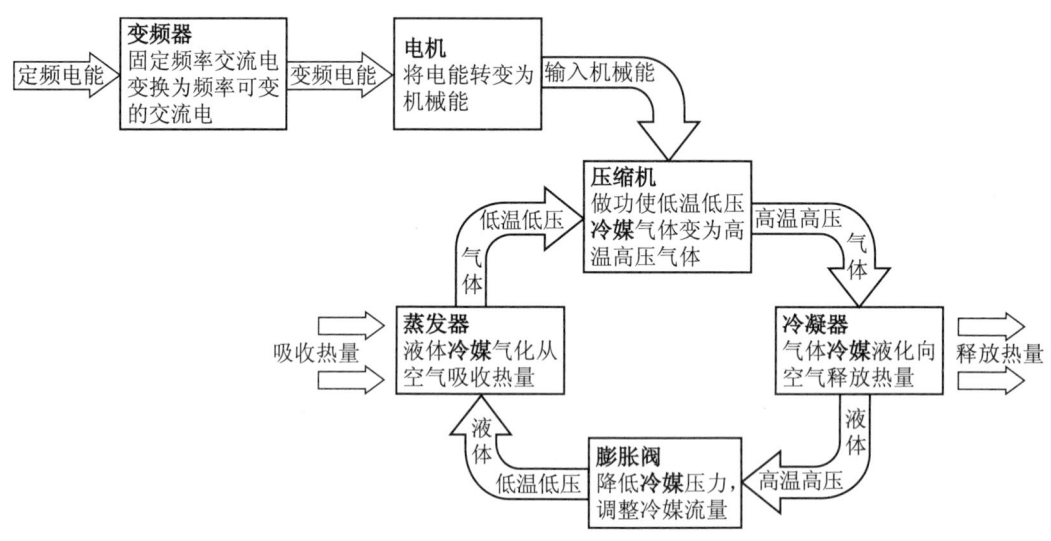

图 3.1-10　变频控制原理示意图示

3.1.1.3　压力智能调节

(1) 压力控制系统组成

京张高铁采用被动式压力保护系统,位于头车的两个压差传感器检测到车外的压力波动,并将此信号以电流形式传递给压力波控制装置,即将新风和废排压力波风门关闭,从而将车外的压力波动与车内隔绝,此时客室进入全回风模式。动车组被动式压力保护原理示意图如图 3.1-11 所示。

被动式压力保护系统主要包括压力波控制装置、二位五通电磁阀组成、压力波保护阀组件、气缸。

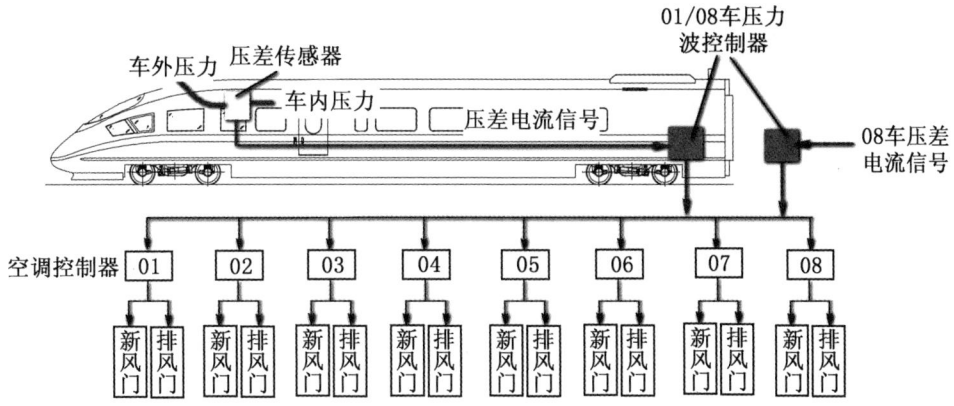

图 3.1-11　动车组被动式压力保护原理示意图示

1) 压力波控制器

压力波控制器位于头车,内部主要有压差传感器、处理器等,此设备用于检测车内外压力波动,并发出压力波启动信号,控制压力波阀关闭,维持车内压力波动处于正常范围内。

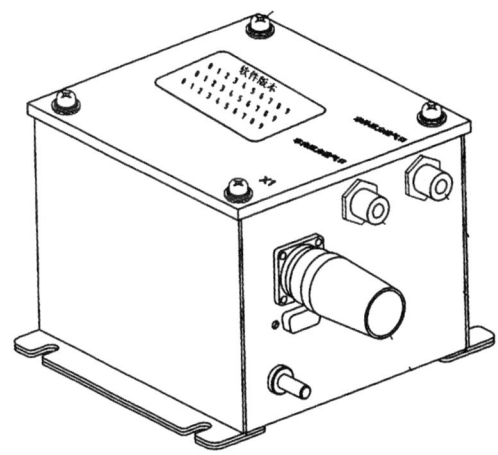

图 3.1-12　压力波控制器图示

2) 二位五通电磁阀

二位五通电磁阀安装在空调机组和废排单元内,如图 3.1-13,受空调控制器控制,通过电磁阀线圈得电或失电来控制内部气路的切断或导通,以此来控制各压力波保护阀组件的动作。

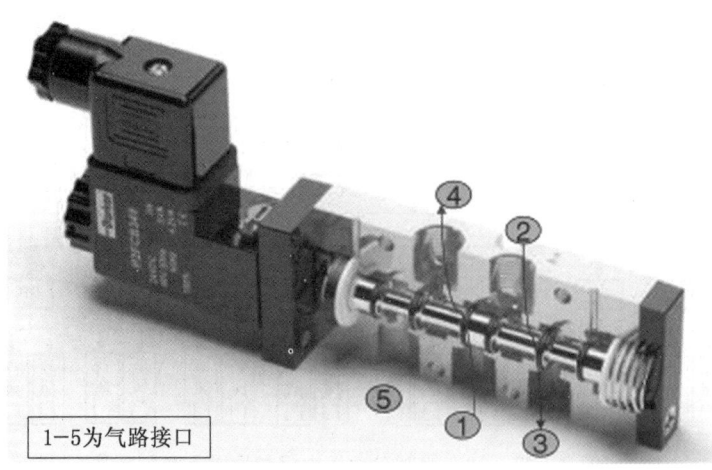

图 3.1-13　二位五通电磁阀图示

3) 压力波保护阀组件

压力波保护阀位于新风口和废排风口,见图 3.1-14,阀板上各有一大一小两个新风口,通过控制相应压力波阀上气缸的开闭来调节客室内的新风量。同时,当车外气压发生变化时,压力波阀将会关闭,阻断车外剧烈变化的压力传递到车内。气缸为压力波保护组件的主要部件,为被动式压力保护系统执行结构的关键部件,通过向气缸不同进气口通气来控制气缸的伸出与缩回,以控制压力波阀的开闭。

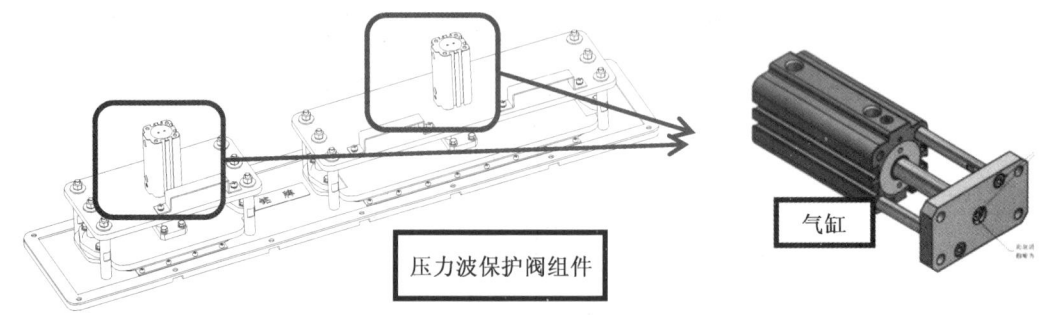

图 3.1-14　压力波保护阀组件

(2) 压力智能调节功能实现方式

当动车组明线高速交汇或通过隧道时,车外压力剧烈变化,压力波传感器采集车外压力实时变化,与车内压力值比较,判断车内外的压差值,当满足激活条件时,控制所有车厢新风和废排压力波阀板立即关闭,阻隔车外压力变化对车内压力的影响,实现车厢内压力智能控制。压力波数据传输流程,见图 3.1-15。

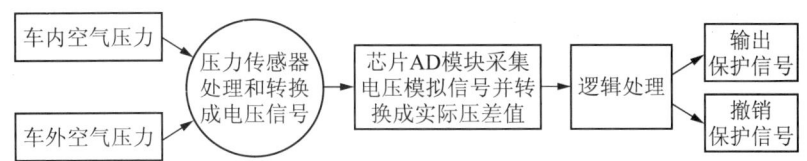

图 3.1-15　压力波数据传输流程图示

ADP(t)表示车外和车内之间的压力差,以该压差值的大小及变化率作为控制参数,参数如下:

① |ADP(t)|

② |ADP(t)-ADP(t-50 ms)|

③ |ADP(t)-ADP(t-100 ms)|

④ (|ADP(t)-ADP(t-200 ms)|和
(|ADP(t-200 ms)-ADP(t-400 ms)|和
(|ADP(t-400 ms)-ADP(t-600 ms)|。

关闭条件都不满足时取消压力波保护,打开压力波风门。

压力波舒适性标准规定车内压力变化需同时满足:1秒内的最大压力变化不大于500 Pa,经现车实测压力波变化率可控制在150 Pa/s以内,全程压力持续泄漏率控制在10 Pa/s以内,列车到站停车前15秒以内车内外压力完全平衡保证车门正常打开,压力波舒适性得到改善的同时,也确保了列车可靠的运营秩序。

3.1.2　灯光智能调节

3.1.2.1　方案概述

随着科技技术飞速发展,人们对生存环境的要求也在不断提高,节能环保、智能化、人性化等要素已经成为人们越来越关注的话题。京张高铁车内照明系统增加了灯光智能调节功能,即列车在不同的环境下车厢灯光的亮度和色温会随着时间的变化而变化,可以实现自动调节也可实现手动调节,该功能应用在所有客室照明系统。

3.1.2.2　系统组成

客室照明由控制器、行李架隐光灯带及光感应器组成。控制器安装在客室电气柜中,控制器输出控制信号给客室灯具控制器照度及色温的变化。在自动模式下,控制器接收光感应器反馈的外界照度数值,与本地设置数值做对比后,从而给客室灯具发出指令,调节其照度,以满足其功能要求;在手动模式下,控制器接收网络的信号指令,来控制灯具照度及色温的变化。

隐光灯带布置在客室行李架的后方,为整个客室提供照明,光源由暖光和冷光两种色温搭配而成,通过接收控制信号改变自身照度及色温。

光感应器装在客室圆头下方,每台车配置数量 2 个,用于实时采集所在区域的照度值。

3.1.2.3 系统功能

在主照明开启的状态下,可在机械师室显示屏及司机显示屏中,对客室灯具模式进行调节。该系统共设置了 4 种模式,分别为:自动模式、夜间模式、睡眠模式和备用模式。每种模式下智能调节灯具照度及色温;见表 3.1-1。

表 3.1-1 灯光智能调节系统控制模式

序号	模式名称		应用场景	色温	亮度
1	自动模式	定时调色温	正常运营	观光区自动调节;客室区域行李架上部灯带蓝色氛围灯,其他灯具为暖白光	观光区自动调节,客室区域不变
2		冷色温			
3		暖色温			
4	白天模式		正常运营	4 500 K	90%
5	夜间模式		夜间运营	3 000 K	90%
6	睡眠模式		旅客睡眠环境	3 000 K	33%
7	隧道模式		进入隧道时	保持当前	100%
8	停车到站模式		停站乘降期间	行李架上部灯带由蓝色氛围灯变为暖白光 4 500 K	保持当前

1) 自动模式:观光区灯具色温根据时间自动调节,亮度通过光感自动调节;客室灯具亮度平均为 200 lux,行李架上部灯带为蓝色氛围灯,客室其他灯具色温 4 500 K;

2) 白天模式:客室灯具亮度为 90%,色温为 4 500 K;

3) 夜间模式:客室灯具亮度为 90%,色温为 3 000 K;

4) 睡眠模式:客室灯具亮度为 33%,色温为 3 000 K;

5) 隧道模式:客室灯具亮度为 100%,色温保持当前不变;

6) 停车到站模式:客室行李架上部灯带由蓝色氛围灯变为色温 4 500 K,亮度不变。

3.2 智能信息推送

旅客信息系统作为轨道交通工具的重要组成部分,随着乘客对轨道交通工具信息化和智能化日益增长的诉求,为旅客提供一个方便、快捷、内容丰富的智能化、智慧化的旅客信息系统成了当前亟待解决的问题。京张智能高速动车组旅客信息系统利用车内信息显示、信息交互融合等技术,实现旅客信息的精准推送;利用车载视频联网、文字语音转换技术等提高服务效率和质量;借助 WIFI 网络覆盖和 APP 应用,拓展数据增值业务,并推进人工智能技术车载化的发展。

3.2.1 智能信息显示

3.2.1.1 方案概述

智能信息显示系统使用 LCD 显示技术为高速列车提供定制化的多媒体信息显示服务,充分满足旅客在乘车过程中对信息化和智能化的需求。通过具有文化色彩的美工设计为旅客完美呈现奥运赛况和新闻内容,是传播奥运主题、中国元素、京张文化和时代特色的重要媒介。

3.2.1.2 系统组成

智能信息显示系统包括旅客信息系统操作屏、旅客信息系统控制器、车厢控制器和信息显示终端设备,其中信息显示终端设备包括车内信息显示器、车外信息显示器和车载吊顶电视。智能信息显示通过多元化的显示方式,可以使行车信息的表现形式更加丰富生动,为乘客提供乘车引导服务,系统框架见图 3.2-1。

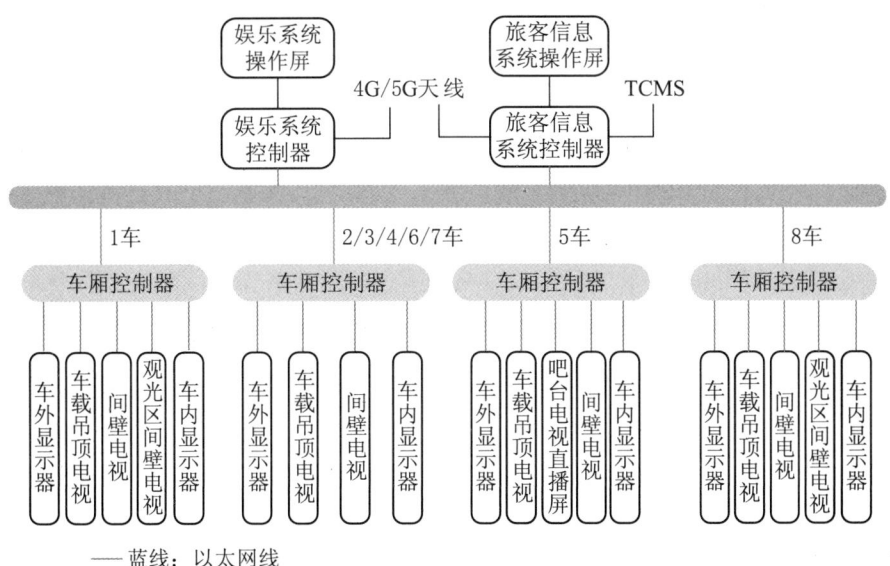

图 3.2-1 智能信息显示系统构架图

3.2.1.3 工作原理

智能信息显示系统采用 B/S 架构软件设计,由旅客信息系统控制器集中控制,负责信息显示系统的逻辑控制,控制显示系统的报站和显示逻辑,通过此种架构做到数据和逻辑分离,便于维护和管理。旅客信息系统控制器统一管理智能信息显示系统的显示资源、页面布局和音视频信息,使用以太网与旅客信息系统及娱乐系统和无线 Wi-Fi 系统相连,可通过以太网口对软件界面和显示数据进行统一的管理和升级。

旅客信息系统控制器接收实时 GPS 数据,并根据当前线路和行驶距离,自动发送显示数据给旅客信息系统车厢控制器,车厢控制器通过以太网总线转发显示信息给车内信息显示器、车外信息显示器及车载吊顶电视。通过 PIS 人机界面(旅客信息系统操作屏)上可手动选择预先定义和存储的中英文信息,并通过车内信息显示器及车载吊顶电视显示。

车内、外信息显示器界面使用 HTML5 技术实现,与服务器相配合可快速响应界面更新需求,可支持中英文字界面、图片等显示功能,预留其他语言扩展功能,向旅客提供丰富的服务信息,多元化的信息显示,使行车信息的表现形式更加丰富生动。

3.2.1.4 系统功能

为充分满足旅客在乘车过程中对信息化和智能化的需求,智能信息显示系统采用工业级 LCD 显示屏搭载高性能 CPU 控制板卡、单元化的界面设计和以太网通信技术代替现有传统方案中的 LED 显示和 485 通信,使得车内、外信息显示器可显示视频、图片等多媒体信息,为乘客提供丰富的信息内容。同时,吊顶电视采用 29 寸宽屏设计,进行分屏显示,增加电视报站和文本信息显示功能,可在列车运行途中、预报站、到站或离站时,采用分屏显示或全屏显示方式显示报站信息、途中信息和视频娱乐信息等。

(1)信息显示多样化

智能信息显示系统全部采用 LCD 显示器,通过多元化的显示方式,可以使行车信息的表现形式更加丰富生动,使乘客以最直观的方式获取信息,旅客能更及时地了解列车信息,提供必要的乘客乘车引导服务。

车内信息显示器安装于客室两端圆头玻璃后方,通过圆头玻璃配合,对玻璃表面进行减反等光学处理,使得内显与玻璃视觉效果为一体化显示,使得显示界面清晰、亮丽。

车内信息显示器可自动显示下列信息:

1)车次号;

2)车厢号;

3)车次、车厢号、起点站、当前站、下一站、终点站;

4)途中信息:运行速度、车外温度等,同时可显示旅客关心的其他信息,如禁烟、用餐、紧急信息等;

5) 禁烟标识；

6) 厕所有无人信息。

车内信息显示效果见图 3.2-2。

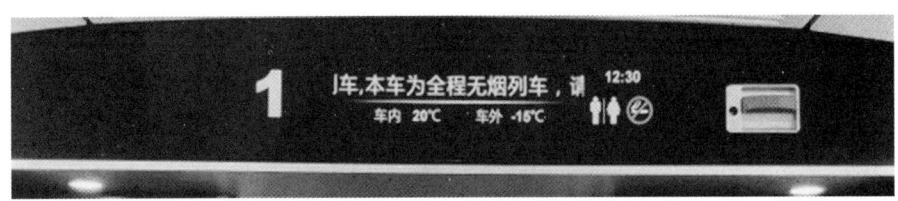

图 3.2-2　车内信息显示中文界面

车外信息显示器安装在车厢两侧车门附近，显示旅客信息系统发送过来的线路信息，显示的内容包含：车次、始发站和终点站、车厢顺位号。通过多元化的显示方式，可以使行车信息的表现形式更加丰富生动，使乘客以最直观的方式获取信息，旅客能更及时地了解列车信息及避免出现旅客误站等情况发生。并显示车厢内座位位置号信息，方便旅客就近选择车门登车。

车外信息显示器可自动显示下列信息：

1) 车次号；

2) 车厢号；

3) 始发站和终点站；

4) 车厢内座位位置信息。

车内信息显示效果见图 3.2-3。

图 3.2-3　车外信息显示器显示界面

(2) 行车信息直观化

宽屏吊顶双电视将信息显示功能和娱乐功能完美地融合在一起,设置在列车车厢客室顶部,可以分屏显示,不仅提供视频娱乐显示,固定显示车次、车厢号、起始站、终点站信息,方便旅客实时获取信息,列车运行过程中会持续显示列车环境信息、车载服务信息等用于播放公共视频节目及显示乘客所需要的信息内容,供乘客观看。

车载吊顶电视可自动显示下列信息。

1) 时间;

2) 车次号;

3) 车厢号;

4) 始发站和终点站;

5) 途中信息:运行速度、车外温度等,同时可显示旅客关心的其他信息,如禁烟、用餐、紧急信息等;

6) 电子地图:运行区间内的所有站点信息;

动车组运行途中,吊顶电视采用分屏方式,左侧为显示当前车次运行站点及线路的电子地图,左下方为信息滚动区域,在行车途中为旅客提供当前车速,及服务信息。界面右侧区域为电视显示区域,用于显示电视画面,在列车运行途中为旅客提供视频服务。界面见图 3.2-4。

图 3.2-4 吊顶电视途中显示界面

动车组预报站和离站时,吊顶电视分屏突出显示下一站和前方到站信息,并显示当前日期时间和服务信息提示。界面见图 3.2-5、图 3.2-6。

动车组运行途中可进行沿途景点信息介绍,可宣传当地文化、风土人情及名胜古迹。显示界面见图 3.2-7 所示。

动车组到站时,吊顶电视采用全屏方式显示,重点显示线路信息。显示界面见图 3.2-8。

图 3.2-5　吊顶电视离站显示界面

图 3.2-6　吊顶电视预报站界面

图 3.2-7　吊顶电视景点介绍界面

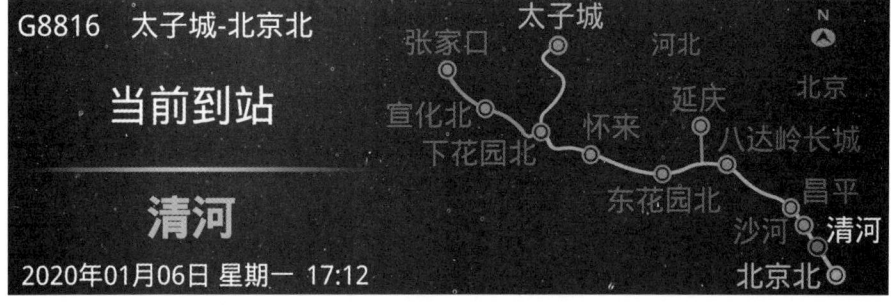

图 3.2-8　吊顶电视到站界面

3.2.2 智能娱乐系统

传统娱乐系统由公共娱乐音频播放系统、公共视频播放系统及服务呼叫系统组成。智能娱乐系统通过 5G 信号接入,在传统娱乐系统基础上实现 4G/5G 电视直播,旅客可通过自由观看公共娱乐节目或直播节目作为旅途娱乐消遣,使旅途更舒适。

3.2.2.1 系统组成

娱乐系统主要由娱乐系统控制器、娱乐系统操作屏、安装在客室间壁的间壁电视,安装在车厢顶板的吊顶电视和吧车电视单元(仅奥运型安装)组成。娱乐系统控制器作为娱乐系统的管理中心及数据存放中心,是娱乐系统的列车级控制单元。娱乐系统操作屏与娱乐系统控制器相连,是娱乐系统控制器的人机交互界面,通过操作屏实现对娱乐系统的控制。车厢控制器是旅客信息系统及娱乐系统车厢级的控制单元,通过拨码开关设置设备的车厢号和位号,并提供全车干线网络及车厢终端设备接口,通过车厢内以太网总线将视频娱乐信息发送给车厢内各个显示终端。在吧车吧台区域放置吧车直播屏,可以播放列车娱乐系统搭载的视频娱乐节目,也可以通过 4G/5G 网络进行电视直播的画面显示,实况转播奥运电视节目、播放赛事等信息,供奥运会相关工作人员及旅客乘车途中及时了解赛事进展,在吧台区域形成一种轻松、惬意的娱乐氛围。系统框架见图 3.2-9。

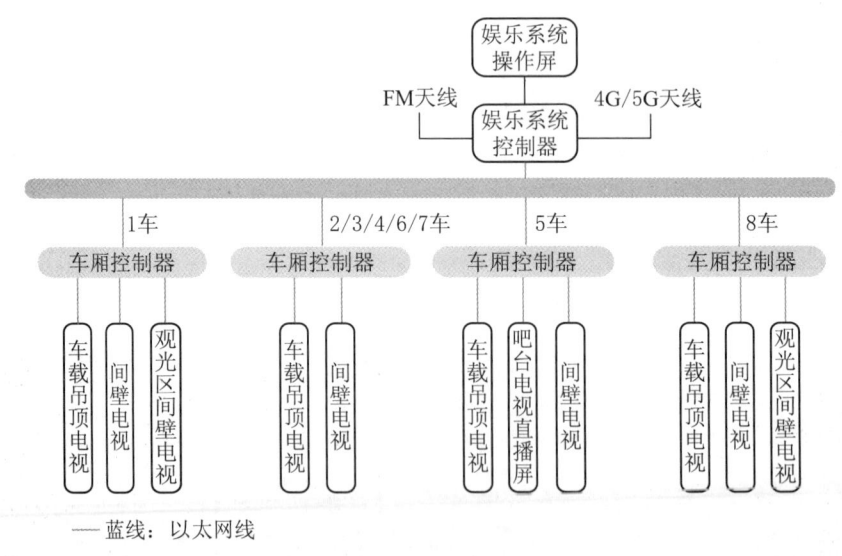

图 3.2-9 智能娱乐系统框图

3.2.2.2 系统功能

乘务员可通过操控娱乐系统操作屏选择在电视上播放的节目,可选的音视频包括 1 路视频、3路MP3、1路FM音频节目。娱乐系统控制器内置的服务软件将音频数据传输至车厢控制器,各车车厢控制器接收到音视频后通过以太网总线传输至电视,并解码由电视显示。

3.2.2.3 系统工作原理

在京张智能高速动车组增加电视直播功能,重大新闻通知信息还能够及时、统一的推送给乘客,并且能够同步播放冬奥会赛事,增强了"冬奥专列"的同步性,提升冬奥会的智能化服务。

电视直播将通过内容提供方将直播视频由有线公网传输至地面视频分发平台;地面分发平台对视频进行缓存、协议转换、打包处理后通过移动运营商4G/5G通信技术传输到车载电视直播服务器,同时地面系统部署系统管理与视频流的参数及内容播控。

车载直播服务器接收到地面系统传输的视频流后进行缓存,由娱乐系统控制器控制播放,通过车厢控制器传输至各车厢电视机顶盒进行视频解码播放,直播传输路径见图3.2-10。

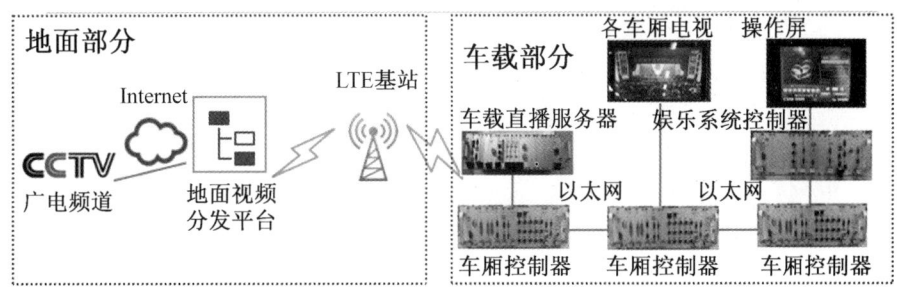

图 3.2-10 电视直播传输路径图

电视直播可以支持输入数据源为1 080 P高清码流、满足多路高清电视/视频的高清稳定直播,用业界先进的前端、后端技术,并采用先进的视频编解码能力,支持高性能的视频编解码;支持冬奥直播赛事录制,并可在时移后轮播。具有自动检测信号的机制,可以在信号意外中断时,自动报警;有人工检查内容的手段;有可配置的时间延迟,以有时间区间做不良内容阻断;传输通路配置安全机制,防止播放通路被恶意侵占。

(1) 地面部分主要功能

接收节目源,从源站机房专门提供加密的1 080P/2.5 mbps/25 fps格式的直播节目源,同时直播内容延时90S用于版权方播控;实时检测节目源数据推流是否正常,包括视频格式、音频格式、压缩算法、实时码率、实时帧率等;将节目源的HLS传输协议转化为适用于车载直播服务器传输的多线程多通道传输协议;将视频流切片、打包为适合不稳定的、移动网络传输包,通过4G/5G通道分发;设计丢包重传、加速关键帧传输等手段,保障直播流传输效果。对视频各阶段的传输参数指标进行检测,直播内容设置人工监控台;根据用户有多路电视节目播放以及换台功能的需求,同时应对高速状态下不稳定的网络状况,需要添加缓存处理机制,为播放终端设备拉流的流畅性提供基础。

(2) 车载部分设备介绍

车载直播服务器:负责直播视频流的传输、处理、系统的管理控制等;

娱乐系统控制器:负责向 PIS 系统各播放终端,发送视频播放命令;

车厢控制器:负责向各车厢终端推送直播视频,同时保证各单元之间的有效数据通信;

车载电视:电视内置机顶盒,可对视频流进行解码及播放;该部分工作也可由车载直播服务器完成。

电视直播效果见图 3.2-11。

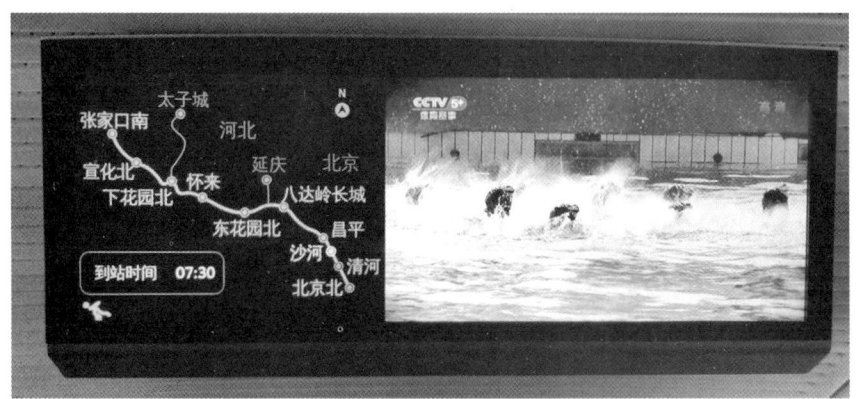

图 3.2-11　电视直播效果图

3.2.3 无线 Wi-Fi 系统

3.2.3.1 方案概述

近年无线 Wi-Fi 系统在高速动车组上的应用和研究得到了迅速发展,国内 3G/4G 上网无线 Wi-Fi 系统在京张智能高速动车组型动车组上已完成装车应用,技术经过了实践验证。随着 5G 技术的应用发展,车载无线 Wi-Fi 系统在 3G/4G 信号接入的基础上兼容实现了 5G 信号接入。

3.2.3.2 系统组成

动车组无线 Wi-Fi 系统包括列车网络、接入网、互联网、数据中心等部分,车载设备由中心服务器、单车服务器、3G/4G/5G 天线和 Wi-Fi 天线组成。

列车网络由车厢局域网互联组成,采用千兆以太网进行互联。通过接入 3G/4G/5G 网络实现车地通信,列车整车采用 3G/4G/5G 蜂窝通信网接入互联网,采用车载 Wi-Fi 接入站场地面 Wi-Fi。乘客终端用户通过车厢局域网 AP 访问中心服务器、单车服务器、以及数据中心提供的业务与应用系统。车下非乘客终端用户通过互联网访问数据中心提供的业务与应用系统。

数据中心包括以下设备与子系统:

1) 路由器:用于提供 IP 路由、网络接入及安全防护;

2) 防火墙:用于提供安全防护;

3) 运维系统:用于提供列车网络所有设备的运维管理,包括 VPN 服务器、认证服务器、运维管理服务器、日志服务器等;

4) 门户系统:用于提供面向互联网的服务,包括 WWW、EMS、DNS 等;门户系统为可选子系统。

动车组网络及车地通信采用以下技术途径:

1) 跨车厢通信采用千兆以太网线连接各车厢局域网,车载中心服务器和单车服务器通过交换机接入车厢内部的千兆以太网,实现全列车的互联;

2) 车地通信采用多路 3G/4G/5G 通道接入互联网及数据中心;

3) 车载设备采用 Wi-Fi 通道接入车站/车库地面网络;

动车组网络相关设备采用以下整合方案,以精简物理设备部署:

1) 在一个 AP 物理设备中集成 2 个 AP 接入点,包括 1 个 2.4 GHz 接入点及 1 个 5.8 GHz 接入点;

2) 在中心服务器中包含路由单元、公网通信单元、Wi-Fi&GPS 单元、交换单元、应用单元等独立单元;

3) 在单车服务器中包含应用单元、交换单元两个独立单元;

4) 在车载天线中集成 3G/4G、5G、北斗&GPS 单元天线、STA 模式的 Wi-Fi 天线等模块。

无线 Wi-Fi 系统框图见图 3.2-12。

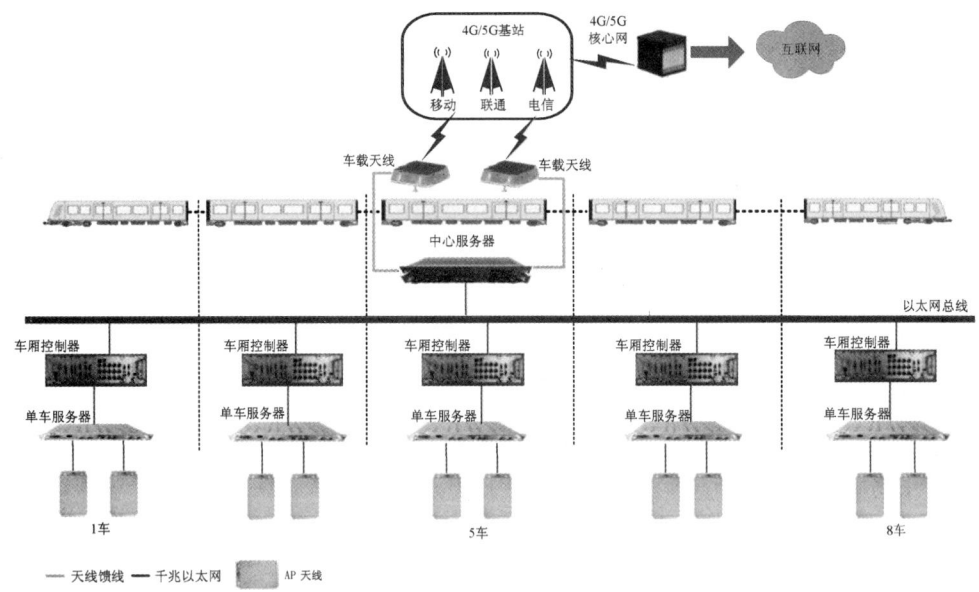

图 3.2-12　无线 Wi-Fi 系统框图

3.2.3.3　系统功能

动车组无线局域网系统应具备互联网接入、构建车厢局域网、与车站/车库 Wi-Fi 网络互通、认证鉴权、安全防护和系统管理维护等功能。

(1) 局域网本地资源访问

车载局域网由单车服务器、中心服务器和 AP 天线组成,乘客通过个人终端设备连接 Wi-Fi 信号加入车载局域网内可实现音、视频点播、赛况新闻、沿线旅游景点和酒店信息推送及点餐等服务。中心服务器与单车服务器内本地资源互相冗余,保证视频点播等大并发量业务的服务质量,乘客在访问本地音、视频资源时,会定向连接到本车厢单车服务器,减轻中心服务器的本地资源访问负担,保证局域网本地资源访问流畅服务。

(2) 互联网接入

外网服务由中心服务器中内嵌 9 张 SIM 卡(3×移动 + 3×联通 + 3×电信),通过 3G/4G/5G 天线接入运营商网络信号,中心服务器合路板进行合路处理,根据安全管理需要,建立列车局域网与互联网之间的加密通道,为中心服务器同时提供移动、联通和电信网络出口。加入车厢局域网的终端设备通过认证后可实现外网资源访问功能。

(3) 专用 Wi-Fi 通道

为保证奥运会期间媒体工作人员的网络需求,无线 Wi-Fi 系统为媒体工作人员提供专用通道,以满足媒体工作人员传输文字、高清图片和短视频的网络需求。

奥运会期间,为保证媒体工作人员工作需要,通过带宽管理策略为媒体工作人员提供不小于 36 Mbps 上行网络带宽和 25 Mbps 下行网络带宽的专用外网通道,优先满足媒体工作人员文字、高清图片、视频上传下载、网页浏览、邮件处理等业务。

(4) 无线 App

无线 Wi-Fi 系统为乘客提供 App 和网页两种访问方式进行内网资源访问,乘客可在应用市场或浏览器认证界面下载 App,截面图见图 3.2-13。使用 App 访问内、外网资源可获取视频点播、电视直播、点对点式点餐、新闻浏览、赛会赛程信息、沿线历史文化信息推送、出行服务指南、应用下载和乘务员呼叫等功能。

图 3.2-13　无线 App 界面

(5) 站库 Wi-Fi 互通

系统提供与车站/车库无线局域网互通的接口,列车在进站/进库时,可利用车站/车库内无线局域网与运营管理中心进行信息交互。

（6）认证鉴权

无线 Wi-Fi 系统系统提供认证鉴权功能，包括：

1）系统具备对用户进行身份认证的功能；

2）系统在用户接入车厢局域网时提供 PORTAL 服务，可导航到指定的页面；

3）系统提供用户接入互联网的鉴权功能，对用户的身份、权限及访问内容进行认证。

（7）安全防护

无线 Wi-Fi 系统提供安全防护功能，包括：

1）支持防火墙功能：实现安全策略配置，ARP 欺骗防护等功能；支持防止网络三、四层攻击功能；支持基于 IP 地址、端口号等黑白名单功能；

2）互联网通道配置防火墙，防止病毒入侵、黑客攻击等恶意破坏行为；

3）系统可对用户行为进行记录与追溯，用户信息、用户行为和故障告警等重要数据应保存 60 天以上，支持 syslog 日志推送；

4）支持非授权 AP 监测及对非授权 AP 进行阻断，防止伪造无线网络信号，欺骗无线终端接入；

5）系统具备互联网出口端口防护功能；

6）系统具备黑白名单设置功能；

7）支持 ARP 攻击防护，支持 ARP 静态绑定和停止学习功能，有效绑定 ARP 对应关系；

8）支持防 Ping，防非法的 Web 登录功能；

9）支持访问控制安全防护、流量监控等策略；

10）支持基于用户/时间的 URL 过滤功能；

11）密码算法采用国家商用密码管理部门关于无线局域网产品密码算法的相关要求；

12）支持 VPN 功能，如 IPSec VPN、SSL VPN、L2TP VPN 等，中心服务器存储的敏感信息及认证过程应通过专有 VPN 通道或国密算法加密保护进行上传；

13）支持邮件、即时通信工具、论坛等行为识别功能；

14）支持流量识别保障功能，能够精确识别网络应用，保障关键业务；

15）为了保证在多条外网线路情况下带宽的合理分配使用，设备支持多链路负载均衡，负载均衡可基于带宽、负载等多种方式；

16）满足网监中心的日志对接要求,能提供以下日志信息：网络虚拟身份轨迹、上网行为日志、终端上下线日志、场所资料、设备资料；

17）支持基于协议和应用等多维度对用户数据流量进行识别和管控：对流量进行有效管理,支持限流、阻挡或者重定向等 Qos 操作,可根据运营需求,灵活管控。

3.3 智能便民服务

京张高铁开展动车组定制化车内设施方案研究,综合考虑旅客、冬奥注册人群、残障人士等多样性乘坐需求,在设置残疾人设备、无障碍设施车厢侧门以及滑雪板存放区、媒体工作区和兴奋剂存放区等便民服务的基础上,引入智能化先进技术,设置手机无线充电、自动售卖机、冷热水直饮机、变色车窗等先进服务设备,为旅客、冬奥会人群等提供多样性、智能化的便民服务。

3.3.1 手机无线充电系统

3.3.1.1 方案概述

现无线充电技术在智能手机领域发展迅速,越来越多的智能手机开始支持无线充电技术,无线充电设备已经成为手机充电行业发展的趋势。京张智能高速动车组作为科技奥运的宣传媒介,将无线充电技术纳入商务区智能服务方案设计中。

商务区边柜处设置 15W 无线快速充电设备,适配华为、iPhone、三星、小米、VIVO、OPPO 等符合 QI 无线充电标准机型的手机或平板电脑,为商务区旅客提供"自由自在、随放随充"的智能、方便、便捷、安全的手机充电服务。

3.3.1.2 工作原理

无线充电的原理见图 3.3-1,是利用电磁波感应,在发送和接收端各有一个线圈,发送端线圈连接有线电源产生电磁信号,接收端线圈感应发送端的电磁信号从而产生电流给电池充电。

Qi 是迄今为止全球分布范围最广、最普及的无线充电标准。采用电磁感应技术实现无线充电,目前使用符合 QI 1.2 方案的充电发射设备,功率可以达到 15 W,充电转换率 80%,可以一对多进行充电,对于不带无线充电的手机可以用外接充电接受插头的形式。

无线充电设备示意图见图3.3-2。

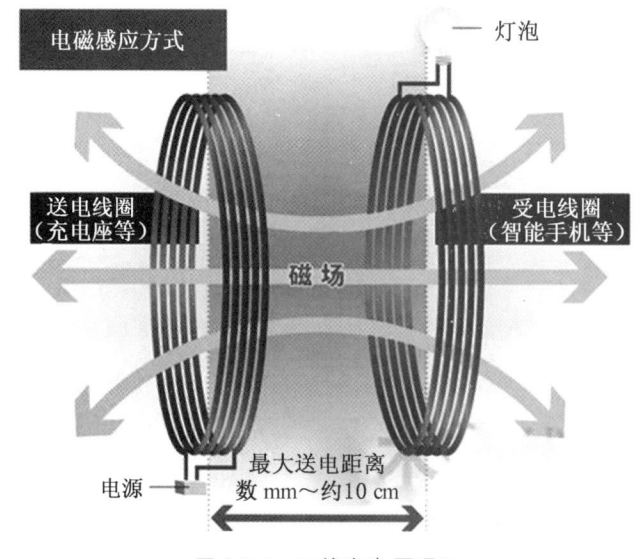

图 3.3-1　无线充电原理图

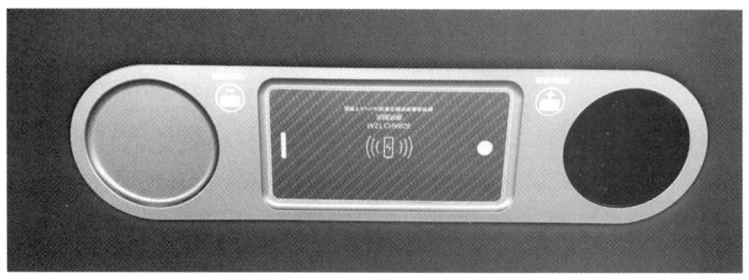

图 3.3-2　无线充电设备示意图

3.3.1.3　无线充电功能

每个无线充电设备具有两个无线充电发射器,每个发射器都可供2—3台手机同时使用,一个使用Qi无线充电标准支持Android手机充电,另一个用于支持iPhone手机充电,无线充电具有金属检测、异物检测及顶点关断功能。图3.3-3所示为无线充电设备安装位置示意图。

对于不支持无线充电技术的手机,用户可以使用外置无线充电接收器来使用无线充电功能(外置无线充电接收器技术成熟,已大量应用),如图3.3-4所示。

图 3.3-3　无线充电设备安装位置示意图

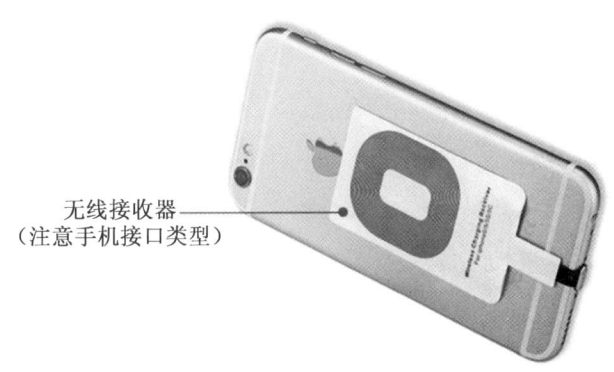

图 3.3-4　外置无线充电接收器

3.3.2 自动售卖机

3.3.2.1 方案概述

自动售卖机为自动快餐、饮料售卖机。其先进的低温冷链配餐技术解决了传统机器在食品物流及销售存储方面的难题,保证了餐盒内的食材安全、营养和口味的原生态;高温加热性能可在短时间内将可口的热饭菜提供给旅客;多功能、多渠道的支付方式为旅客提供了方便、快捷的购餐方式,提升乘车体验。

图 3.3-5　整机美工布局

3.3.2.2 自动售卖机组成

自动售卖机机柜是人机交互的主要部分。门体上安装一台 55 英寸的触摸显示屏,触摸屏的下面区域标识是支付系统所需元素及操作方法。屏幕下侧有饮料取货口及盒饭取货口。屏幕上方区域有 3D 人脸识别摄像头和扬声器。扬声器具有语音提示、广告播报等功能。

考虑整车通用性、舒适性和旅客取货的便利性,以及特殊人群的使用需求,出货口设置在机柜下方,既满足正常旅客在不下蹲情况下的正常取餐,也满足乘坐轮椅的旅客取餐,购买界面也可根据旅客需求上下切换。界面切换示意见图 3.3-6。

（正常人群操作界面高度）　　　　　　（特殊人群操作界面高度）

图 3.3-6　界面切换示意图

3.3.2.3　自动售卖机功能

在设备的内部,设置了电气控制系统、传送机构、制冷系统、加热系统。产品设置无线网络/4G 网络连接模块,以满足自动售卖机的移动支付、后台管理等功能的需求。

（1）控制系统设计

控制系统控制传送机构动作,确保选取的商品能准确进入到微波炉内或饮料存储区;控制制冷系统正常工作,确保盒饭或饮料能在一定低温环境下存放;控制加热系统启停。

传送机构根据后台的指令移动至目标货道,进行商品的拿取以及送至相对应的区域。

制冷系统能确保箱体内冷藏的商品在比较长的时间内新鲜不变质。

加热系统由微波炉和相应的驱动电机组成,可将冷藏盒饭加热到预设温度。

（2）加热系统设计

加热系统主要由微波炉组成,微波加热是通过微波渗透到材料内部并使其产生体积升温的一种加热方法,具有加热速度快,效率高,易控制的特点,尤其适合固体食物的加热。

加热系统采用侧部进餐,正面取餐的开关门方式。加热过程中,大屏上显示加热等待时间,在等待时间内,可进行下一次购买操作,大幅节省等待时间。

加热系统可在 90 s 内将冷链保存的盒饭(2 ℃—8 ℃)加热到中心温度 55 ℃以上。

(3) 制冷系统设计

制冷系统以空气作为散热介质,采用冷媒蒸发方法制冷,设有一套制冷模块,由电气控制系统控制。售卖机制冷系统依照相关铁路行业标准设计,具有结构紧凑,安装方便,制冷能力强,抗动态震动好的特点。

售卖机制冷系统主要由压缩机、冷凝器(风冷)、干燥过滤器、毛细管、蒸发器(风冷)等基本部件组成,如图 3.3-7。

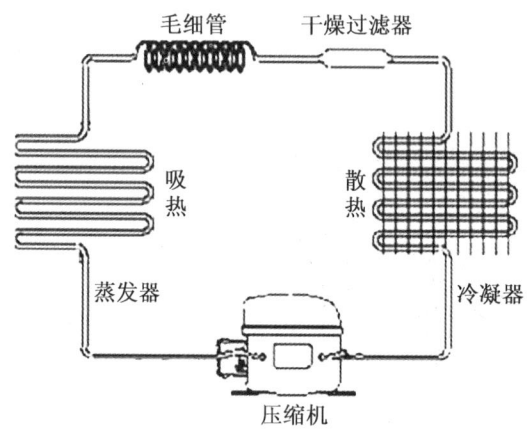

图 3.3-7　制冷系统主要组成

3.3.2.4　自动售卖机界面设计

自动售卖机的界面部分由一面纵向摆放的 55 寸触摸显示屏来实现。根据机器的功能需要和客户的个性化要求,人机界面的设计主要包含广告界面、购买界面和支付界面。

(1) 广告界面

为了资源的合理配置,发挥"一机多用"的功效,在售卖机的"空闲"时间,显示屏会循环播放广告,能达到很好的宣传展示效果。自动售卖机内部集成一个工业无线路由器,可与管理中心进行无线网络数据交换,方便通过网络来及时更换广告。

在广告界面播放时,屏幕显示"点击屏幕,购买商品"的文字,方便顾客迅速识别操作,见图 3.3-8。

(2) 购买界面和支付界面

购买界面可显示不同盒饭和饮料,点击按钮选择想要显示的商品种类,见图 3.3-9,选中后出现几种移动支付方式的选择按钮,旅客可根据需要进行支付方式选择,此界面右下角有可切换图标,方便乘坐轮椅的旅客或儿童在低位选餐。

图 3.3-8　广告界面

图 3.3-9　购买、支付界面

3.3.2.5 自动售卖机资金管理

(1) 移动支付

当要购买的餐品和支付方式都已经选择好之后,支付界面会继续显示用户已经选择的商品列表和价格,右方会有对应支付方式所生成的二维码或提示刷脸支付,见图3.3-10。

图 3.3-10 支付界面

1) 二维码支付

二维码因其具有信息容量大、可靠性高、纠错能力强、易制作等优点,在支付领域使用较为广泛。在自动售卖机的支付界面可使用手机移动支付的扫码功能进行支付。

2) 刷脸支付

刷脸支付因其操作简单、安全可靠和方便快捷的特点越来越受大众喜爱,本设备让"靠脸吃饭"的玩笑成为现实。旅客只要是移动支付已注册用户,无需携带手机即可进行自助购餐。未注册用户只需要在手机App上开通刷脸支付功能即可瞬间完成支付,刷脸支付界面见图3.3-11。

(2) 资金流转

京张高铁自动售卖机资金管理方案通过联合厂家和第三方支付平台,开发适用于铁路行业专用资金流转方式,即资金可以根据需要分配至总平台、运营商或列车员(补货员),且资金直接流转。各路局根据自身运营承包方式进行选取,后期平台自维护或请厂家维护,维护费用较少,资金流转示意如图3.3-12所示。

第三章 > 智能服务

刷脸支付

新用户

老用户

铁杆用户

图 3.3-11　刷脸支付界面

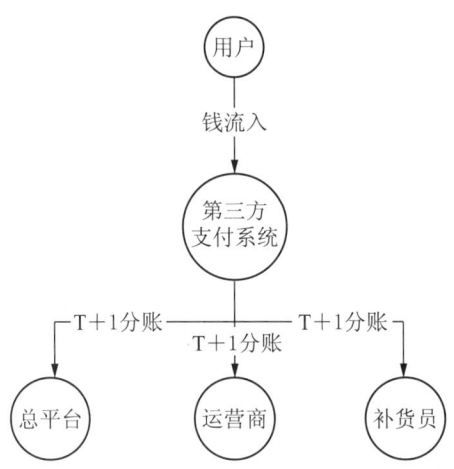

图 3.3-12 资金流转示意

3.3.3 无极变色车窗

3.3.3.1 方案概述

无极变色车窗是将玻璃可变色和玻璃自清洁功能有机结合的高科技产品,能够满足旅客对车窗不同透光率的需求,进行智能调节。旅客即可欣赏车外的景色又不必担心阳光的照射,在10%—45%范围内手动调整透光率,同时车窗具有自清洁功能。

3.3.3.2 无极变色车窗组成

无极变色车窗是在普通车窗的基础上增加自清洁膜和变色膜。自清洁膜位于车窗外侧玻璃的外表面;变色膜位于车窗内侧双层玻璃间。可变色玻璃是将可变色膜夹在2块玻璃之间,加工成夹层玻璃。无极变色车窗效果见图3.3-13。

图 3.3-13 无极变色车窗效果图

3.3.3.3 无极变色车窗参数要求

可变色玻璃可以无极变速调整透光率,颜色可从透明调整到深蓝,主要技术参数见表3.3-1。

表 3.3-1　无极变色车窗主要技术参数

项　目		性　能	
		Off(关闭状态)	On(开启状态)
光学性能 (可见范围 总透光率%)	超暗	<1	35
	黑暗	<3	40
	适中	<6	50
	亮	<10	60
响应时间		Decay：<10 sec	Rise：<0.5 sec
温度限制		<90 ℃	
工作周期		>106 次	

3.3.4　冷热水直饮机

3.3.4.1　方案概述

京张高铁将传统电热供饮水方案优化提升为供可直饮冷热水方案，商务车设置冷热水直饮机，可直接向旅客提供冰水和开水，可满足旅客乘车时饮水、泡茶、冲咖啡、即食食品以及调制冷饮等各种需要，冷热水直饮机，可快速产生直饮水，具有结构紧凑，安装方便，加热(制冷)能力强，抗动态震动好的特点。冷热水直饮机见图 3.3-14。

3.3.4.2　冷热水直饮机原理

直饮净水机既可以提供 95 ℃ 的开水，又可以提供 15 ℃ 的直饮水：

1) 直饮水经过五级净水过滤，完全过滤水中的微生物、卤代烃大分子等，符合 GB 5749-2006 生活饮用水卫生标准。

2) 热水水源过滤后再经由加热沸腾，彻底杀死水中的微生物和分解水中的卤代烃大分子等致癌物质。

3) 接水面板具备同时放热水和直饮水的能力。冷热水直饮机接水面板状态见图 3.3-15 。

图 3.3-14　冷热水直饮机

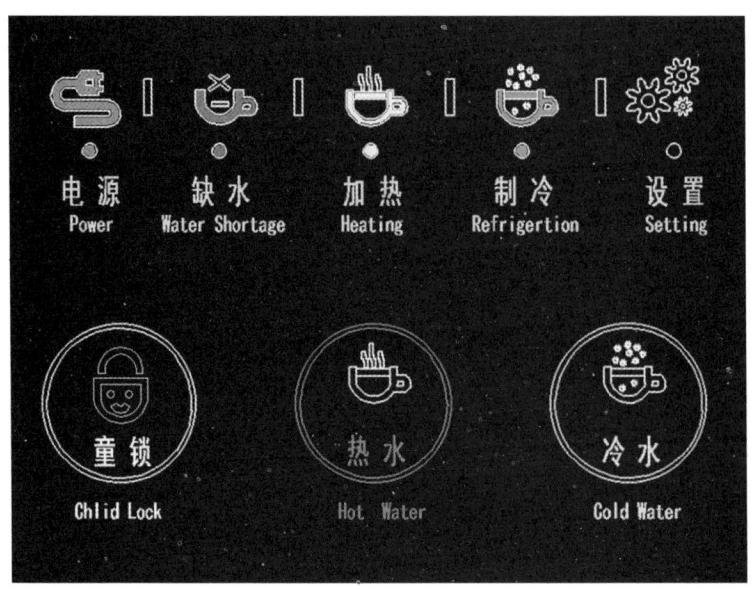

图 3.3-15　冷热水直饮机接水面板状态示意

3.3.4.3　冷热水直饮机功能

(1) 缺水自动报警保护功能

当热水箱的烧水腔内水位低于液位计低液位时,此时电控箱缺水指示灯亮,线圈停止加热,进水电磁阀打开。

当冷水箱内水位低于液位计低液位时,此时电控箱缺水指示灯亮,进水电磁阀打开。

(2) 储水箱满水自动断电保护功能

当热水箱的储水箱内的水位到达液位计上水位时,直饮机控制箱黄色指示灯(加热指示灯)熄灭,线圈停止加热。

当冷水箱内水位到达液位计高液位时,且水温低于 10 ℃,直饮机控制箱蓝色指示灯(制冷指示灯)熄灭,压缩机停止制冷。

(3) 自动进水

给接通水源的直饮机通电,直饮机可以自动进水。

(4) 自动排水

直饮机热水箱和冷水箱的储水箱满水状态下,按下排空按钮 3 秒后,所有排水电磁阀同时打开,直饮机在 15 分钟内排光所有水箱和管路内的水。

(5) 童锁功能

为防止旅客误触热水按钮,直饮机出热水发生意外烫伤事件,直饮机设有童锁功能:只有先触摸童锁按钮,在 3 秒内触摸热水按钮后,直饮机才出热水。

(6) 低温排水功能

直饮机通电,会检测热水箱的储水箱中的水温,当水温低于 85 ℃,打开所有排水电磁阀,持续排水 3 分钟。

(7) 干烧保护功能

直饮机设有干烧保护功能,当加热腔内水量不足时,或加热腔温度达到临界值时,直饮机能自动断电,防止高温引起的火灾发生。

一级干烧保护由烧水箱液位计和控制板实现。当烧水腔水位处于液位计下液位时,加热线圈停止加热。

二级干烧保护由防干烧温控器、陶瓷熔芯配合实现。如果一级保护失效,加热腔温度持续上升,当加热腔内的温度达到 150 ℃时,温度控制器工作,陶瓷熔芯烧断,加热线圈停止加热。

(8) 终极防干烧功能

直饮机在一级和二级防干烧保护失效的情况下,加热腔温度达到 210 ℃时,终极防干烧温度保险丝动作,加热线圈停止加热。

3.3.5　广播音量自动调节

3.3.5.1　方案概述

现代出行方式的需求已由最基本的乘坐要求转变为舒适健康乘坐要求。考虑京张高铁高桥隧比、奥运期间客流量大等特殊应用条件,为提升高铁内广播声音品质,增设列车车厢的噪声监测,依据检测到的噪声来自动调节广播音量,提升列车运营品质,增强市场竞争力,凸显人性化服务,提升乘客乘坐舒适度。

3.3.5.2　系统组成

噪检系统基于广播系统新增的音量调节系统,在既有广播与对讲系统的基础上新增噪声监测传感器和噪检管理单元。系统框图见图 3.3-15。

3.3.5.3　工作原理

噪声监测传感器采集车厢内噪声值,通过以太网总线传输至旅客信息系统控制器,旅客信息系统控制器根据噪声数值调节广播时的音量值,通过以太网总线传输至车厢控制器,车厢控制器驱动扬声器进行广播,功能流程图见图 3.3-16。

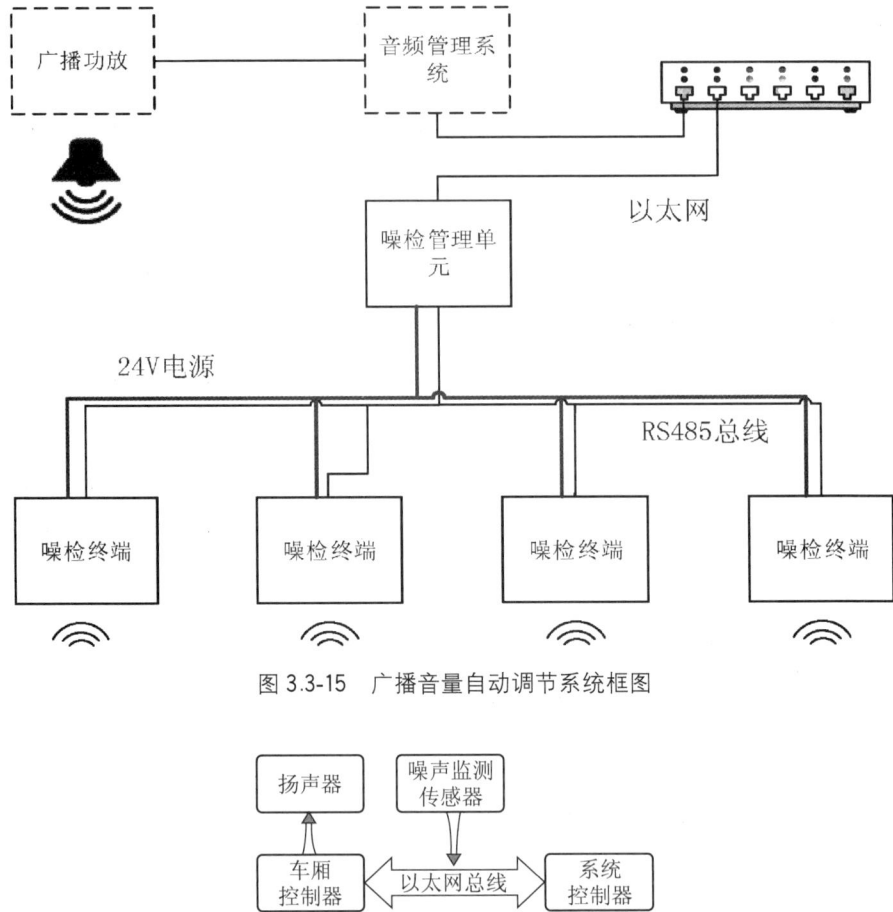

图 3.3-15 广播音量自动调节系统框图

图 3.3-16 广播音量自动调节功能流程图

3.4 智能数据传输

3.4.1 车地数据传输

3.4.1.1 方案概述

京张高铁车-地数据传输通过车辆无线传输装置实现,通过 4G/5G(预留)移动通信网络、近场 WIFI 等多渠道将车上数据传输到地面数据中心;车载的 WIFI 拓展增值应用,无死角覆盖,单独通道,避免与其他系统进行数据交互,影响信息安全。利用以太网以高带宽、高效率、灵活性高等优点，大大提高车辆网络效率。

3.4.1.2 系统组成

京张高铁无线传输装置由车载主机、车载4G/5G(预留)天线、多频段合路器、放大器、天线延长电缆等构成。是车上数据与地面数据处理中心的传输通道，为实现地面对在途动车组运行情况的实时监测和远程维护支持，通过对动车组车载信息无线传输及地面监控系统(以下简称WTDS)落地数据进行展示，为动车组运营维护提供必要的技术状态分析数据支持。动车组落地数据包括实时故障数据、实时运行数据、非实时运用数据、自诊断与日志数据。系统在动车组运行过程中，采集动车组列车网络控制系统的重要参数、故障数据及位置数据，实现关键数据实时传输，经过远程监控系统数据中心处理后，可实时监测动车组运行状态，统计动车组参数变化规律，对重要故障进行综合诊断，深入分析列车故障发生原因，对保证动车组安全高效运营具有重要意义。

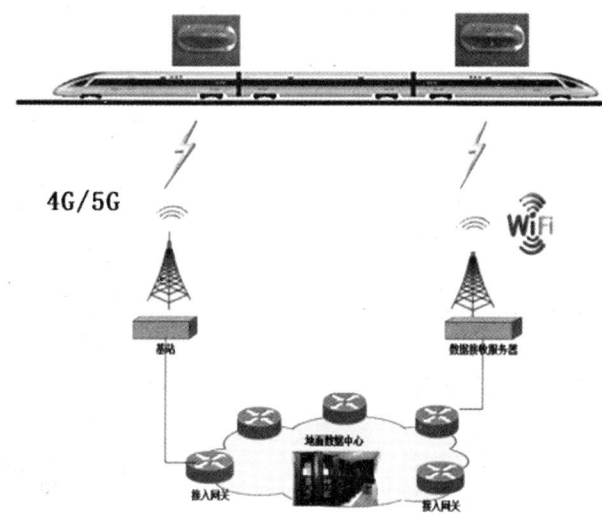

图 3.4-1 车—地数据传输系统框图

3.4.1.3 系统功能

(1) 信息传输

信息传输主要包括列车级信息传输、车辆级信息传输及车地信息传输，列车级信息传输涉及跨单元和跨编主的信息，车辆级信息传输是网络同牵引单元内各子系统的信息传输。

1) 列车级信息传输

① TCN 网络

列车级信息的传输，建立通信包括初运行和操作初运行两部分。TCN 初运行完成

WTB总线组态,给每个WTB节点分配节点地址,建立WTB过程数据通信。操作初运行又分为四个功能:节点索引、节点识别、主控车识别和方向识别。操作初运行各功能说明如下:

a) 节点索引:按照一定规则将WTB节点地址映射为便于应用访问的节点索引,并用节点索引序列来描述各WTB节点的相对位置;

b) 节点识别:在TCN初运行后,节点数量正常或异常时,将WTB节点位置映射到车辆实际位置;

c) 主控车识别:识别出列车占用的车辆;

d) 方向识别:所有从控车识别出与主控车的取向是同向还是反向,以确定主控车的司控器发出方向指令后,从控车的电机的转向。

京张高铁TCN初运行流程见图3.4-2。

WTB总线上的控制指令信息和重要设备的状态反馈信息的特性周期为25 ms,保证了列车通信的实时性。

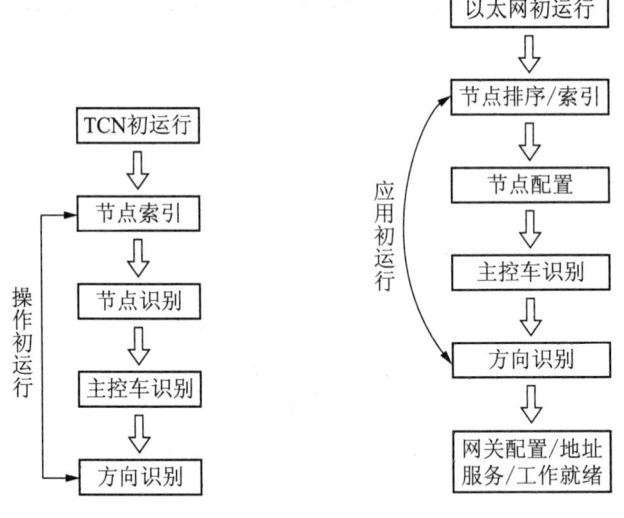

图3.4-2 TCN初运行流程图　　图3.4-3 以太网初运行流程图

② 以太网网络(仅适用奥运型动车组)

a) 以太网初运行

基于以太网列车初运行结果,实现骨干网控制服务与域名服务,主要包括网络的节点索引、主控车的识别、方向识别、拓扑确认;建立终端设备列车级IP地址与域名URI的映射关系,建立完整的列车拓扑数据库TTDB。

b) 以太网列车级数据

列车级信息传输 ETB 过程数据应采用 20 ms 的传输周期，即在 20 ms 内所有 ETB 节点的过程数据至少发送一次。

2) 车辆级信息传输

TCN 车辆级信息通过 MVB 端口进行分配，根据系统不同的通信周期和大小进行端口划分；以太网车辆级信息，通过组播地址和 COMID，进行车辆级信息的划分。

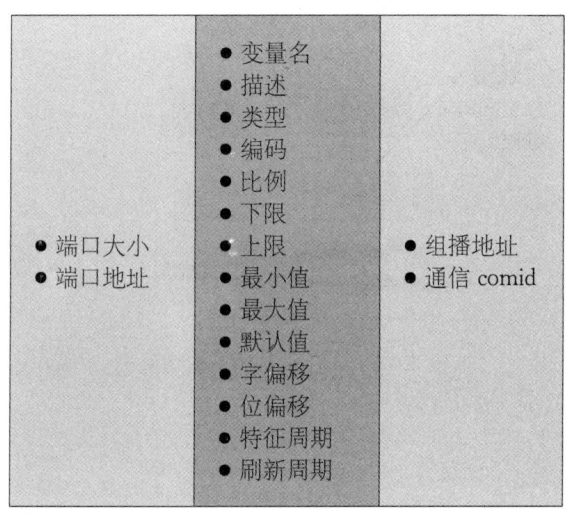

图 3.4-4　车辆级协议分配表

3) 车地信息传输

WTDS 系统传输数据分为实时数据传输和非实时数据传输，实时数据通过移动互联网(3G/4G(可扩展 5G))，传输至位于互联网的 WTDS 外网服务器，为主机企业提供数据访问和应用服务，通过安全网闸将 WTDS 数据发送至内部服务网的 WTDS 服务器，在内部服务网提供 WTDS 访问服务。WTDS 系统分别通过内网应用服务器和外网应用服务器，为动车组运用部门和主机企业提供实时运行状态监测、故障报警等服务。系统构架图见图 3.4-5。

① 数据传输方案

系统的数据传输分为两路。一路通过互联网将车载数据经过 MTUP 平台传送到内部服务网进行数据解析，解析后保存到 WTDS 集群服务器；另一路，在 MTUP 接收到车载数据的同时，将其发送到外部服务网 WTDS 解析服务器进行处理，最终通过机辆信息管理平台的统一传输服务器发送到各主机企业。

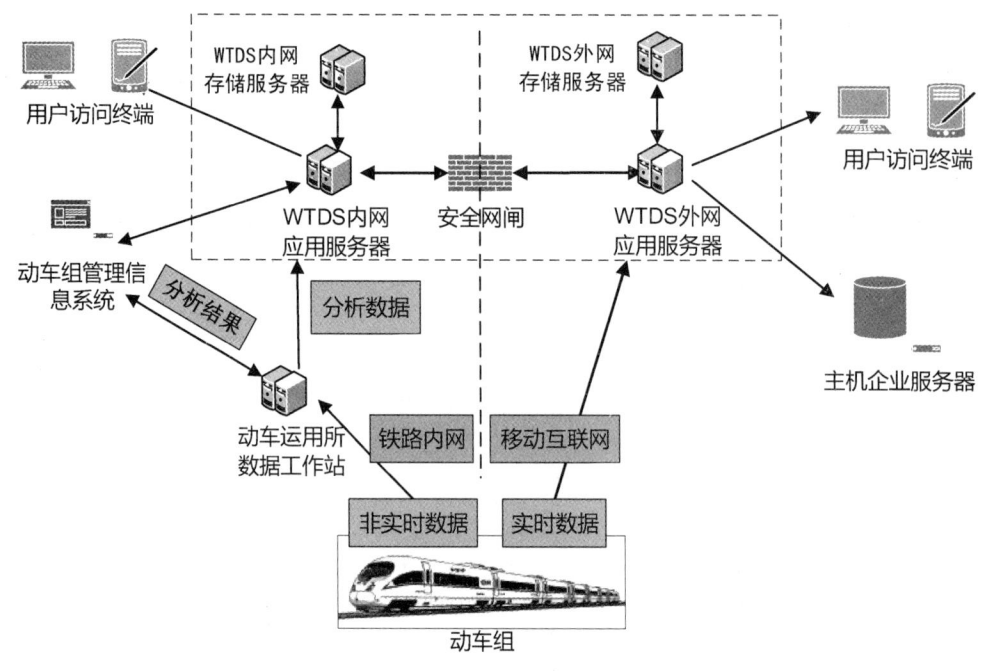

图 3.4-5　WTDS 数据传输构架图

② 网络带宽需求

a) 互联网接入带宽

WTDS 系统实时部分使用既有互联网通道。国铁集团既有互联网通道具备三条不同营运商提供的千兆链路互联网专线,带宽可根据实际使用需求动态租用,可满足系统互联网用户业务使用带宽的需要。该方式的优点在于以较低的投入满足系统对带宽的需求。同时控制了国铁集团互联网入口数量,既简化了网内路由调度策略使之能够高效运行,又便于互联网资源共享以及统一的安全防护。

b) 安全平台通道接入带宽

地面车载信息经过 MTUP 在内部服务网进行落地,车载设备发送数据所需带宽 30 Mbps,7 000 并发量。

c) 与主机企业传输互联网带宽

MTUP 接收到车载数据的同时,将其发送到外部服务网 WTDS 解析服务器进行处理,最终通过机辆信息管理平台的统一传输服务器发送到各主机企业,所需要的带宽为 60 Mbps。

③ 设备与软件配置需求

为保证联网应用的稳定性和可靠性,充分利用既有资源,提高共用性和集约性,并保证未来功能扩展的可行性,各级车载监控系统均采用统一的高性能、高可用服务器硬件设备、监控终端设备、UPS不间断电源和机房环境设备。服务器及监控复示终端安装操作系统、数据库软件、统一的数据传输软件、前台应用软件、后台处理软件、双机热备软件、数据备份系统及杀毒软件等前后台支撑软件。

④ 系统存储数据量估算

动车组车载信息无线传输及地面监控系统WTDS数据量估算基于目前支撑运行业务过程中产生的信息量,考虑国铁集团集中式架构与存储模式,结合铁路改革需求和未来业务发展空间,对动车组车载信息无线传输及地面监控系统WTDS改造完成后系统主要业务数据进行估算。

a) 实时系统监控数据量

目前,根据系统数据量的记录和观察,每标准组一天发送的数据量约为20 MB,经解析后进行存储,所需要的存储量为160 MB。

按照动车组上线运行3 500标准组(截至2019年7月18日配属动车组3 423.125标准组),采用3级备份机制(保存三份)及snappy压缩技术(压缩比为25%),则保留1年(按照0.85运用率)原始实时数据WTDS系统应预留的数据存储空间为:

$160 \text{ MB} \times 365 \times 0.85 \times 3\,500 \times 3 \times 25\% = 130.3 \text{ TB}$

为满足对于大数据相关应用的需求,考虑到动车组五级修年限周期,原始数据按照保留10年计算,则所需数据存储量约为1 400 TB。对于动车组全生命周期(30年)之内的其他数据则进行离线归档存储。

b) 非实时系统监控数据量

动车组每日进入动车所检修时进行数据的自动下载,动车所对数据进行分析后将故障信息和检修结果上传至段级监控中心,并逐级上传至铁路总公司备份。

根据前期的数据量调研,按照每标准组每日所产生的数据量见表3.4-1。

表3.4-1 非实时系统监控数据量调研结果表

动车组类型	数据量/日	数据量/月	数据量/年
"复兴号"动车组	7 GB	≈210 GB	≈2 520 GB
和谐号动车组	2 GB	≈60 GB	≈720 GB

不同动车运用所保有的动车组数量不同,因此数据量也有所不同,不同动车运用所可根据保有量以及需要存储的年限评估系统所需软硬件资源及存储空间量。

c) 配置方案

WTDS 实时系统的数据存储在国铁集团武清数据中心，WTDS 非实时数据存储在各动车运用所，各动车运用所根据本所动车组数量决定储存量。本方案主要考虑国铁集团武清数据中心的软硬件配置建议，系统硬件配置建议见表 3.4-2，系统软件配置建议见表 3.4-3。

表 3.4-2　系统硬件配置建议表

设备名称	参数描述	单位	数量
MTUP 服务器	部署于外部服务网； 操作系统：rhel-server-7.4；CPU：8C； 内存：64 G；硬盘：100 G	台	2
解析服务器	部署于外部服务网； 操作系统：rhel-server-7.4；CPU：8C； 内存：32 G；硬盘：100 G	台	6
消息队列传输服务器	部署于外部服务网； 操作系统：rhel-server-7.4；CPU：4C； 内存：32 G；硬盘：100 G	台	6
解析服务器	部署于内部服务网； 操作系统：rhel-server-7.4；CPU：8C； 内存：32 G；硬盘：500 G	台	6
应用服务器	部署于内部服务网； 操作系统：rhel-server-7.4；CPU：4C； 内存：32 G；硬盘：100 G	台	12
消息队列传输服务器	部署于内部服务网； 操作系统：rhel-server-7.4；CPU：4C； 内存：32 G；硬盘：2T	台	12
分布式管理服务器	部署于内部服务网； 操作系统：rhel-server-7.4；CPU：4C； 内存：32 G；硬盘：500 G	台	8
大数据存储服务器	部署于内部服务网； 操作系统：rhel-server-7.4；CPU：4C； 内存：32 G；硬盘：2T*2	台	35

注：WTDS 系统数据存储服务器建议采用物理机。

表 3.4-3　系统软件配置建议表

软件名称	数量	备注
Linux 操作系统	1	
虚拟化软件和云管平台	1	
关系型数据库软件	1	
非关系型数据库软件	2	
分布式存储软件	1	
内存数据库软件	1	
分布式缓存服务软件	1	
分布式数据仓库技术服务软件	1	
消息队列服务软件	2	
流计算组件	1	
大数据平台	1	
大数据平台管理软件	1	
数据 ETL 工具	3	
GIS 地图工具	1	
数据库备份软件	1	
报表组件	1	
NTP 服务软件(独立时钟源)	1	
电子证书	1	
防病毒软件	1	
日志分析软件	1	
Apache Web 服务器	1	

第四章 智能运维系统

4.1 智能运维技术

4.1.1 智能运维技术概念

轨道交通智能运维产业是大数据、物联网等新技术发展的产物,利用数据和算法提高运维的自动化程度和效率,对于确保轨道交通运营安全,提高其服务质量以及降低运营成本意义重大。运维有运行和维护两重含义。轨道交通运维工作的目的在于:确保轨道交通安全、稳定、高效、经济的运营。

(1) 安全是指系统在风险可控的状态下运行,保证乘客、公众与轨道交通工作人员的人身安全,以及运输货物与轨道交通设施设备的完好。

(2) 稳定是指持续地向用户提供可靠、完善的服务。

(3) 高效经济是指确保系统的运营效率,以合理的成本和资源投入实现较高的乘客及货物周转量,即在确保轨道交通安全运行的前提下,以合理的成本完成系统预定的运输服务任务和达到规定的服务指标水平。

有效的运维是高速列车安全运行、高效运营的重要保障。检修基地需要采用现代化的运维管理理念、信息化的运维管理工具以及智能化的运维支持手段来充分发挥先进高速列车的运维效率。具体工作内容可以理解为:利用传感网、物联网、车联网、移动互联、云平台、大数据深度与自主学习、协作、分享等技术手段,搭建智能运维管理平台,实施精准的状态感知、可靠的状态预测以及应用"互联网+",进行流程管理、事件管理、问题管理、变更管理、发布管理、运行管理、知识管理、综合分析管理,实现运营故障处置、驾驶行为评估、运营组织管理、列车能耗管理、设备健康评估、设备安全预警和数据共享等。

4.1.2 智能运维技术发展

轨道交通是支撑国家战略实施的重要支柱产业。随着国家大力发展高速铁路,投入实际运营的高速列车类型和数量不断增加。与之而来的是检修基地的检修业务量的显著增加。同时,面对人员分布不均、线路个性化、技术水平差异化、设备制式多样化、客流量持续攀升、拥挤度超标以及需要高效应对突发事件的局面,对设施和设备的可靠性(Reliability)、可用性(Availability)、可维修性(Maintainability)和安全性(Safety)(4者缩写为"RAMS")提出了越来越高的要求。庞大的运营规模和复杂的装备体系,加上大量设施设备的更新改造任务,给轨道交通的运维管理带来了巨大的压力和沉重的负担,如图4.1-1所示。

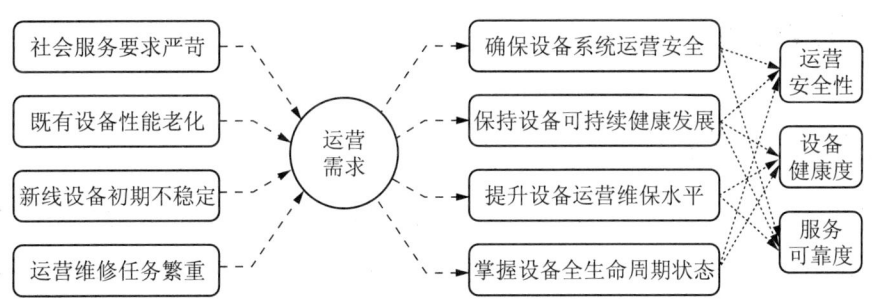

图4.1-1 网络化运营面临的挑战

早期国内开通的轨道交通运维业务大多沿用传统运维模式,其特点有:①多预防修、故障修,少预知修;②大量使用人工操作,运维效率较低;③运维数据不够细化,频度不够高;④缺少处理、分析设备设施大数据的系统平台和智能化应用;⑤业主不能及时、透明地管理维保过程,事后紧急处理情况较多。这既影响服务质量的提高,又会带来安全隐患。随着后续更大规模线路的开通运营,依靠传统的轨道交通运维模式已经很难满足行业快速发展的需要。

近年来,大数据技术的快速崛起为海量多源异构数据的处理提供了一种快速高效机制。针对各动车组信息系统各自建设,独立工作,数据资源共享程度低,数据集成度弱所造成的基础数据多头维护,缺乏统一管理的现状,动车组运维数据服务平台应用大数据、流式计算、云计算等技术,进行数据资源整合,结合数据规范和接口规范实现对外统一提供数据服务。从而保障全路各类动车组运用检修数据一致性和完备性,实现动车组运维过程的全面掌控,为动车组故障预测与健康管理(PHM)、运行状态监控、运维效率提高、大部件维修保养提供辅助决策支持。

同时,信息和智能系统也得到极大的发展。我国先后建成并投入使用的系统有动车组运用所管理系统、铁总级动车组管理信息系统、动车组检修管理信息系统等。其中,调度管理、作业管理、技术管理、设备管理、车载动态监控等功能也相继投入使用。作为所有资产管理的核心,车辆和基建设备的维护一直是主要的研究课题。如何提高车辆维修质量和效率,确保运营安全,减少人工成本,使管理更加"现代化、智能化、精细化",是行业人士始终追求和探索的目标。

4.2 方案概述

4.2.1 顶层需求

装备制造业是我国国民经济的支柱产业,复杂装备是高端制造的重要载体。经济全球化、信息技术革命和现代管理思想的发展,已经使世界制造业发生了重大变化,装备制造业向全球化、服务化方向发展。全球化背景下使得设备用户分布在全球各个角落,给设备的运行维护带来极大的困难和挑战。服务化背景下,装备制造与服务相互渗透与融合,传统"制造+销售"的生产型制造单向业态开始向"技术+管理+服务"的服务型制造复合业态转型。从生产型制造走向服务型制造已成为当今制造业发展的大趋势。

京张智能高速动车组要面向全世界展示智能、绿色、环保、节能。智能主要涵盖自动驾驶、旅客信息服务和故障预测与健康管理(PHM, Prognostics and Health Management)。构建列车 PHM 系统,对车辆监测数据进行集中管理,提高车辆自身的数据分析处理能力、故障早期预警能力,能实现在准确的时间对准确的部位采取准确的维修活动,对提升设备安全可靠性、提高使用效率、降低维修成本、推进修程修制完善有着积极的促进作用,是构建下一代智能列车和智能服务平台的发展趋势。

4.2.2 系统架构

目前我国智能运维领域技术研究刚刚起步。国内动车组车辆全部安装了无线远程传输 WTDS 系统,建立了地面运行安全监控系统;机车 CMD 系统已经开始建设;城市轨道车辆在新造车辆上刚刚开始研发故障预测与健康管理系统。为保障动车组安全可靠运营,提高检修效率,用户和主机企业各自开发了动车组数据监控平台、检修平台、信息管理平台,实现了车辆运行状态的监测、故障预警及检修支持等功能。

用户使用需求

我国轨道车辆车型较多,应用环境较国外差别较大,行车设备故障、源头质量、作业检修质量等问题时有发生,对车辆运营、维修时常产生不可避免的影响。同时,车辆的计划预防修和状态更正修方式,存在过度修和欠维修的情况,导致维修保养成本高昂、次生灾害及行车设备故障时有发生。从运用检修部门和运用管理部门两个维度做参考,形成 PHM 系统开发的重要依据。

系统功能需求

参考 ISO13374 标准,PHM 体系结构主要由 8 个模块组成,从功能划分和模块化设计的角度,轨道交通装备故障预测与健康管理系统至少应实现数据采集、数据处理、状态监测、健康评估、故障预测、决策支持 6 个功能。

主机企业/供应商需求

在制造业全球化、服务化趋势下,我国轨道交通制造行业整体仍处在全球产业价值链中低端,产品附加值低,必须从生产比重大的价值链低端向服务比重大、附加值高的价值链高端转移。发展以车辆全寿命周期管理服务为核心的售后服务作为产品高附加值业务,将成为促进整个行业的转型升级、迈向产业链高端的重要途径。

随着我国轨道车辆的飞速发展,市场对轨道车辆产品的定制化需求以及对车辆的新技术应用需求日益增大,建立科学、完善、安全可靠的故障预测与健康管理 PHM 平台具有重要意义。通过 PHM 平台,一方面可以实现由计划修向转向修的转变,节省成本,提高售后服务水平,另一方面通过 PHM 长期的大数据分析,可以对整车、系统以及部件进行科学的统计分析,进而为新造设计提供数据基础,降低设计错漏,实现产品优化升级。

4.2.3 基础技术支撑

4.2.3.1 建模流程

在 ISO13380 标准中,将对系统异常的监测方法分为三类,包括利用类似系统的经验数据确定失效征兆、利用台架试验数据确定失效征兆、检测系统相对正常行为的偏差识别异常。对于大部分高可靠性设备而言,其故障数据往往难以获取,因此,采用设备正常运行时的数据对设备正常运行的动态过程进行建模,进而进行异常识别和诊断就成为一种有效的方法。

根据 ISO18129 标准,性能诊断的关键在于计算性能指标的期望值,而期望值往往通过模型计算得到。因此,性能建模是进行性能诊断的重要前提。为了保证性能模型的有效性,建立了一套完整的建模流程,如图 4.2-1 所示。

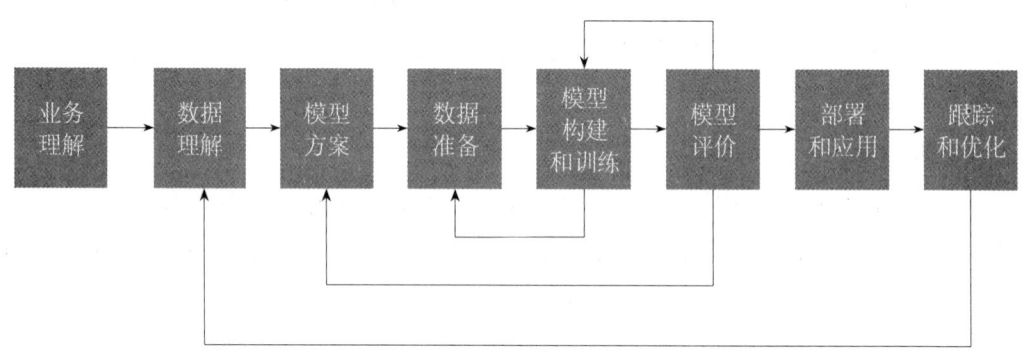

图 4.2-1 建模流程图

业务和数据理解阶段,整理业务及数据资料,并对数据进行初步探索分析;模型方案阶段,根据业务和数据理解,明确建模对象,确认合理的建模方案;数据准备阶段,确定数据集划分原则,划分出模型适用的数据集;模型构建与训练阶段,根据准备好的数据,进行模型的构建和模型训练的工作,提供训练好的模型;模型评价阶段,根据提供的故障数据和维修数据,对模型进行验证,未经过验证的模型重新回到模型方案阶段,经过验证的模型进入下一阶段;部署和应用阶段,采用经过验证的模型文件进行部署;最后是模型跟踪与优化阶段,根据结合发生的故障、预警及其反馈,对模型进行优化,继续完善模型。

4.2.3.2 构型技术

概述

构型化数据管理软件(简称构型管理软件)是一款面向京张智能高铁、基于装备构型的通用数据管理软件,其功能架构见图 4.2-2。本产品立足京张高铁的技术手册、PHM、MRO、TPM 等应用领域,以"构型信息模型"为核心建立装备管理主数据,结合业务需要协同知识库管理或其他产品,实现综合后勤保障领域数据标准化与知识结构化,并以此为基础对包括装备运行、巡检、检修、故障处理等相关业务的开展提供支撑。

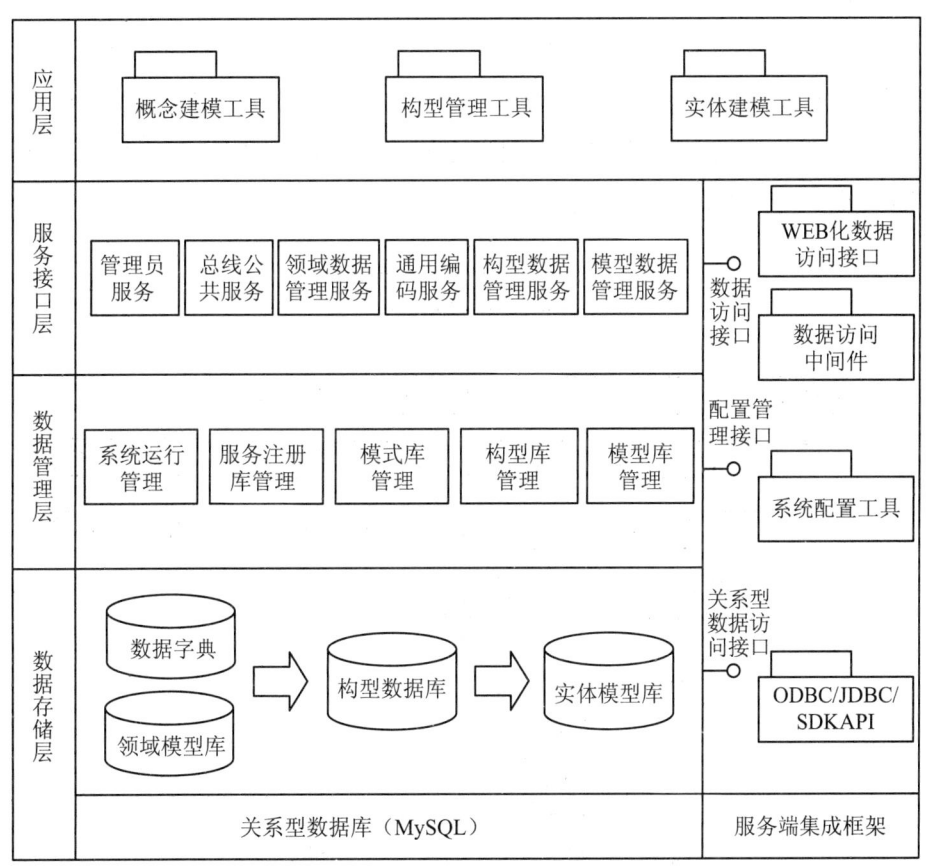

图 4.2-2 构型数据管理功能架构

构型管理记录"京张智能高速动车组(以下简称产品)"的物理结构和(或)功能特性(如:系统、子系统、功能组、功能件、组件、零件等),通过准确的标识符识别"产品"配置(构型元素),并记录配置变更;从"产品"全生命周期考虑,依照设计研发—生产制造—上线服役等阶段分别为"产品"建立相对应的模型或构型;处于某生命周期的"产品"模型/构型在构型管理中向下一生命周期传递完整数据,由下一生命周期继续对模型/构型数据进行补充完善,最终产出该"产品"的序列化构型。

构型管理中每个阶段"产品"模型/构型中的构型元素可定义技术参数,用来管理配置与"产品"本体关联的测量点,测量点测量出的数据可以有效支撑AI模型的创建,是状态检修的基础。

构型管理中的"产品"模型/构型可作为载体记录"产品"全生命周期的技术资料、故障记录、参数、维修记录,实现个性化序列化全数据管理。

构型管理软件由一系列的数据存储库和相应的维护工具构成,包含:1)存储管理产品层级模型/构型的产品模型库;2)存储管理部件模型/构型的部件模型库;3)存储管理零件信息的零件信息库;4)存储管理词典信息的词典库,以及以构型为中心的业务数据总线。同时产品提供了如图4.2-3所示的功能和服务。

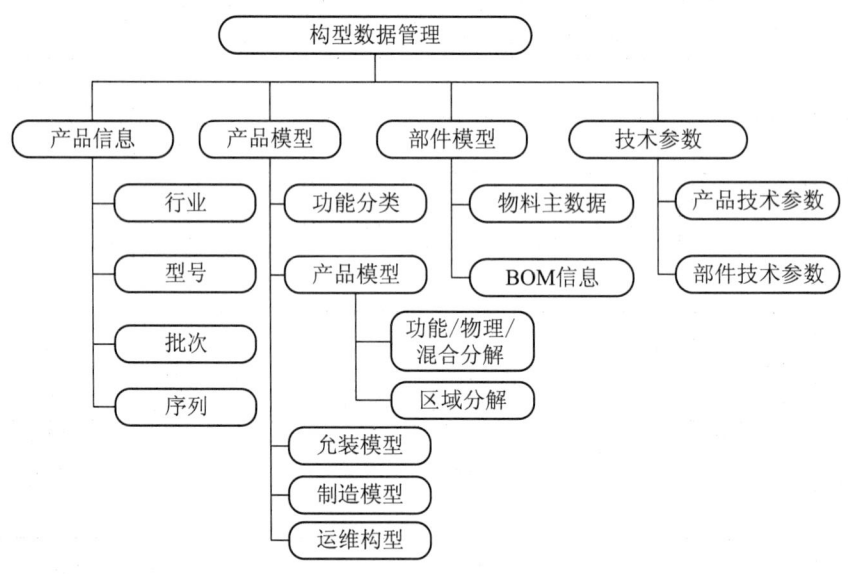

图 4.2-3　构型管理软件提供的功能和服务图

维护需搭建构型的对象信息:

系列:需搭建构型产品的所属系列划分,如京张智能高速动车组;

型号:需搭建构型产品所属的型号:CR400BF-C;

批次:需搭建构型产品所属的生产批次;

序列:需搭建构型产品的序列号。

为每种类型(行业、型号、批次、序列)建立相对应的模型或构型信息,如分解类型、版本、发布状态。产品信息发布图见图4.2-4所示。

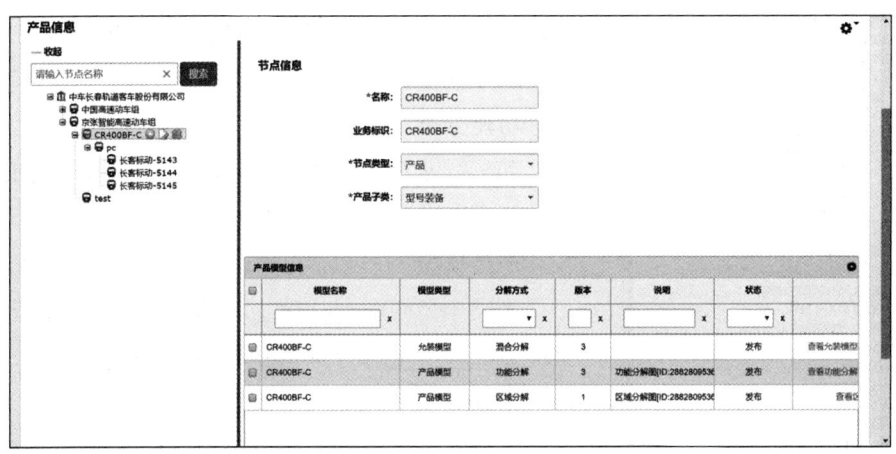

图 4.2-4　产品信息发布图

维护京张智能高速动车组所使用的物料主数据及物料的层级 BOM。BOM 可分设计、检修、运维等类型;可记录 BOM 的版本;可记录物料数据的设计图纸、图纸版本,作为技术资料以及 BOM 核对使用;可记录物料数据的适用性,便于设计选型(如适用车型、适用总成件);可记录 BOM 内某物料的替换信息(如单向替换,双向替换,有条件替换);可记录 BOM 内节点的运维属性(如更换属性,更换策略等)。零部件物料信息图如图 4.2-5 所示。

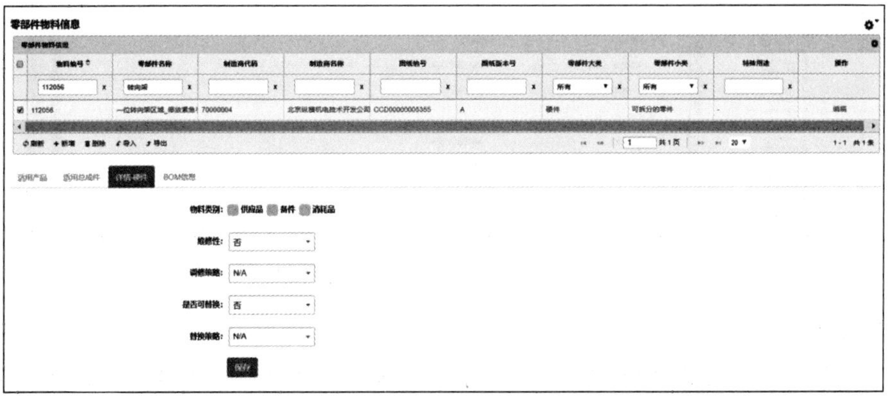

图 4.2-5　零部件物料信息图

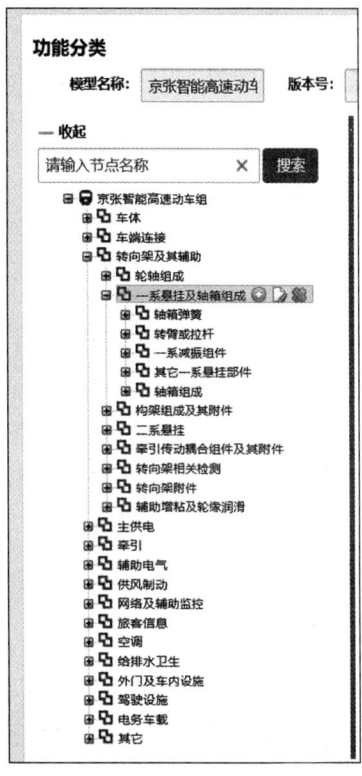

图 4.2-6 京张智能高速动车组的功能组成

维护产品构型数据库,支持一车一档。支持从动车组铁总标准模型、长客车型、批次、出厂、运维 Breakdown 等不同层级不同分解维度的构型的搭建和维护。提供构型节点(系统、子系统、部件/子部件和零件)的创建、删除和移动功能,确保动车组构型树状结构的稳定性和关联数据的一致性。

功能分类

动车行业对应的产品分解数据,图 4.2-6 描述了京张智能高速动车组的功能组成。

产品模型

为某个型号的产品建立构型模型,构型模型以两种维度对"产品"进行分解、功能分解、区域分解。

功能分解

以功能维度对产品进行分解。功能分解是搭建"产品"模型/构型的框架。功能分解可定义用于实现功能节点的允装的物料数据;可定义模型中上层节点的维修属性如是否检修关注,维修性,维修策略等。

图 4.2-7 给出了产品模型及功能分解。

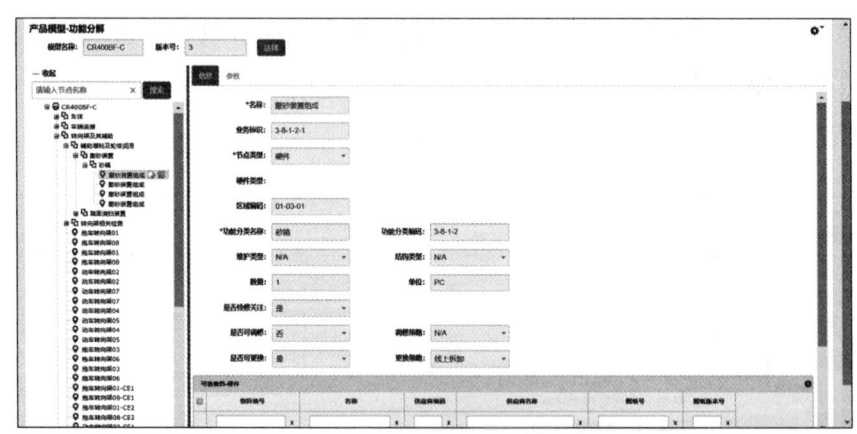

图 4.2-7 产品模型的功能分解图

区域分解

以区域维度对产品进行分解。区域中可定义区域、子区域、子子区域、口盖(检修门)等信息,如图 4.2-8 所示。

图 4.2-8　产品模型的区域分解图

功能分解与区域分解构成在维修阶段定位检修位置、检修部件的基础。

允装模型（as-designed）

设计研发阶段的产品模型的最终产出,用于定义某一型号产品的所有的可适用、允装的物料列表,同时作为一个型号产品的构型模板,用于选择生产批次的出厂模型。另外可定义与维修相关的检修属性,如维护类型、结构类型、是否可维修、维修策略、是否可替换、替换策略、安装位置标签、是否 LCC 关注、是否 RAMS 关注、是否序列号管理、单元码、分解码等。图 4.2-9 为允装模型功能视角图。

图 4.2-9　允装模型功能视角图

制造模型(as-built)

与生产批次对应的构型模型,从允装模型中确定该批次中实际安装的零部件物料编码。继承允装模型在构型节点上定义的属性。图4.2-10为出厂模型功能视角图。

图 4.2-10　为出厂模型功能视角图

运维构型

交付订购方(铁路局)的序列化产品(车组号)构型。作为原始交付版本供查询,相对于出厂模型可定义零部件序列号。图4.2-11为序列模型功能视角图

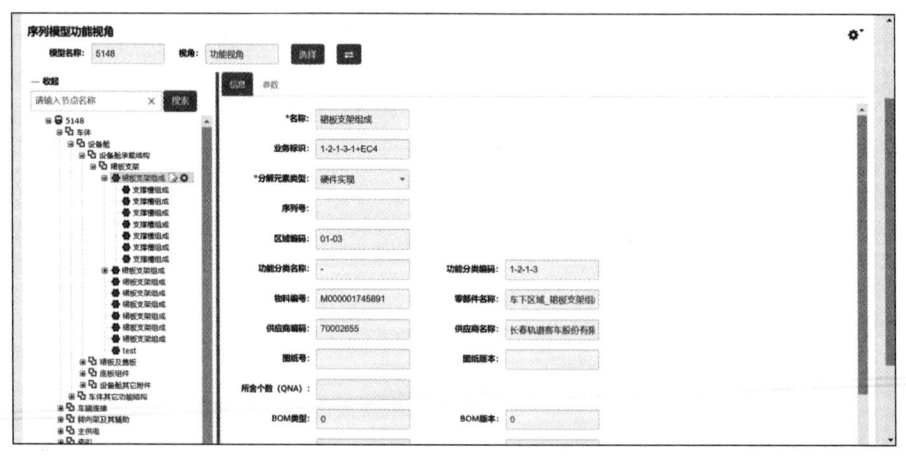

图 4.2-11　为序列模型功能视角图

参数词典维护工具

维护装备参数词典库,可以根据京张高铁的构型,创建构型节点(部件级)关联的参数

及其属性,即完成构型分解元素与各类技术参数的关联。图 4.2-12 为技术参数维护图。

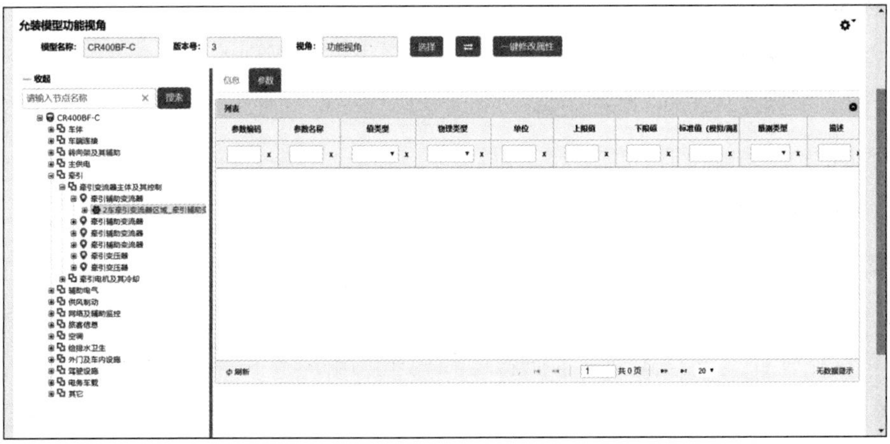

图 4.2-12 技术参数维护图

构型关联数据的管理和维护

维护管理构型节点(部件级)关联的故障记录、更正性维修记录、预防性维修记录、技术手册等信息。图 4.2-13 给出了关联维修信息图。

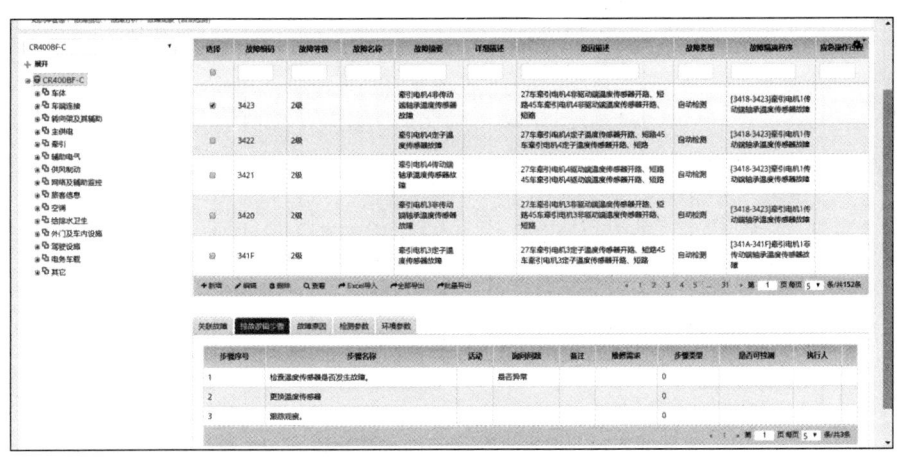

图 4.2-13 关联维修信息图

构型查询服务

根据输入的查询条件,查询满足条件的构型节点信息、构型节点所属的构型子树等,数据查询条件和返回内容可自定义。查询返回结果支持 XML 格式描述。

参数查询服务

根据输入的查询条件,查询满足条件的构型节点、构型节点及其子节点关联的参数信息,数据查询条件和返回内容可自定义。查询返回结果支持 XML 格式描述。

信息模型查询服务

综合构型查询和参数查询服务,为业务应用提供部件级别的信息模型(含构型节点属性、关联性能参数及其属性)查询服务。同时支持基于标准模型、车型、批次、车组、部件级的关联数据的统计分析和查询。查询返回结果支持 XML 格式描述。

4.2.3.3 交互式电子手册

概述

交互式电子手册是一款面向京张智能高速动车组的、基于构型组织的维修体系知识管理与可视化软件。交互式电子手册管理和输出图解零件目录、各类技术手册、培训教材、故障隔离手册、应急故障处理手册、更正性维修手册、预防性维修大纲、预防性维修手册、作业指导书、作业记录模板等相应的知识为装备的 MRO、PHM、TPM 等业务应用提供服务。

技术资料库与结构文化库间关系如图 4.2-14 所示。

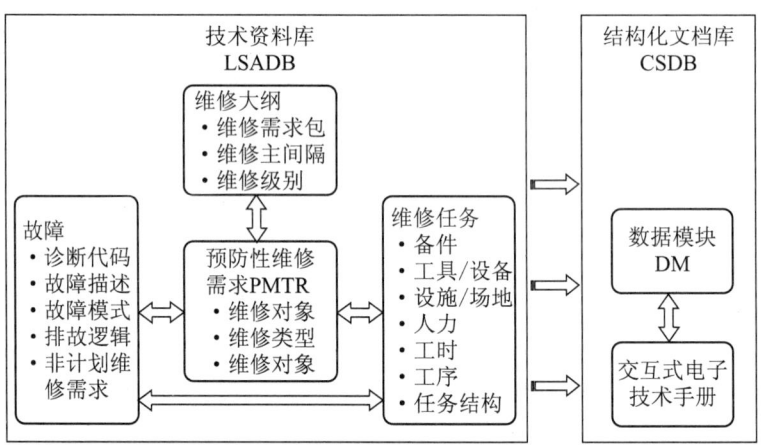

图 4.2-14 技术资料库与结构文化库间关系图

产品构成与功能描述

交互式电子手册由技术资料库(LSADB)和结构化文档库(CSDB)两个数据存储库,以及相应的信息维护、管理和发布工具构成。技术资料库(LSADB)完成对综合后勤保障相关的故障知识、维修任务、维修需求、维修大纲、标准操作规程(SOP)等内容进行存储和管理。结构化文档库(CSDB)存储和管理结构化的公共基础信息(CIR)、资源信息、数据模块

(DM)、发布模块(PM)和最终发布文档等,完成通过项目进行文档发布等知识构建过程中的数据管理。

维修大纲手册

图 4.2-15 展示京张智能高速动车组的维修规划,包含维修分配与任务需求。

图 4.2-15　维修大纲手册示意图

检修卡片

图 4.2-16 详细描述了所有京张智能高速动车组的检修卡片。

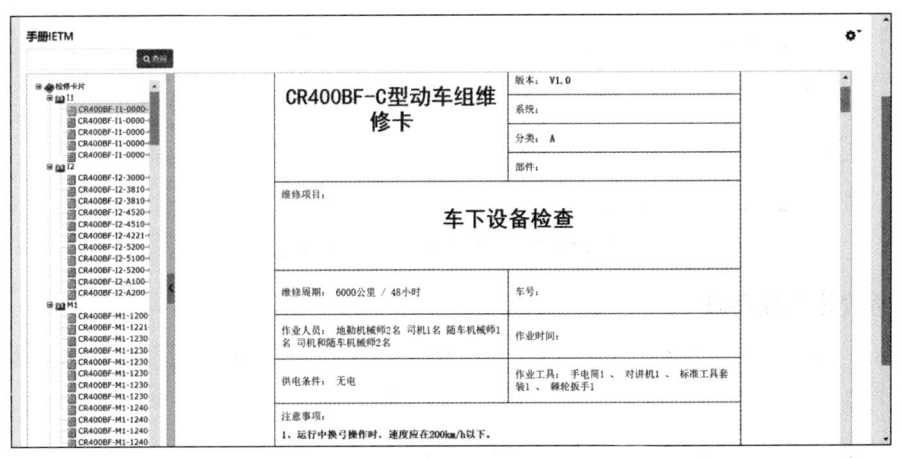

图 4.2-16　京张智能高速动车组的检修卡片

交互式排故手册

图 4.2-17 给出点击跳转的交互方式进行故障排除、沉淀用户知识。

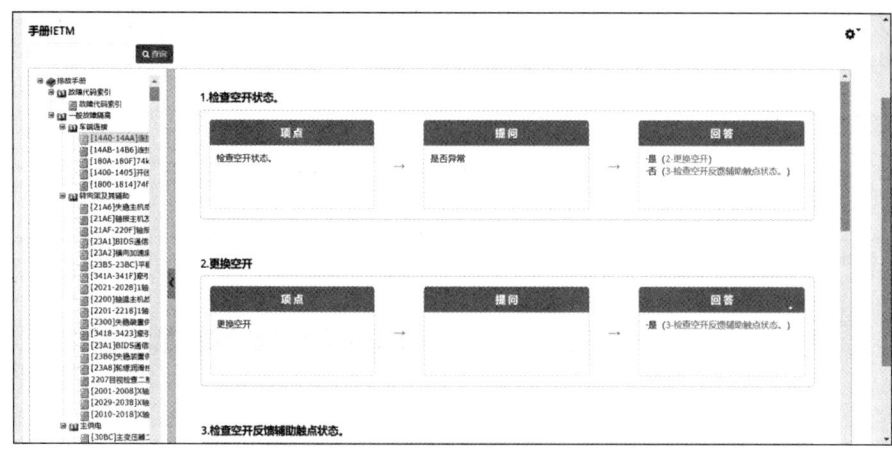

图 4.2-17　交互式排故手册示意图

图解零部件手册

图 4.2-18 展示京张智能高速动车组的零部件组成,辅助维修工作的执行。

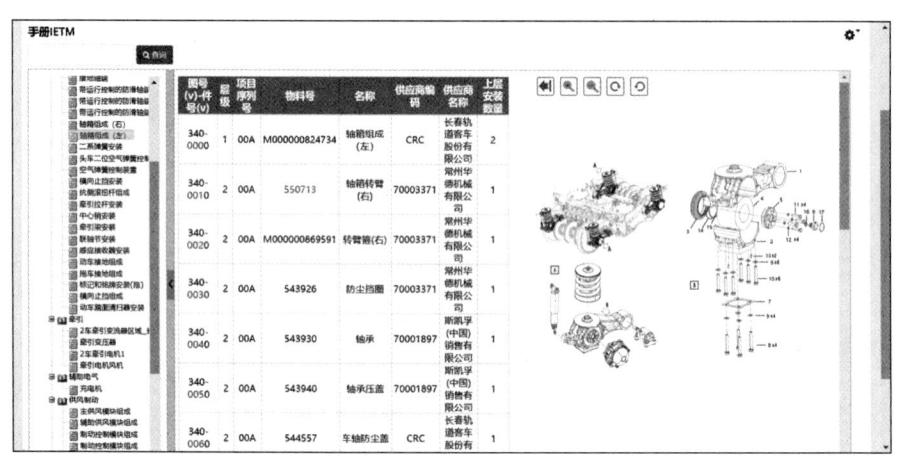

图 4.2-18　图解零部件手册示意图

应急故障处理手册

图 4.2-19 显示收集的所有京张智能高速动车组的故障标准应急方式,支撑智能告警与处理。

同时交互式电子手册提供了如下功能和服务:

维修大纲生成工具

图 4.2-20 提供维修需求的定义功能,维修任务需求描述对每个构型元素所需完成的任务类型(如清洁、检查、移除等);产品支持记录产品的构型节点上的每个元素的维修任务需

求。支持定义维修限制,为每一项维修任务需求设置触发条件;支持检查项定义;支持为维修任务需求分配维修等级,并最终生成维修大纲。

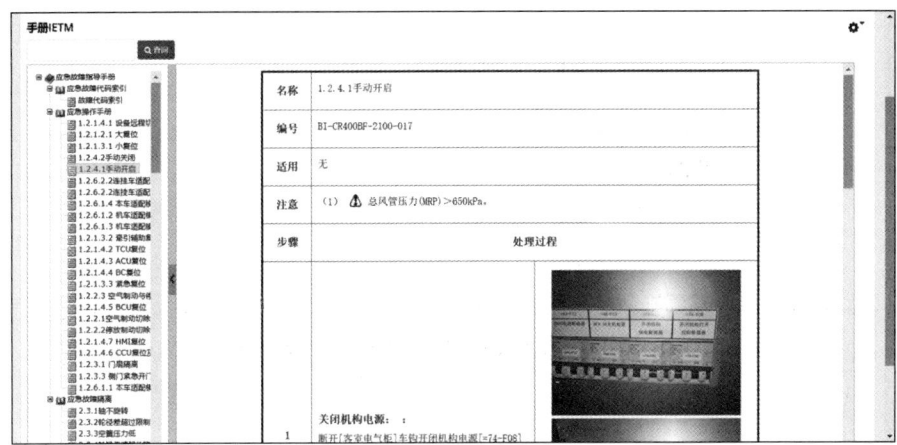

图 4.2-19　应急故障处理手册示意图

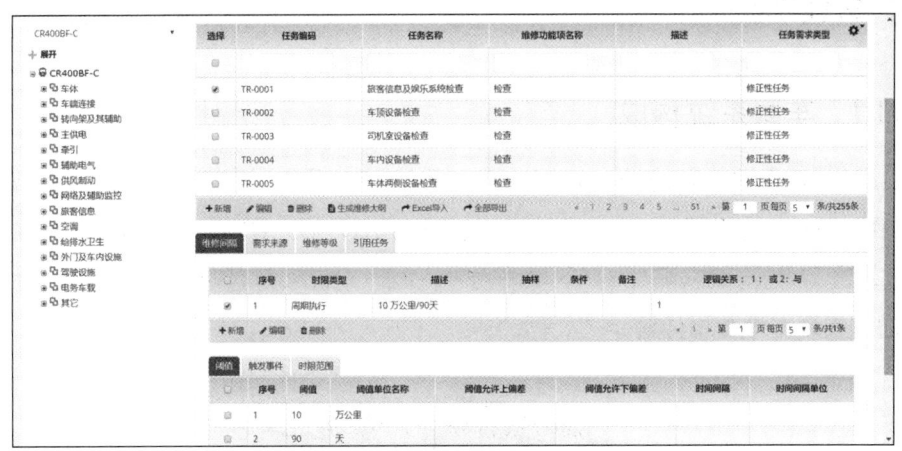

图 4.2-20　维修大纲生成工具示意图

标准操作规程 SOP 定义和维护

图 4.2-21 标准操作规程 SOP 定义和维护图中,显示了维修大纲生成工具支持定义支撑性或操作性维修任务的具体操作步骤,及每个任务的标准工时。支持定义检查任务程序;定义维修任务资源,如技能专业、技能等级、备品备件、保障设备、工具、设施。支持任务组包,并提供维修手册生成功能,针对不同的产品,将维修任务需求所需引用的维修任务根据任务类型组织成出版物。

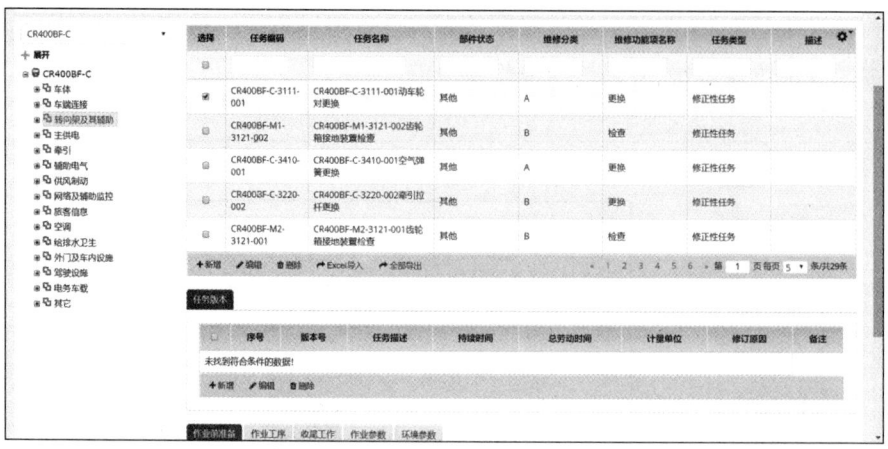

图 4.2-21　标准操作规程 SOP 定义和维护图

4.3 车载系统

4.3.1 车载系统构成

"复兴号"京张智能高速动车组智能运维系统车载系统,如图 4.3-1,由中央维护主机(以下简称 CMC)、车载子系统、车载显示屏、行车 PAD 组成,CMC 是车载智能系统的核心设备,实现车载数据采集、集中存储、数据处理、实时分析以及数据展示等功能,并可通过 WTD 通道实现车地数据传输。

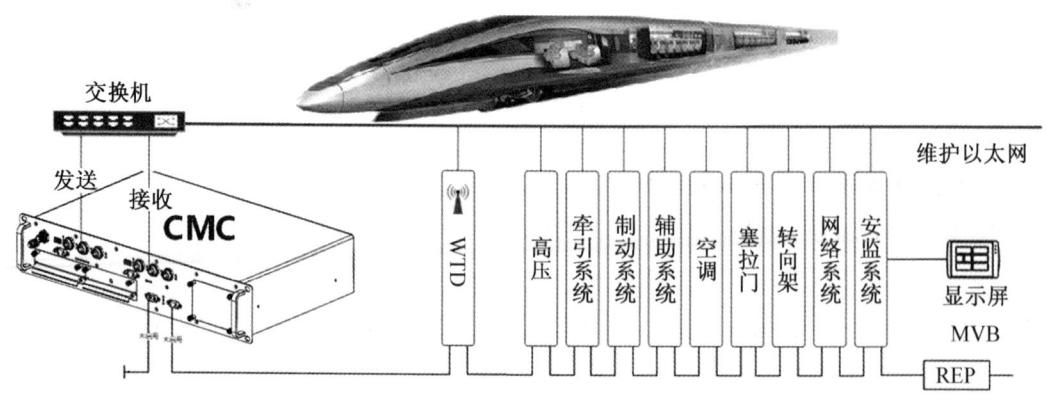

图 4.3-1　"复兴号"京张智能高速动车组智能运维系统车载系统

4.3.2 车载主机

车载 CMC 是部署在车辆上的边缘计算设备,实现车载数据采集、集中存储和实时分析的功能,并通过车地交互服务器实现车地数据交互。

4.3.2.1 硬件规格

车载 CMC 是部署在车辆上的边缘计算设备,实现车载数据采集、集中存储和实时分析的功能

CMC 采用 2U 标准机箱,机架式安装在 05 车 PIS 柜内,每列车配置 1 台。

a) 外观

CMC 外观如图 4.3-2 所示。

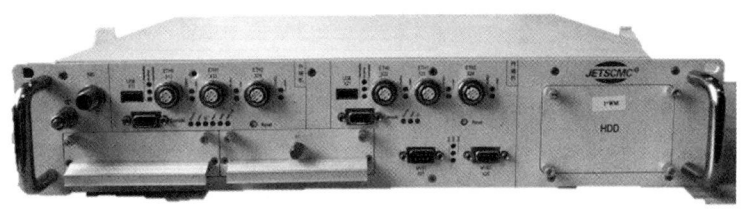

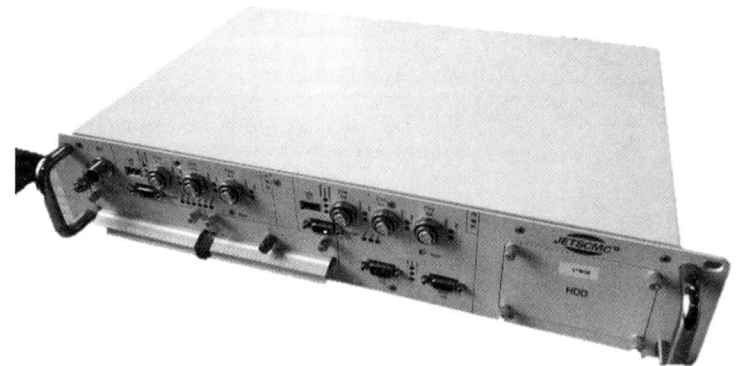

图 4.3-2　CMC 外观如图

b) 机械尺寸

CMC 机械尺寸如图 4.3-3 所示。

c) 性能参数

CMC 性能参数见表 4.3-1。

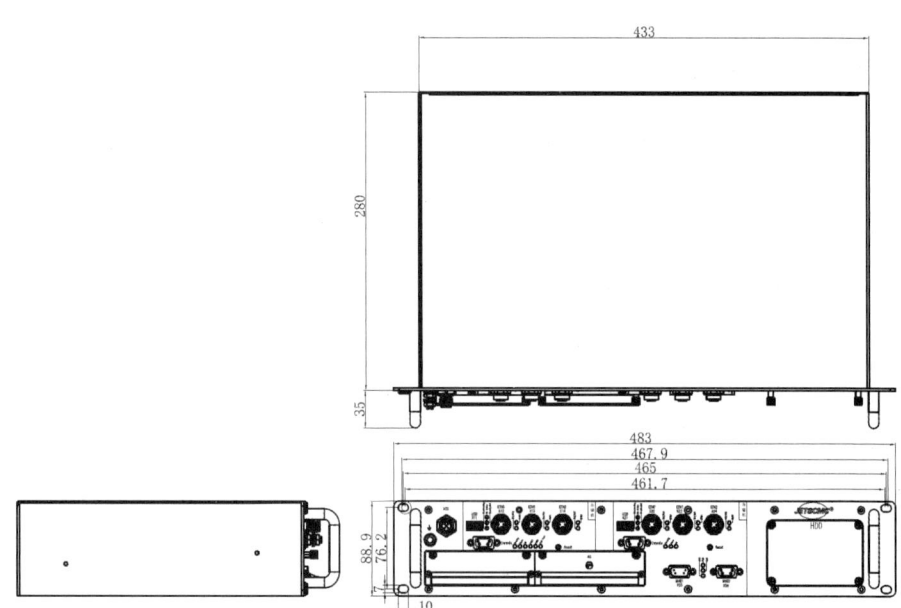

图 4.3-3　CMC 机械尺寸图

表 4.3-1　CMC 性能参数表

整机特性	机械尺寸	483 mm*280 mm*88.9 mm(2U)
	安装方式	2U,机架式安装
	散热方式	无风扇,自然冷却
	整机供电	额定 DC110 V,宽压输入 DC77-148.5 V(0.7%—1.35%) 过载保护支持 冗余保护支持
	整机功耗	小于 45 W
	存储	标配 256 G 固态硬盘(内外端机各 1 个),支持扩展
	整机重量	8.0±0.5 kg
	防护等级	IP 30
工作环境	工作温度	−40 ℃—40 ℃
	存储温度	−40 ℃—70 ℃
	工作湿度	0—95% RH,无冷凝;
接口规格	电源接口	M12-A 型,4 针,公头,额定电压 DC110 V,数量 1
	以太网接口	M12-D 型,4 孔,母头,百兆;内外端机各 3 个
	MVB 接口	标准 DB9 接口,1 个公头,1 个母头;仅限内端机

续表

环境	绝缘、耐压	符合 IEC 60571-2012、EN 50155 或等同标准要求
	低温存放、低温、过温度、高温、交变热试验	符合 IEC 60571-2012、EN 50155 或等同标准要求
	振动、冲击	符合 IEC 61373-2010 或等同标准要求
	防尘	符合 GB/T4208-2017 要求
EMC		符合 GB/T24338.4-2009、IEC 62236-3-2、EN 50121：2015、EN 50155：2007 或等同标准要求
信息安全	采用双主机+隔离卡的架构	内端机接入车辆网络(包括以太网和MVB)采集数据，外端机接入车地数据交互网络。内外端机通过隔离卡连接，实现内外端机连接网络的隔离

d) 接口说明

CMC 包含以太网接口、MVB 接口、USB2.0 接口及电源接口，能够满足数据采集、系统调试和维护的需求。其中，以太网接口为 M12 D 型 4 芯 FEMALE 接口，电源接口为 M12 A 型 4 芯 MALE 接口。各接口均配备状态指示灯。最上排左起分别为电源接口、外端机 USB2.0 接口、外端机以太网接口(3 个)、内端机 USB2.0 接口、内端机以太网接口(3 个)，第二排左起分别为外端机 Console 接口、外端机 Reset 按钮、内端机 Console 接口、内端机 Reset 按钮，第三排为内端机 MVB 接口(2 个)。各接口定义如表 4.2-2

表 4.3-2　各接口定义表

序号	连接器 名称	连接器 类型	针　脚	针脚号	描　述
1	X00	M12-A 4 芯 MALE	110 V+	1	电源
			110 V+	3	
			GND	2	
			GND	4	
2	X11	USB	Vbus	1	外端机 USB
			D-	2	
			D+	3	
			GND	4	

续表

序号	连接器		针脚	针脚号	描述
	名 称	类 型			
3	X12	M12-D 4芯 FEMALE	TX+	1	外端机 100 M 以太网接口 EH0
			RX+	2	
			TX-	3	
			RX-	4	
			GND_EARTH	S1, S2	
			GND_EARTH	S3, S4	
4	X13	M12-D 4芯 FEMALE	TX+	1	外端机 100 M 以太网接口 EH1
			RX+	2	
			TX-	3	
			RX-	4	
			GND_EARTH	S1, S2	
			GND_EARTH	S3, S4	
5	X14	M12-D 4芯 FEMALE	TX+	1	外端机 100 M 以太网接口 EH2
			RX+	2	
			TX-	3	
			RX-	4	
			GND_EARTH	S1, S2	
			GND_EARTH	S3, S4	
6	Console	DB9	U_TXD0	2	外端机调试口
			U_RXD0	3	
			GND	5	
			NC	1；4	
			NC	6；7	
			NC	8；9	

续表

序号	连接器 名称	连接器 类型	针脚	针脚号	描述
7	X21	USB	Vbus	1	内端机 USB
			D-	2	
			D+	3	
			GND	4	
8	X22	M12-D 4芯 FEMALE	TX+	1	内端机 100 M 以太网接口 EH0
			RX+	2	
			TX-	3	
			RX-	4	
			GND_EARTH	S1, S2	
			GND_EARTH	S3, S4	
9	X23	M12-D 4芯 FEMALE	TX+	1	内端机 100 M 以太网接口 EH1
			RX+	2	
			TX-	3	
			RX-	4	
			GND_EARTH	S1, S2	
			GND_EARTH	S3, S4	
10	X24	M12-D 4芯 FEMALE	TX+	1	内端机 100 M 以太网接口 EH2
			RX+	2	
			TX-	3	
			RX-	4	
			GND_EARTH	S1, S2	
			GND_EARTH	S3, S4	
11	Console	DB9	U_TXD0	2	内端机调试口
			U_RXD0	3	
			GND	5	
			NC	1; 4	
			NC	6; 7	
			NC	8; 9	

续表

序号	连接器 名称	连接器 类型	针脚	针脚号	描述
12	MVB	DB9	A.Data_P	1	内端机 MVB
			A.Data_N	2	
			NC	3	
			B.Data_P	4	
			B.Data_N	5	
			A.Term_P	6	
			A.Term_N	7	
			B.Term_P	8	
			B.Term_N	9	

所有接口安装在车载 PHM 单元正面且各接头之间留出适当的空间方便插拔,具体尺寸如图 4.3-4 所示。

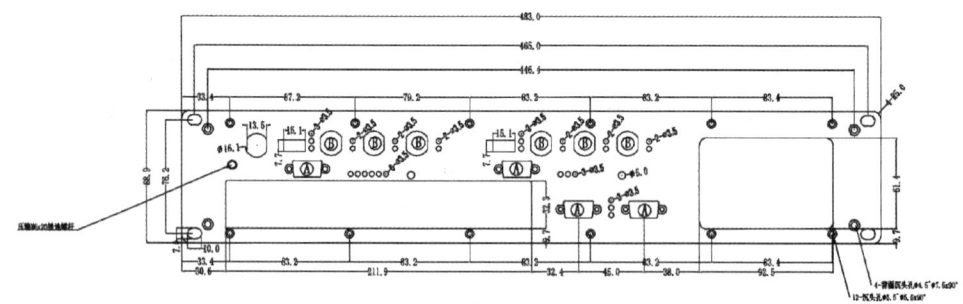

图 4.3-4　车载 PHM 单元尺寸图

e) 指示灯说明

CMC 各指示灯如图 4.3-5 所示。各指示灯功能定义见表 4.3-3。

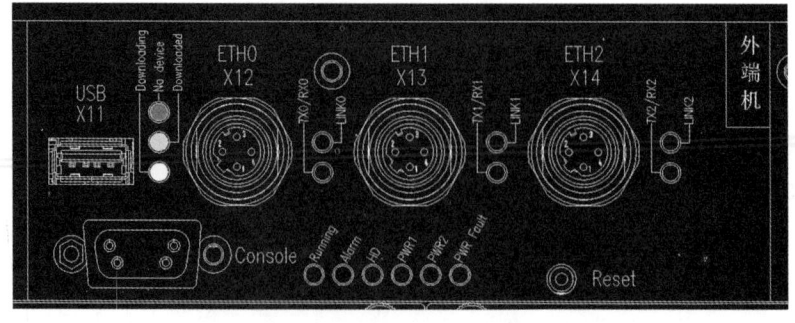

图 4.3-5　CMC 各指示灯

第四章 > 智能运维系统

表 4.3-3　各指示灯功能定义表

指示灯定义	灯颜色	状态(灭、亮、闪及状态含义)
X00(电源)	PWR1(绿色) PWR2(绿色) PWRFault3(红色)	1-绿灯亮:电源1正常供电 2-绿灯亮:电源2正常供电 3-红灯亮:电源故障
X11(USB)	1-Downloding(黄灯) 2-Downloded(绿灯) 3-Nodevice(红灯)	1-黄灯亮:正在下载 2-绿灯亮:下载完成 3-红灯亮:没有插入媒介
X12(ETH0)	1-TX0\PX0 2-LINK0	1-灯亮:正在上传\下载 2-灯亮:状态正常连接
X13(ETH1)	1-TX1\PX1 2-LINK1	1-灯亮:正在上传\下载 2-灯亮:状态正常连接
X14(ETH2)	1-TX2\PX2 2-LINK2	1-灯亮:正在上传\下载 2-灯亮:状态正常连接
外端机	1-Running 2-Alram 3-HD	1-灯亮:正常运行 2-灯亮:运行告警 3-灯亮:硬盘
X21(USB)	1-Downloding(黄灯) 2-Downloded(绿灯) 3-Nodevice(红灯)	1-黄灯亮:正在下载 2-绿灯亮:下载完成 3-红灯亮:没有插入媒介
X22(ETH0)	1-TX0\PX0 2-LINK0	1-灯亮:正在上传\下载 2-灯亮:状态正常连接
X23(ETH1)	1-TX1\PX1 2-LINK1	1-灯亮:正在上传\下载 2-灯亮:状态正常连接
X24(ETH2)	1-TX2\PX2 2-LINK2	1-灯亮:正在上传\下载 2-灯亮:状态正常连接
内端机	Running Alram HD	1-灯亮:正常运行 2-灯亮:运行告警 3-灯亮:硬盘
MVB	1-Run2-PWR3-MVB	1-灯亮:正常运行 2-灯亮:电源 3-灯亮:通讯指示灯

4.3.2.2 功能介绍

CMC 可实时对采集到的故障数据进行智能故障处理，过滤虚警，并实现智能故障隔离；并对采集到的过程数据进行特征提取，进行性能检测和状态识别，检测系统运行异常和早期故障，并进行故障预警。

CMC 可利用车载无线通道实时将故障、预警等状态数据及特征数据发送至车地数据交互服务器，为车辆的运维提供实时决策支持。同时也支持将采集到的原始数据通过离线方式发送至车地交互服务器，以进行深度分析。

CMC 的功能架构如图 4.3-6 所示。

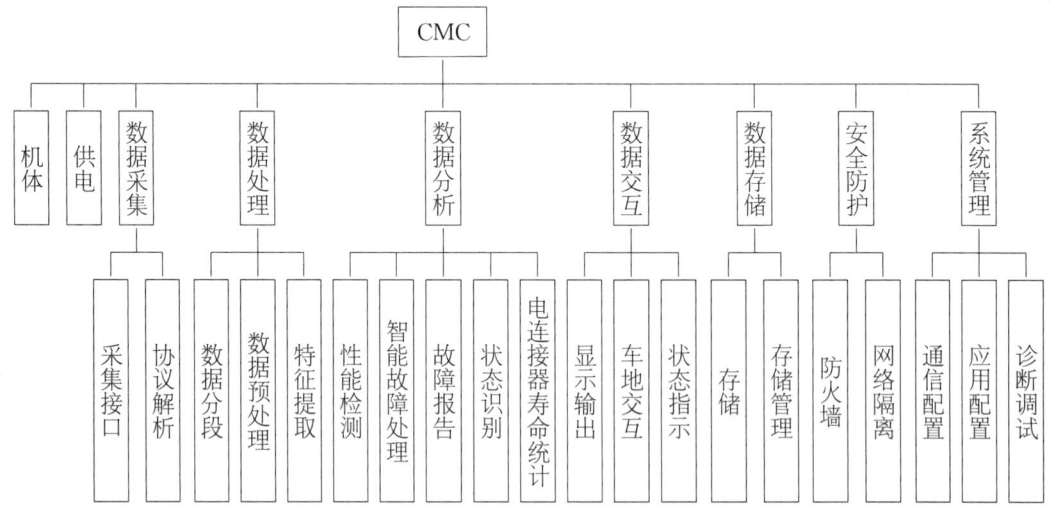

图 4.3-6 CMC 的功能架构图

（1）数据采集

CMC 具备以太网及 MVB 数据采集能力，可同时接入列车以太网及 MVB 总线，实时采集列车各子系统的运行数据、环境数据、过程/状态数据、故障数据等列车健康管理所必需的数据。

1) CMC 采用监听的方式采集 MVB 数据，可采集所有接入 MVB 总线的系统发送的 MVB 数据；

2) CMC 采用基于 TRDP 框架的 UDP 协议从走行、车门及空调等系统采集数据；

（2）数据分片

车辆的智能分析往往是与车辆各系统及部件的具体工作阶段或业务场景相关联的，如车门系统有开门、关门两个工作阶段，在建模分析时需要分别建立对应的分析模型，以保证分析结果的准确性。

CMC 支持定义数据分片规则,按工作阶段或其他业务场景将采集的数据进行分片,将采集到的数据划分为与具体工作阶段或业务场景对应的片段,建立数据与列车的具体工作阶段或业务场景的关联,使得数据分析建模更具针对性,从而确保分析的有效性。此外,数据分片可以优化数据管理,在后续 PHM 应用分析中可以方面地调取特定分段的数据进行分析。

| 启动 | 加速 | 匀速 | 减速 | 停车进站 |

(3)数据预处理

CMC 提供了包括数据清洗、数据插补、平滑、降噪算法在内的数据预处理算法工具箱,可以根据需要对采集到的数据进行预处理,为后续进行特征提取和性能建模提供高质量的数据。表 4.3-4 给出了 CMC 提供的典型预处理数据算法。

表 4.3-4　CMC 提供的典型预处理数据算法

算法类别	典 型 算 法
错误值识别	Sigma 原则、箱型图
缺失值插补	中位数、均值、滑动平均、回归、线性插值、样条插值
平滑 & 降噪	指数平滑、滑动平均、卡尔曼滤波、小波分析(DWT)

CMC 软件平台采用了开放式设计,数据预处理算法工具箱内的算法均可根据实际应用情况进行升级或增加。

(4)智能故障处理

智能故障处理的目的是识别和过滤由于时间、环境应力导致的各类虚假故障告警,同时自动识别关联故障并将故障隔离到导致其发生底事件(真实故障),减少故障告警数量。图 4.3-7 给出了智能故障处理的逻辑图。

1)虚警过滤

定义虚警过滤规则,对间歇故障、重复故障以及环境和工况条件不匹配导致的虚警进行识别和过滤。

2)关联故障识别和故障精准定位

列车各子系统、部件之间具有直接连接关系或间接连接关系,因此各子系统、部件之间相互作用、相互影响将大量出现,因此会导致故障在部件之间的传播。如在一条有多个器件组成的故障传播链路上,有一个单元发生故障,从而导致与它有连接关系(故障传播关系)的单元发生故障。对于由于故障传播导致功能故障的单元来说,在故障源消失以后,其功能会自动恢复,因此故障传播导致其发生虚警。

CMC支持定义基于关联故障分析的关联故障识别及故障隔离规则,自动识别关联故障,并将自动故障隔离到导致其发生底事件(真实故障),减少故障告警数量,并且减少故障定位时间,提高排故效率。

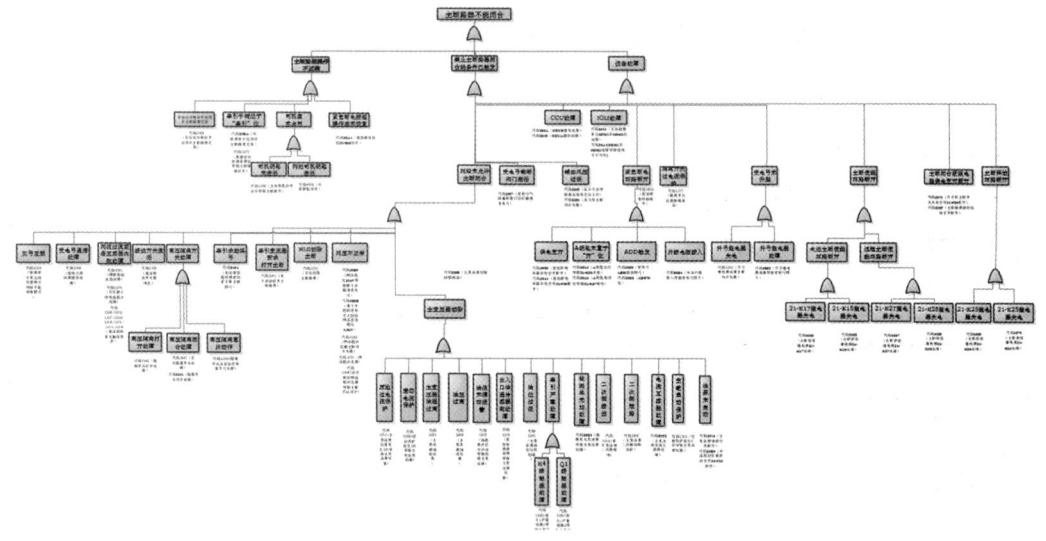

图4.3-7　智能故障处理的逻辑图

(5) 特征提取

在对采集到的原始数据进行数据清洗和平滑等预处理后,需要进行必要的数据变换和处理,得到能够更好地描述设备性能状态的特征量。如将波动性较大的原始数据变换为具有单调性和趋势性的特征量,从而可以更好地描述设备性能退化过程,从而为进行准确的性能建模提供数据基础。

此外,CMC还可以计算最大值、最小值、中位数、变化率等常用计算量,并且可对接触器、断路器、空气开关等设备开关次数、开关时间等进行统计。

(6) 性能检测

CMC通过运行性能模型,基于性能模型输出的性能指标期望值进行性能检测,以发现系统运行异常及早期故障。性能检测的原理,见图4.3-8,将系统性能指标实测值与性能模型的性能指标期望值比较,计算偏差,如果偏差超过一定范围,并且呈现出突变或趋势的模式,则表明系统运行异常,可能发生了故障。

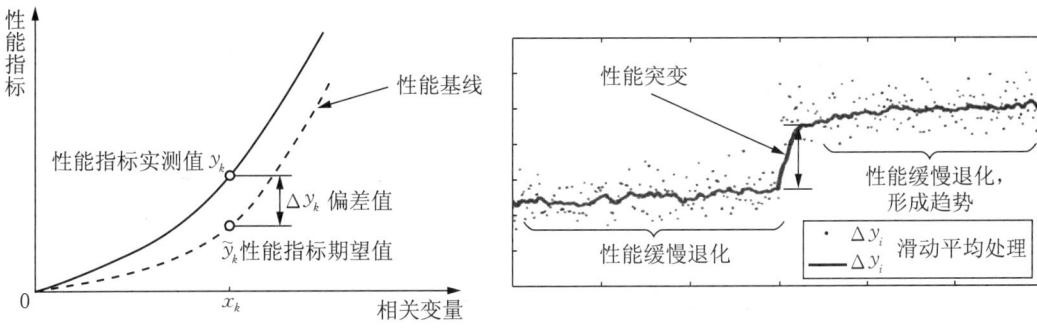

图 4.3-8　性能检测的原理

车载 CMC 进行性能检测的步骤包括：

1）基于性能模型计算当前条件下目标系统性能指标的期望值，并计算实测值与期望值的偏差值；

2）对偏差值序列进行分析，检测偏差是否超过规定阈值，并检测偏差值序列是否发生突变或趋势，并根据变化模式识别故障模式并产生预警。

性能模型是进行性能检测的基础，可根据城轨车辆系统的功能原理、数据可用性采用数据驱动方法或模型驱动方法构建性能模型。CMC 支持不同类型的性能模型的运行，包括：

1）数据驱动模型：人工神经网络、随机森林、线性模型等，基于模型生成性能指标期望值，相应拓扑图如图 4.3-9 所示。

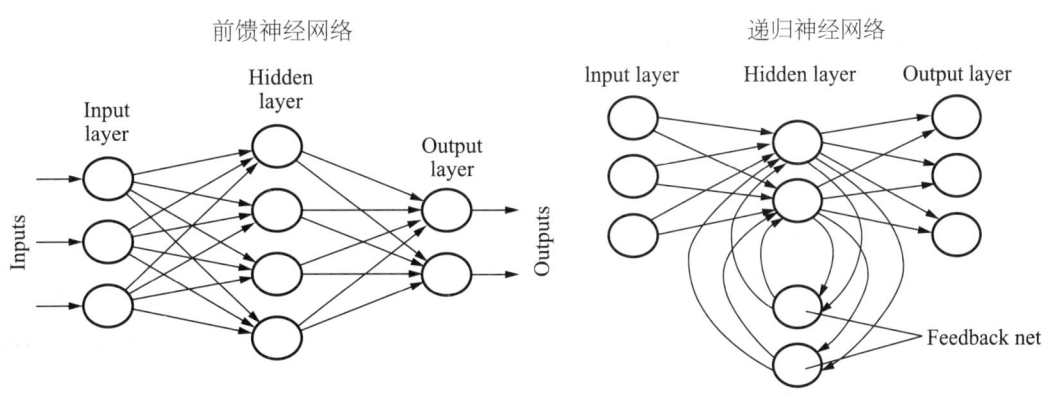

图 4.3-9　两种用于数据驱动的神经网络模型拓扑图

2）机理模型：数学物理方程，基于数学物理方程生成性能指标期望值。图 4.3-10 是有阻尼情况下振动收敛的一个例子。

3）自定义基线：支持通过表达式定义的基线，如图 4.3-11 所示。

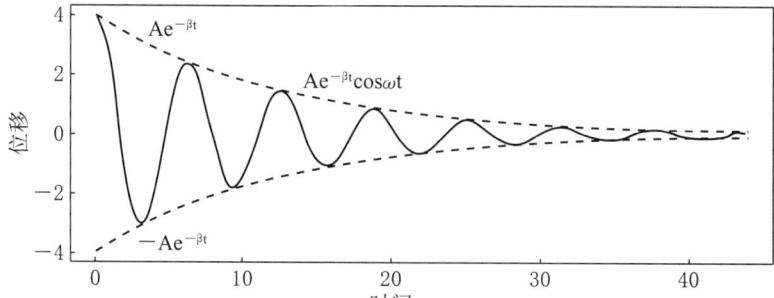

图 4.3-10 有阻尼时振动曲线例子

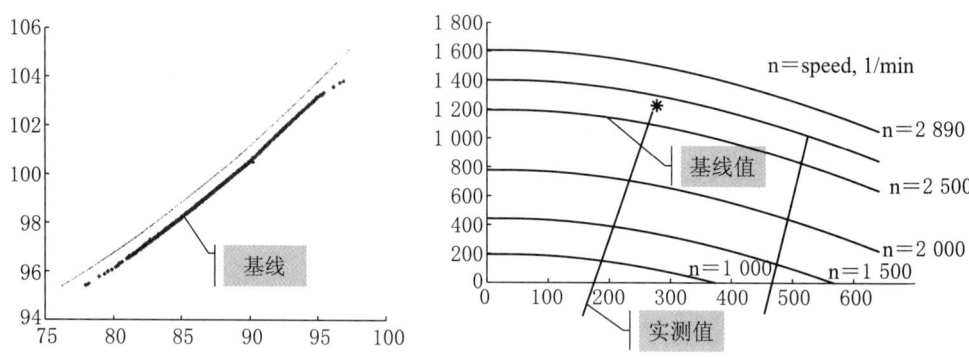

图 4.3-11 支持通过表达式定义的基线图

4）基准值：以设计值或统计值作为基准值

（7）状态识别

CMC 支持定义状态识别规则对智能动车组各系统的故障进行检测和识别，并产生故障告警，主要包括以下功能。

1）基于阈值规则等业务规则进行故障检测和告警；

2）基于指印图模型的故障检测和识别，其原理为，系统发生故障时，与故障相关的性能指标会相对正常值发生一定的偏差，并且对于同一种故障模式，性能指标的偏差方向不同，但偏差比例固定，因此不同的故障模式对应的性能指标偏差将具有不同的偏差比。从而因此可以在故障模式与性能指标偏差之间建立一一映射关系，将这种关系绘制成图即为指印图。

（8）电连接器寿命提醒

对于接触器、断路器、空气开关等设备，CMC 可以在统计其动作次数、开断时间的基础上，根据设定的阈值对其进行寿命提醒。目前京张智能高速动车组实时对全车 1 390 个接触器及继电器进行动作次数统计及 236 个关键继电器动作次数实时展示。

(9) 数据存储

为对车载监测数据进行集中管理，CMC 提供数据存储功能，可以对车载各系统的故障和过程数据进行集中存储，同时也可以对数据分析处理结果进行存储。存储的数据统一通过离线方式发送至车地交互服务器，由其转发至各应用系统，从而实现车载数据的统一管理，确保数据的一致性和完整性。

(10) 知识库和故障报告功能

CMC 提供机载知识库功能，存储故障处理的相关指示，包括故障详细描述、故障原因、操作指示以及检修指示。

当发生故障时，CMC 自动从故障知识库中抽取相关知识，自动生成故障报告并且发送至车载显示设备，供随车机械师参考。

(11) 数据交互

1) 车地交互

CMC 与车地数据交互服务器进行实时和非实时数据交互：

通过车载系统提供的无线通道，将特征值、性能偏差值、预警、故障（经过智能故障分析）等数据实时发送至车地数据交互服务器；

采用离线下载的方式将 CMC 存储的原始数据下载到车地数据交互服务器；

在列车入库处于非运行状态下，利用笔记本电脑通过以太网口连接 CMC，并通过 PTU 软件进行算法、模型和规则的更新和配置。

2) 显示输出

CMC 需要显示的信息包括状态信息、故障信息、预警信息及电连接器寿命提醒信息三大类，通过车载安全监控显示屏显示。

CMC 采用事件驱动发送方式将故障、预警、及电连接器寿命提醒信息发送至车载安全监控显示屏等车载显示屏，即产生故障、预警和提醒信息时发送，无故障及预警时不发送。

车载显示屏接收 CMC 发送的故障、预警和提醒信息，进行信息展示，并通过"清零"按钮反馈对电连接器寿命统计技术的清零。

(12) 安全防护

为确保列车运行安全，CMC 需要具备安全防护能力，具有以下要求：

1）支持不同安全分区（如列车控制、运行维护和远程传输）间的安全隔离,确保列车控制网络不受外界网络环境的影响;

2）具备工业防火墙和防攻击功能,保障车地数据通信和访问的安全。

(13) 配置和调试（PTU）

CMC 需开发配套的便携式测试单元（Portable Test Unit，PTU）软件对 CMC 进行配置和调试,PTU 软件配置图如图 4.3-12 所示。

图 4.3-12　PTU 软件配置图

PTU 安装在 Windows 操作系统笔记本电脑上的 CMC 配置和诊断软件,具备如下功能：

1）通信配置：可对 CMC 与列车各系统的通信协议及点表进行配置；

2）应用配置：可对 CMC 运行的算法、模型、规则进行配置；

3）诊断调试：可 CMC 进行报文分析和日志分析,并且浏览各类数据,诊断 CMC 通信及各项数据分析功能是否正常；

4）系统维护：查看 CMC 与各子系统的通信状态；对数据采集节点 IP 地址进行更改和配置；管理下载文件目录；

5）设备监控：对 CMC 进行实时监控,显示 CMC 计算资源使用、存储空间使用、系统故障报警等信息。

4.3.3　车载显示屏

CMC 通过以太网采集列车各系统状态及故障数据,进行性能检测、状态识别等分析处理,并基于预先配置的知识库进行故障预测,实现故障预测功能。同时,将分析处理结果及各系统关键参数发送至车载显示屏显示,为随车机械师进行列车健康管理提供支持。车载显示屏使用十寸显示屏,分辨率为1024×768。

4.3.3.1 显示界面结构树

显示界面结构树见图4.3-13所示。

图 4.3-13　显示界面结构树图

4.3.3.2 首页

京张高铁车载健康管理系统首页为导航页,包含3项功能:

1) 功能按键:"状态显示"触屏按键;"故障预测"触屏按键;"寿命件查询"触屏按键;"电子手册"触屏按键。

2) 返回:首页左上方图标 ⟪ 为返回按键,按下后可返回到安全监控显示页首页。

指示灯:首页右上方图标 ⬤ 为PHM主机系统状态显示指示灯。显示绿色为状态正常,显示红色为状态异常,可能出现系统进程启动失败等系统故障。

图4.3-14为京张高铁车载健康管理系统界面。

图 4.3-14　京张高铁车载健康管理系统界面图

4.3.3.3　状态显示

在京张高铁车载健康管理系统首页点击"状态显示"按钮,进入状态显示首页,如图4.3-15所示。

状态显示首页包含3项功能:

功能按键:底层菜单显示栏的七大系统功能按键、"故障预测"功能按键、"寿命件查询"功能按键和"维护"功能按键。其中"维护"功能按钮与首页中的"电子手册"按钮互为冗余,都是电子手册查看通道。(页面左侧竖排七大系统不设置触屏按键功能,只作显示)

返回:底层菜单"返回"触屏按钮,按下后可返回到上一级菜单。

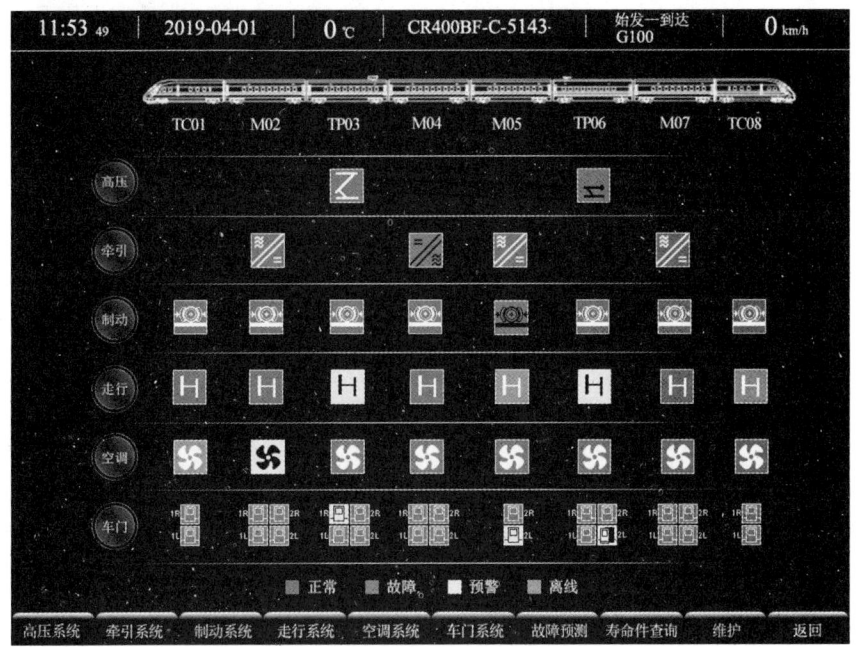

图 4.3-15　状态显示页图

状态显示页的主界面：图标红色为系统故障；图标黄色为系统故障预警；灰色表示各子系统离线。

4.3.3.4　各系统状态参数

在状态显示首页点击相对应的系统按钮，如点击底层菜单"牵引系统"按钮查看牵引系统状态数据，如图 4.3-16。页面底层菜单 "数据表格"和"数据曲线"支持以表格和曲线的方式对系统状态参数进行显示，以便查看其实时值及变化趋势。

状态显示—用表格方式实时显示各系统状态参数的实时值，如图 4.3-17 所示。

点击触屏按钮"数据表格"，以表格方式显示系统状态参数。点击触摸屏上方车组图的车厢号，以表格方式显示单个车厢系统状态参数。点击显示屏下方的"返回"按钮可返回到状态显示首页。点击显示屏右下方"〈2/10〉"左侧的向左按钮，可翻页至上一页，点击右侧的向右按钮，可翻页至下一页，下同。

点击触屏按钮"数据曲线"，以曲线方式显示系统状态参数。点击触摸屏上方车组图的车厢号，以曲线方式显示车厢系统状态参数。"数据曲线"页面支持车厢号单选及多选功能，若点选多个车厢号，则显示所选车厢号系统状态参数曲线组图，如图 4.3-18。点击显示屏下方的返回按钮可返回到状态显示首页。

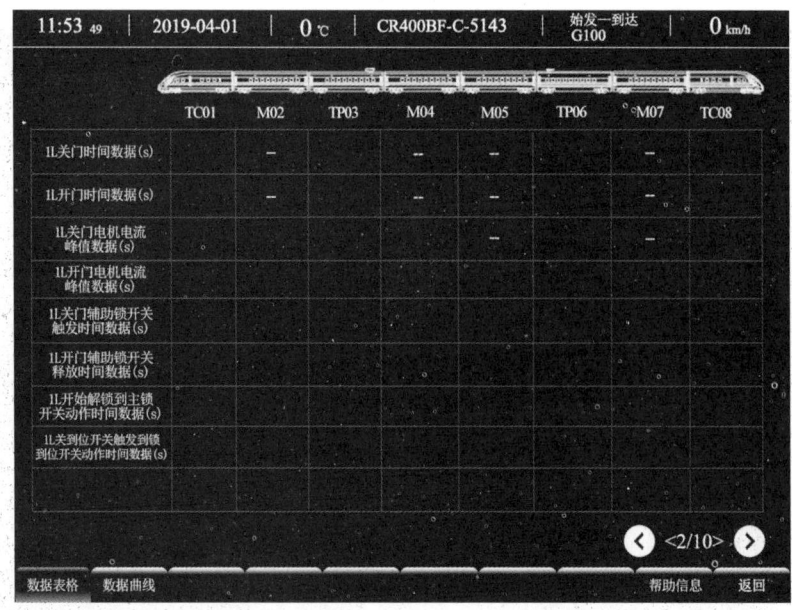

图 4.3-16　查看牵引系统状态数据图

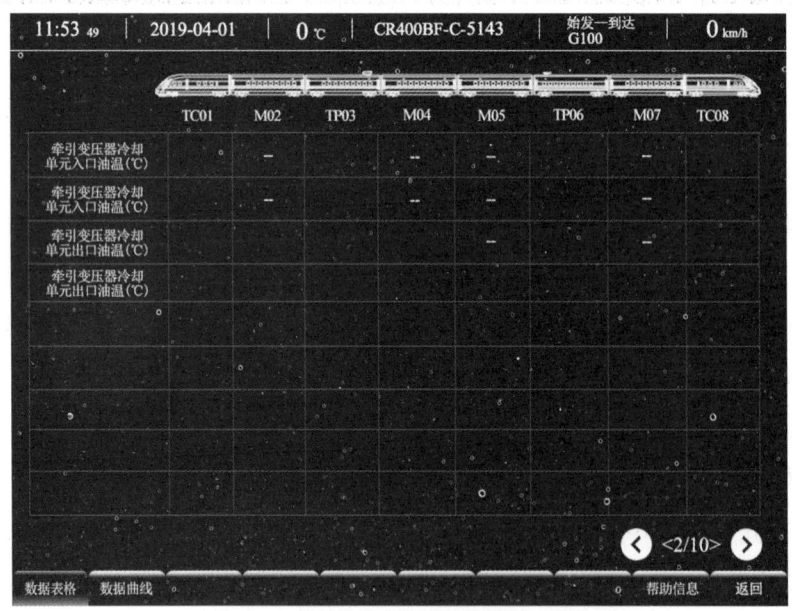

图 4.3-17　系统状态参数的实时值图

4.3.3.5　故障预测

京张车载 PHM 主机可通过性能检测、状态识别能实现对列车各系统运行状态异常进行检测,进行故障预测。在首页点击"故障预测"按钮或者在状态显示首页主菜单中点选"故障预测"按钮进入界面,该界面显示列车各系统预测概况,如图 4.3-19 所示。

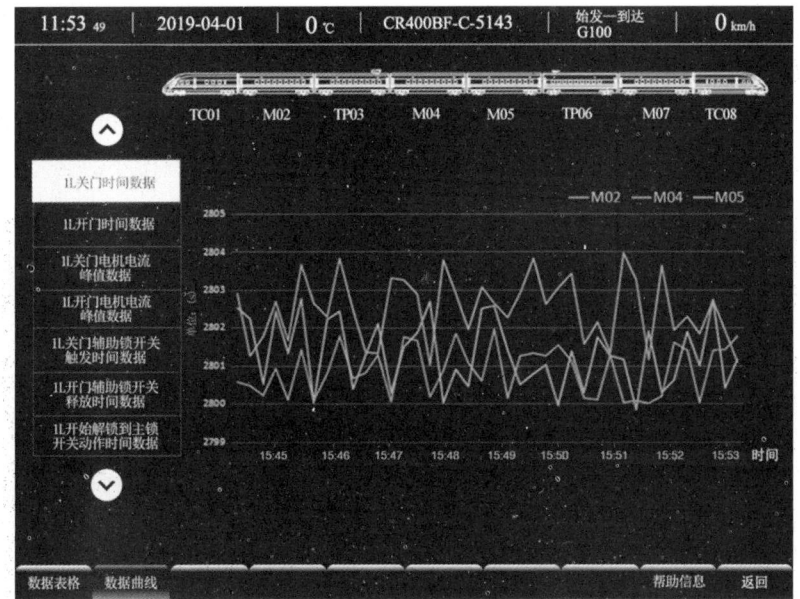

图 4.3-18　某车厢系统状态参数曲线组图

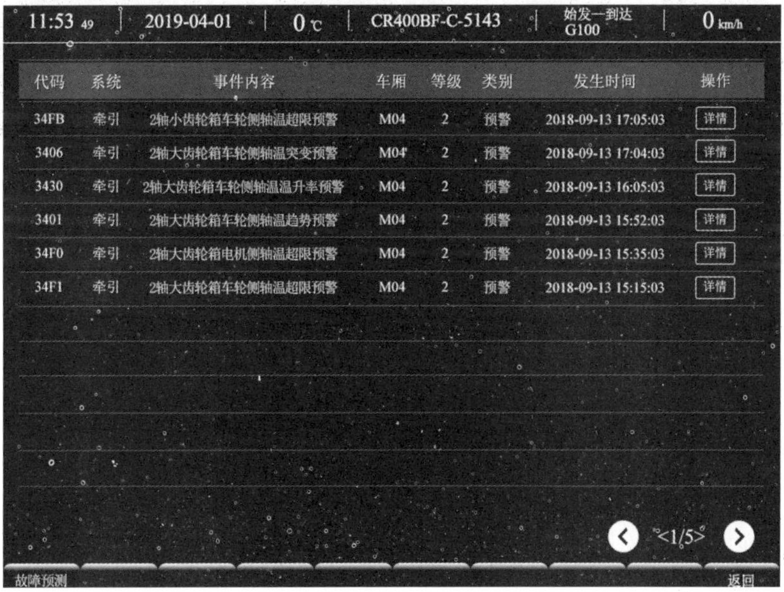

图 4.3-19　全列预测事件概览

故障预测页面所包含功能与状态显示首页大致相同,唯一区别是该页面右侧设置了"详情"功能按键。

操作者点击一次预测概览页面的任意事件内容,该内容显示黄色,再点击右侧的"详情"按钮,可查看预测详情,包括预测详细描述、预测原因、操作指示、维修建议等信息。

(1) 预测详情示例:3430

3430 为轴温温升率故障预测,由"轴温温升率超限"规则产生,页面同时给出了温升率对应的曲线图,并且标记出了曲线上温升率超限的点,如图 4.3-20 所示。

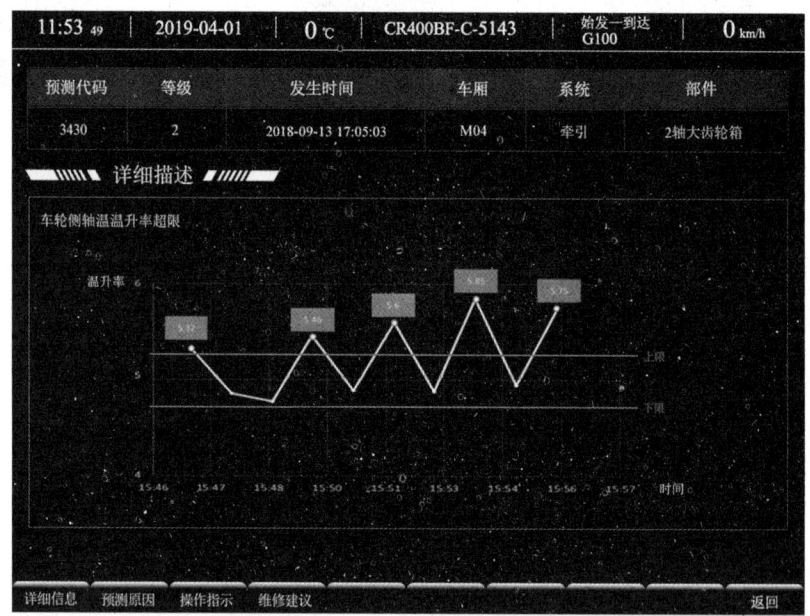

图 4.3-20　轴温温升率故障预测图

(2) 预测详情示例:3401

3401 为轴温趋势检测触发的故障预测,由 PHM 主机通过性能检测识别轴温实测值与预测值的偏差值产生上升趋势触发,页面同时给出了轴温偏差值(实测值与预测值的偏差值)对应的曲线图,如图 4.3-21 并且标记出了曲线趋势开始点,如图 4.3-21 所示。

(3) 预测详情示例:34F0

34F0 为轴温超限触发的故障预测,由 PHM 主机通过性能检测识别轴温实测值与预测值的偏差值超过规定的阈值触发,页面同时给出了轴温偏差值(实测值与预测值的偏差值)对应的曲线图,并且标记出了超限点,图 4.3-22 所示。

4.3.3.6　寿命件查询

PHM 主机可对主断路器等寿命件的开断次数、闭合次数、动作次数(开合的总次数)等指标(一个或多个)进行统计,并根据阈值进行动作次数提醒。同时,实时统计主断路器等寿命件累计开断次数,可点击首页的"寿命件查询"或状态显示首页的"寿命件查询",在"动作次数"页面进行查看,如图 4.3-23、图 4.3-24 所示。

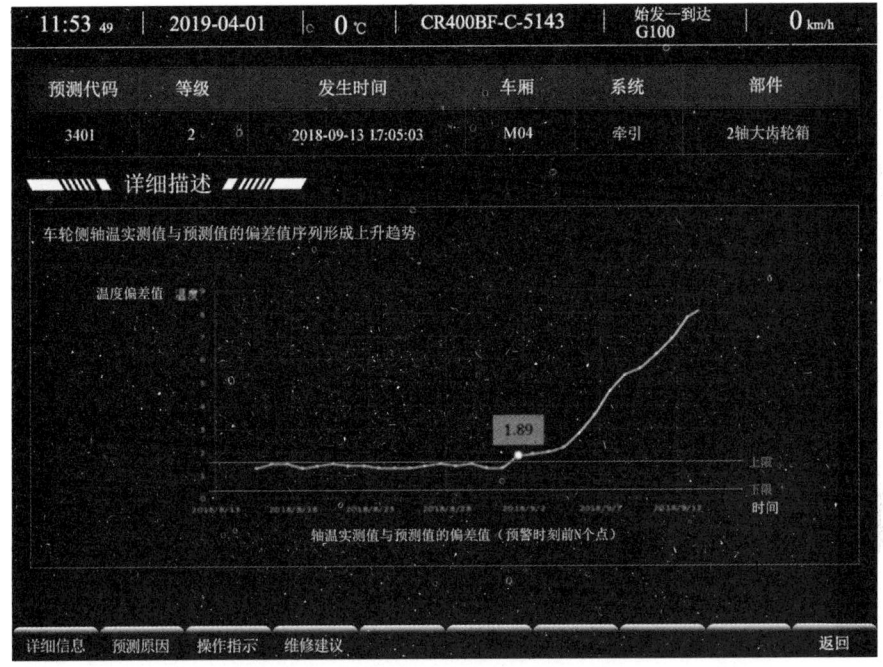

图 4.3-21 轴温趋势检测触发的故障预测图

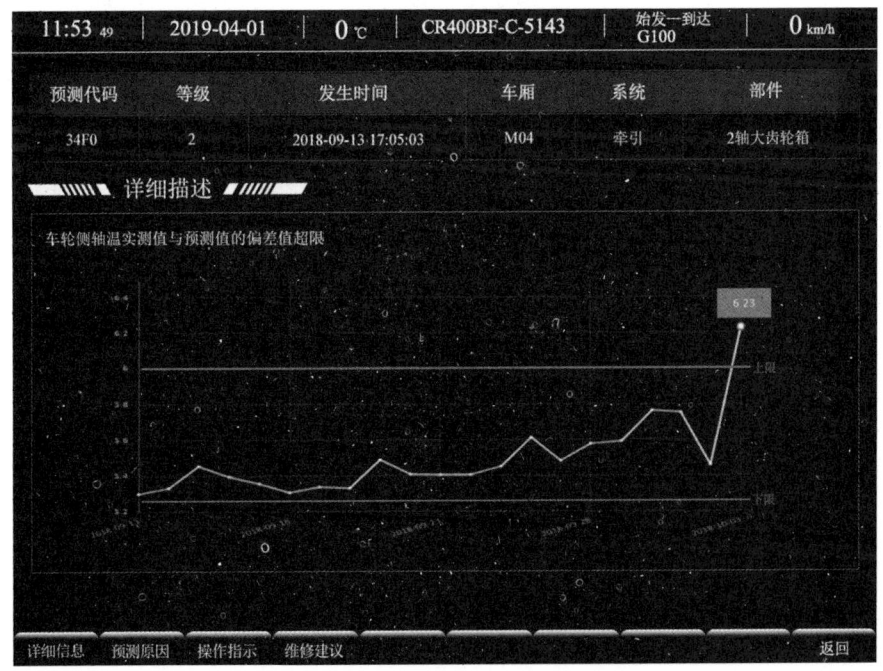

图 4.3-22 轴温超限触发的故障预测图

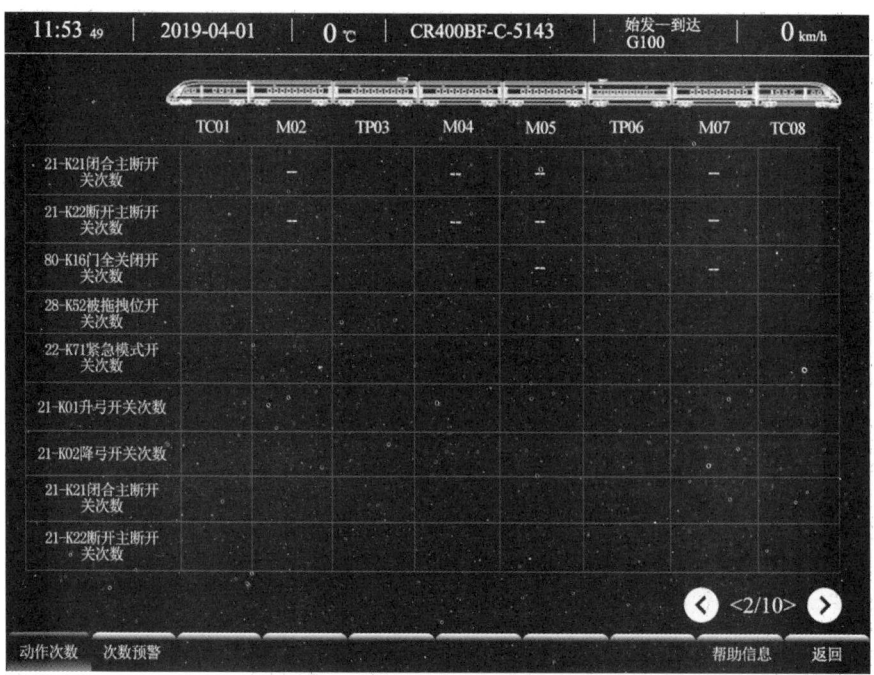

11:53 49
2019-04-01
0 ℃
CR400BF-C-5143
始发—到达
G100
0 km/h
TC01
M02
TP03
M04
M05
TP06
M07
TC08
21-K21闭合主断开关次数
21-K22断开主断开关次数
80-K16门全关闭开关次数
28-K52被拖拽位开关次数
22-K71紧急模式开关次数
21-K01升弓开关次数
21-K02降弓开关次数
21-K21闭合主断开关次数
21-K22断开主断开关次数
<2/10>
动作次数
次数预警
帮助信息
返回

图 4.3-23　寿命件查询图

11:53 49
2019-04-01
0 ℃
CR400BF-C-5143
始发—到达
G100
0 km/h
车厢 | 系统 | 电连接器 | 指标（实测值/限值） | 时间
TP03 | 高压 | 主断路器 | 开断次数：19500/20000 | 2018-09-13 16:05:03
TP03 | 高压 | 主断路器 | 负载比：7.2/7.0 | 2018-09-13 14:35:15
TP03 | 高压 | 主断路器 | 负载时间：3600/4000 | 2018-09-13 12:05:06
TP06 | 高压 | 主断路器 | 开断次数：19500/20000 | 2018-09-13 09:08:32
<1/4>
动作次数
次数预警
返回

图 4.3-24　动作次数显示

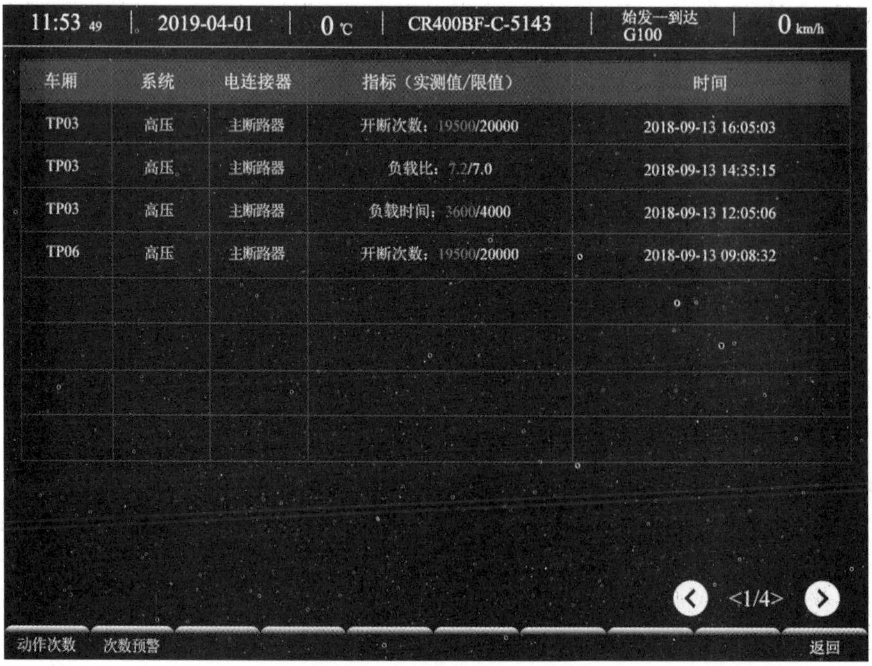

点击"寿命件查询"按钮默认显示寿命件动作次累计值,点击"寿命件查询"界面主菜单的"次数预警"可查看寿命件动作次数超限的统计指标。对于寿命件动作次数参数的清零与调整,操作如下:

1) 在更换寿命件后,可通过 PTU 对 PHM 主机的统计信息清零,并开始新的计数周期。

2) 寿命件动作次数超限值可使用 PTU 软件手动设置。

备注:PTU 手动清零及设置方法详见 PTU 使用手册。

4.3.3.7 电子手册

支持通过安全监控显示屏查看包括应急手册、图解零部件、检修卡片和排故手册在内的电子手册,电子手册登录界面图如图 4.3-25 所示。在"京张高铁车载健康管理系统"首页点击"电子手册"按钮或状态显示首页主菜单中的"维护"按钮,即可进入电子手册查看页面,登录页面如图 4.3-26 所示。但电子手册设置观看权限,普通模式(非维护登录)可以查看应急手册,检修卡片以及排故手册,维护模式可以查看所有信息(维护模式需要账号密码)。

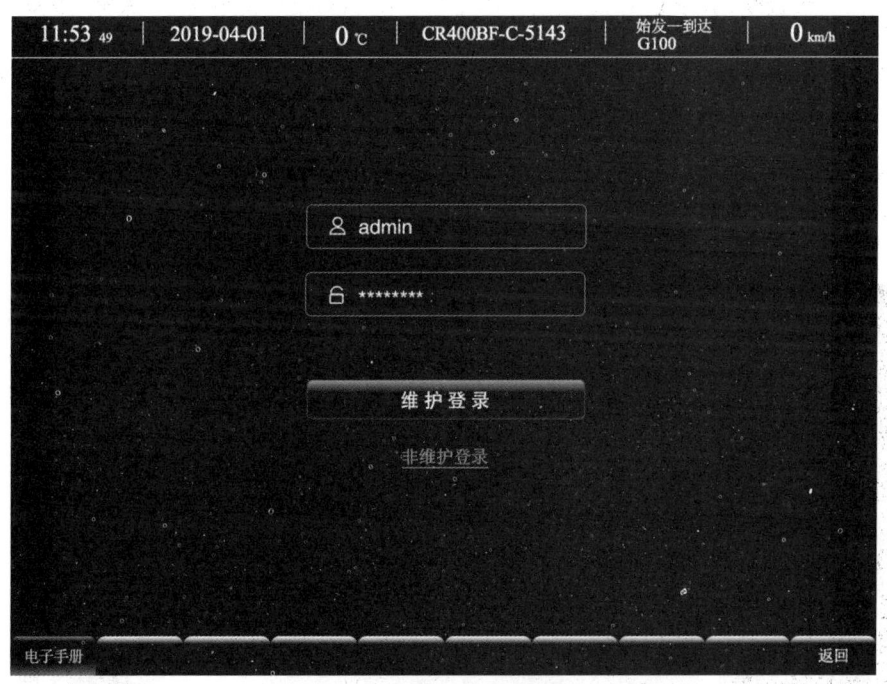

图 4.3-25　电子手册登录界面

电子手册 4 项模块共包含 4 项功能:

1) 功能按键:包含"检修大纲"、"检修卡片"、"排故手册"、"图解零部件"以及"应急故障指导手册"功能按键;树状结构功能键。

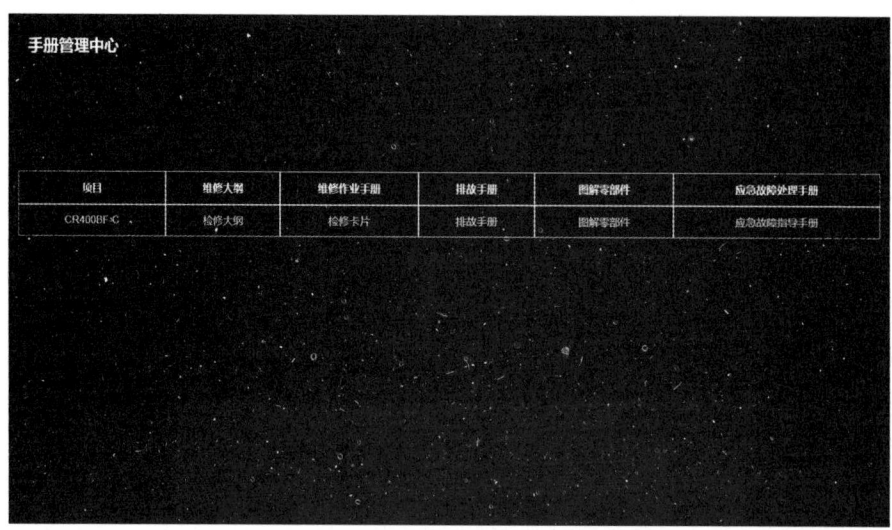

图 4.3-26　电子手册维护登录首页

2）返回：底层菜单"返回"触屏按钮，按下后可返回到上一级菜单。

3）翻页：点击显示屏右下方"〈1/2〉"左侧的向左按钮，可翻页至上一页，点击右侧的向右按钮，可翻页至下一页。

4）滚动条：滚动条支持操作者利用滑动滚动条翻看页面内容。

（1）应急故障指导手册，图 4.3-27 为应急手册界面示例。

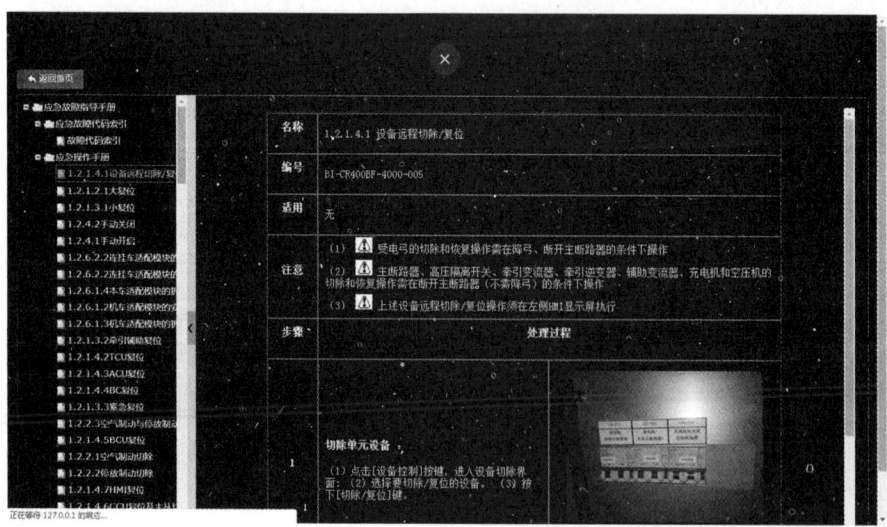

图 4.3-27　应急手册界面示例

(2) 图解零部件,图 4.3-28 给出图解零部件界面示例。

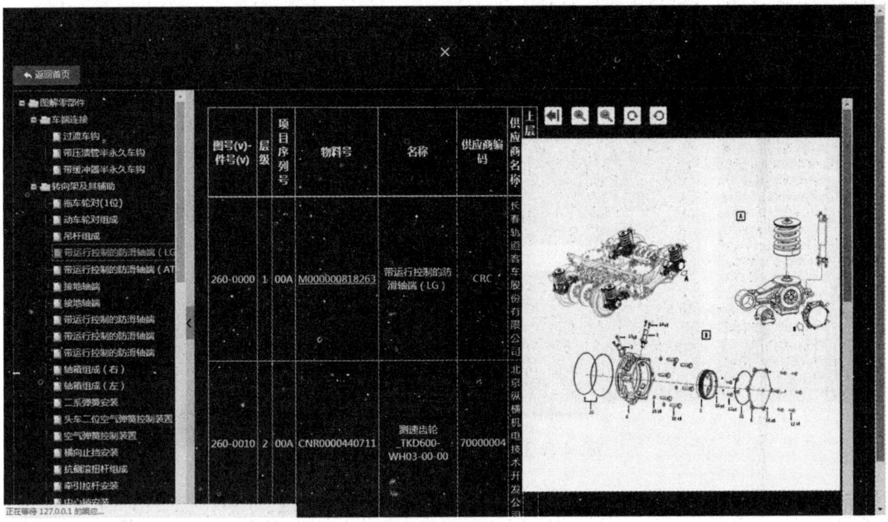

图 4.3-28　图解零部件界面示例

(3) 检修卡,图 4.3-29 给出检修卡界面示例。

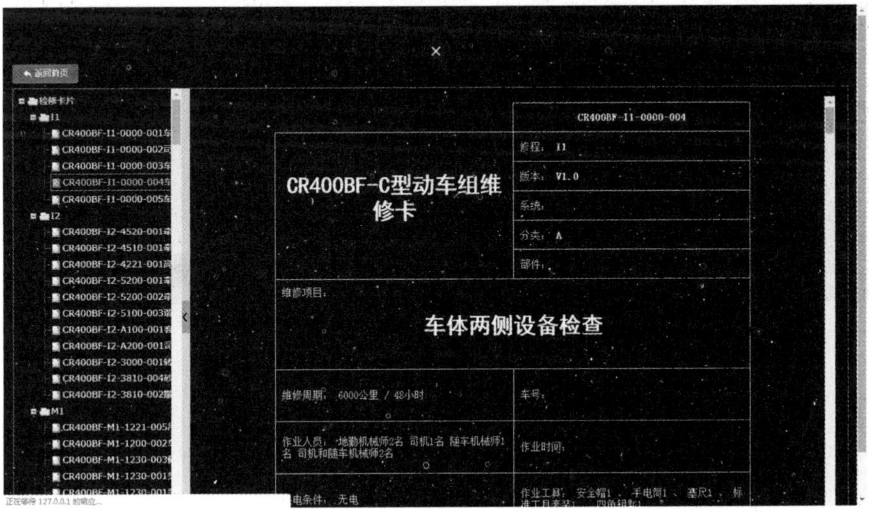

图 4.3-29　检修卡界面示例

(4) 排故手册,图 4.3-30 给出了排故手册界面示例。
(5) 检修大纲,图 4.3-31 给出检修大纲界面示例。

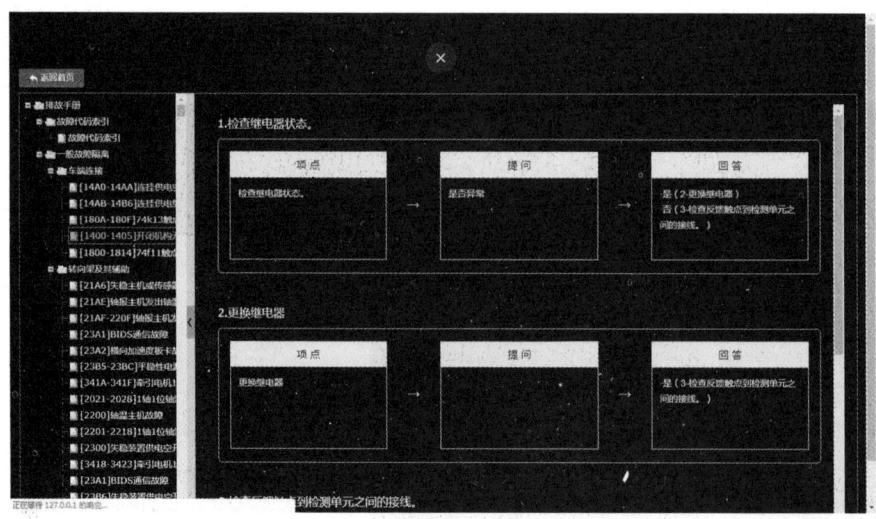

图 4.3-30 排故手册界面示例

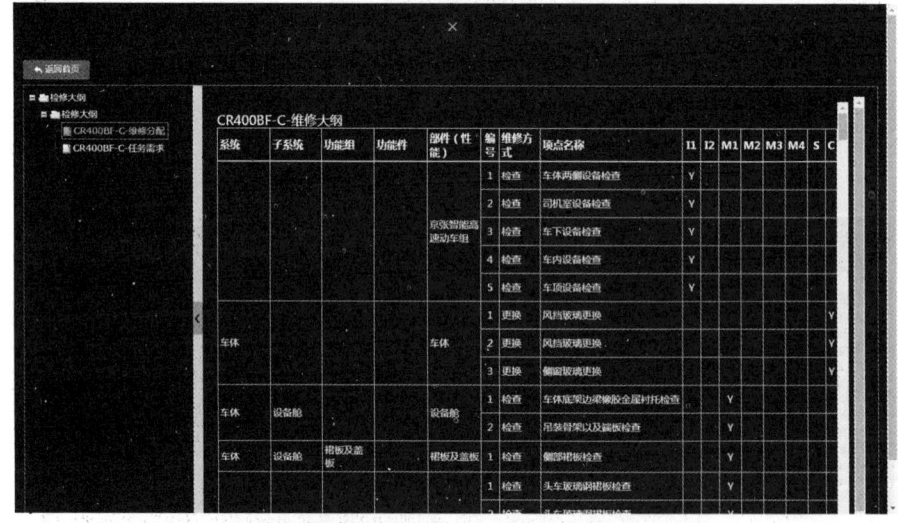

图 4.3-31 检修大纲界面示例

4.4 车地数据传输系统

车载部分：

中央维护主机(CMC)按照无线传输装置 WTD 的数据协议格式，准实时地发送数据给

远程传输装置(WTD)

车地传输：

WTD 采集方式：按周期轮询各 MVB 端口

采集类型：MVB 过程数据

采集周期：MVB 各端口刷新周期车地

打包格式：WTDS 车地通信协议

发送周期：10 s 一包

压包格式：按照车地协议封装报头报尾,10 s 压缩一包

WTD 存储周期：按照最小 MVB 端口周期存储

数据内容：

所有 CMC 预警信息,包括：基于规则和基于模型的预警信息。

所有以太网特有数据,包括：牵引系统、辅助系统、高压系统、车门系统、IO 系统、安监系统、走行系统、制动系统的以太网数据。

发送周期：

按 1 KB/s 的传输带宽分配发送周期,预计约 7 秒发送一帧数据。一帧数据分为 7 个数据包,每秒传输 1 个数据包。

4.5 地面平台

4.5.1 概述

地面系统的目标是通过提高京张高铁车辆智能化程度,优化动车组的设计、制造和运维,保障车辆安全运营、降低车辆运维成本、提升旅客服务满意度。

方案设计中以维修保障为中心,利用先进传感器技术获取列车运行状态数据的基础上,综合利用智能算法和模型对车载大数据进行挖掘分析,获取列车设备健康状态的定量知识,对列车关键系统和部件的性能检测和评估,检测和识别早期故障,进行中长期故障预测,为列车实现基于状态的均衡修提供支持。同时在确保列车行车服务质量的要求下,达到降低运维成本的目的。

从系统建设来说,需构建以性能检测为核心的 PHM 支撑应用,准确掌握车辆性能状

态,及早处理故障,确保车辆运行安全;并基于性能进行备件库存优化和维修资源规划,优化修程修制,降低全生命周期维修成本。

系统包括数据接入与存储、状态监测、故障诊断、故障预警、健康评估、数据分析、运维决策、系统管理等应用功能。

图 4.5-1 给出了自主研发动车组预测与健康管理平台。

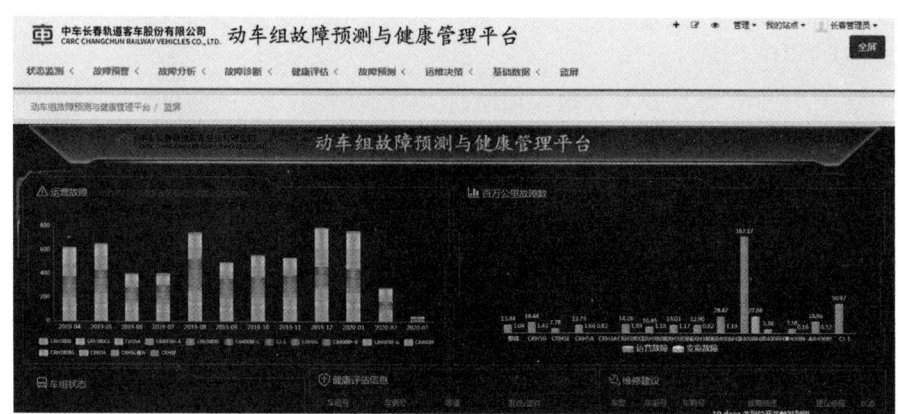

图 4.5-1　动车组预测与健康管理平台

4.5.2　系统架构

图 4.5-2 为对应预测与健康管理平台的系统架构图。

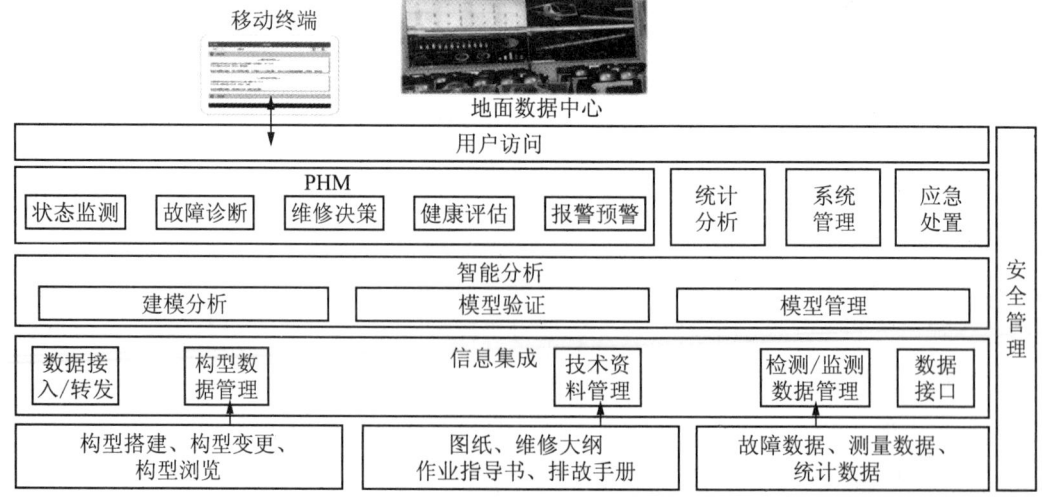

图 4.5-2　管理平台系统架构图

4.5.3 技术架构

图 4.5-3 为对应预测与健康管理平台的技术架构图。

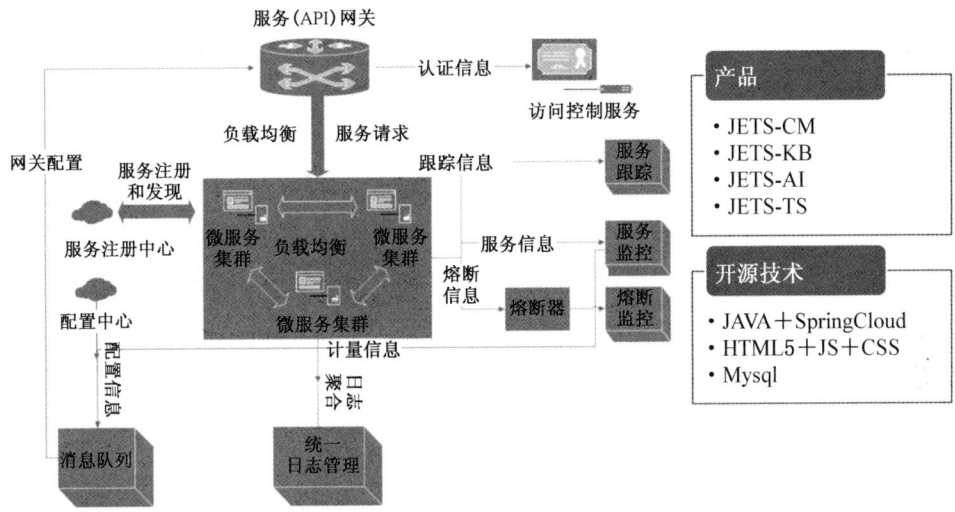

图 4.5-3　管理平台技术架构图

4.5.4 功能介绍

4.5.4.1 数据接入和转发

地面系统具备独立的数据接入和转发模块,且该模块独立部署于通用服务器。具有以下的功能要求:

➢ 在网络条件许可的条件下,支持实时接收车载系统发送的车载数据;
➢ 在网络条件许可的条件下对外提供数据服务接口进行实时数据转发;
➢ 将车载系统存储的历史数据按需分段同步至地面系统,并通过接口服务器对外转发;
➢ 支持第三方系统,支持主动推送或查询等多种方式交互数据;
➢ 将地面系统配置好的规则或训练好的模型算法推送至车载系统,实现模型算法的远程更新;
➢ 支持多链路协同传输(按数据类型)、业务分级传输机制(按业务优先级)以及实时发送、定制发送和请求发送等发送方式;

4.5.4.2 数据集成和管理

地面系统基于"构型"及"ASD-S 系列标准"管理车辆状态及技术资料、履历、检修规范文件等数据与文件。

4.5.4.2.1 构型数据管理

- 支持导入车辆主机厂提供的出厂构型，并基于出厂构型快速搭建车辆维修构型；
- 支持对车辆进行系统、子系统、零部件等不同层级，以及区域、功能、物理等不同分解维度模型的搭建和维护，支持在不同层级和分解维度进行数据关联，满足车辆和设备参数、履历等数据管理的需求，同时满足车辆故障标准化描述及精准定位、排故和维修作业流程标准化、维修资源精细化和标准化的需求，为实现精准维修提供支持；
- 支持对车辆和设备维修构型的变更进行记录，保证车辆和设备技术状态的一致性，并追溯变更；
- 支持构型数据的浏览和查询，可通过基于构型模型和构型参数的方式查询不同层次、不同视角的构型数据。

4.5.4.2.2 监测和检测数据管理

支持接入和管理车载系统采集的列车实时监测数据、移动端录入的报故和履历数据、第三方平台分析数据等监测和检测数据，具有如下要求：

- 实时接收并管理车载系统产生的分析结果及各系统实时状态显示数据，接收并管理车载系统存储的原始数据。
- 接收并管理通过移动端录入的人工报故数据及检修履历数据
- 通过软件 API 接口采集并管理各子系统自行分析产生的故障预警、故障报警、健康评估、寿命统计及维修建议等数据。
- 历史数据存储需要提供压缩机制，以优化存储空间，且数据压缩后，仍能被检索和统计分析。

4.5.4.2.3 海量时序数据存储

由数据存储管理系统(内置时间序列数据库软件 TS)实现针对海量时序数据的分布式处理、存储等管理功能，并对外提供相应的数据访问及发布服务。图 4.5-4 为时序数据存储管理软件海量时序数据存储框架图。

4.5.4.3 车辆健康管理

4.5.4.3.1 状态监测

状态监测界面如图 4.5-5 所示，支持

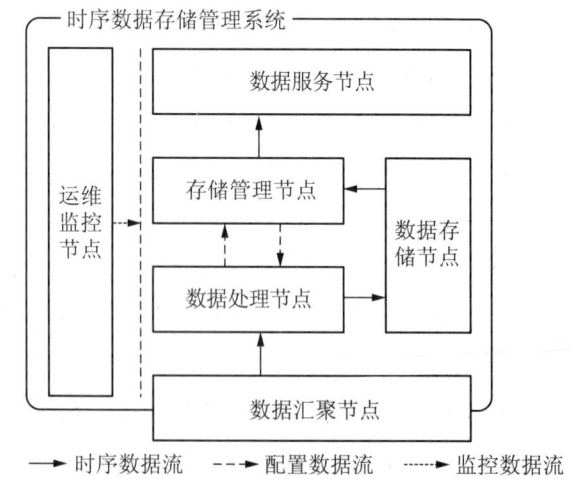

图 4.5-4 时序数据存储管理软件海量时序数据存储框架

第四章 > 智能运维系统

对车辆运行状态信息、关键监测参数的实时状态监测,可按列车、车厢、系统、部件进行分层级、分类实时展示车辆故障信息及动态参数变化,实时监视列车运行相关设备的状态,采集的数据包括牵引、制动、转向架、受电弓、空调、车门等子系统的数据。

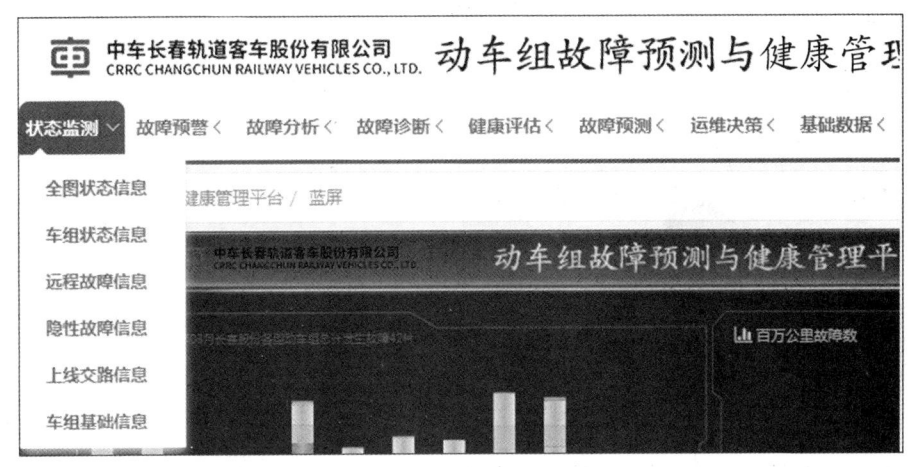

图 4.5-5 状态监测界面

➤ 全国状态信息

通过全国地图,展示所有相关动车组的实时位置。地图还有图层设置功能,过滤显示在地图上的车组数量,显示指定的服务站位置,故障、晚点消息、任务消息提醒功能可以让监控人员快速浏览报警、预警故障信息、晚点信息。

➤ 车组状态信息

对制定车组实时状态进行监控,如图 4.5-6 所示,图中对车辆行驶过程中的基本参数进行展示。

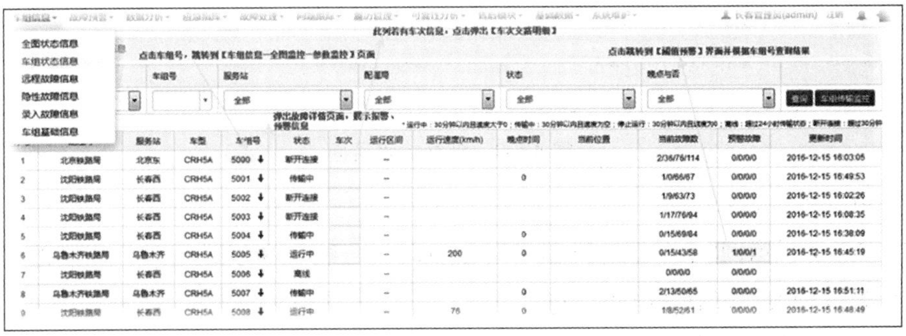

图 4.5-6 车组实时状态监控

➢ 远程故障信息

展示车组在行驶过程中实时报出的故障和正在处理的故障信息,如图 4.5-7 所示。

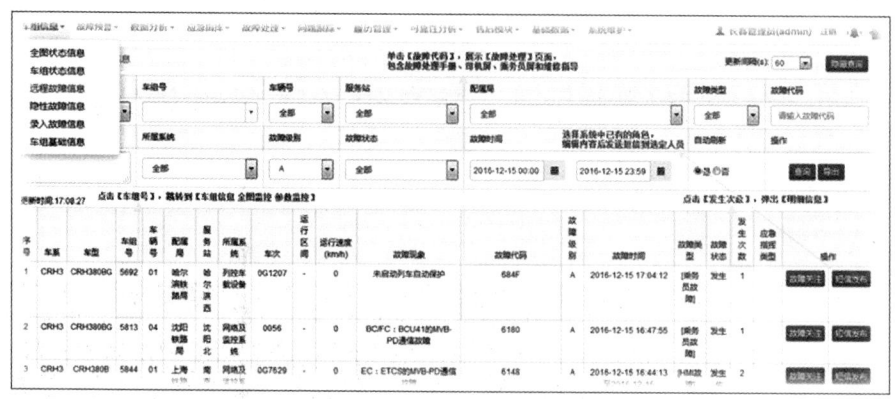

图 4.5-7　实时报出的故障和正在处理的故障信息

➢ 隐性故障信息：

将离线数据导入系统,并查看有无隐性故障。此页面是一个查询和上传两用页面,如图 4.5-8 所示；既可以在此页面上传一个服务站的多组车组的离线数据；也可以设置查询条件,查询一组车的上传离线数据的历史。

图 4.5-8　隐性故障页面

➢ 车组基础信息：

如图 4.5-9 所示,展示车组的所属车型、配属、项目编号等基础信息。方便根据任意一个字段作为查询条件来确认所需信息。

4.5.4.3.2　故障预警

实现车组不同维度的故障预警查询功能,支持故障预警信息的集中管理展示和预警提

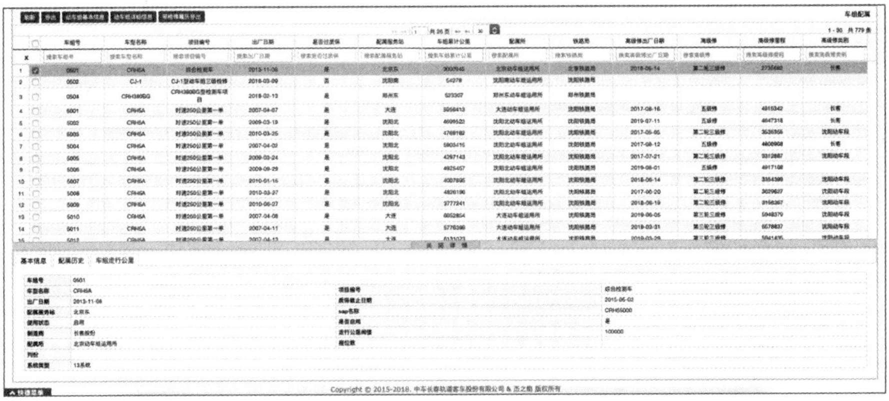

图 4.5-9　车组基础信息

示,并支持按故障预警发生系统/部件、预警等级等进行故障预警信息的分类分级展示和查询。

系统监视列车运行相关设备的状态,对设备运行参数进行自动数据处理和计算分析,对设备可能出现影响列车正常运行的故障时间进行预判,产生预警事件。系统支持对预警进行忽略、监控、处置等操作处理,将需要处置的预警生成维修建议。

故障预警分:阈值预警、隐形预警、突变预警、模型预警,如图 4.5-10 所示。

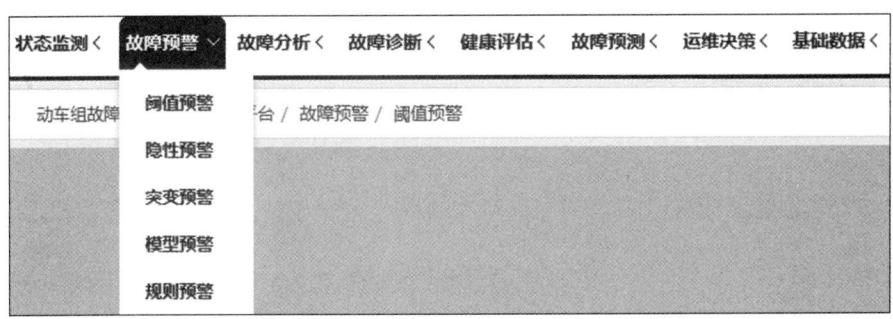

图 4.5-10　故障预警分类

➢ 阈值预警:

如图 4.5-11 所示,可远程监控各类项点,支持故障关注及短信发布提醒,以及多种条件筛选和统计表导出。

➢ 隐性预警

对离线文件数据进行提取,根据"隐性故障预警规则"对达到隐性故障预警的参数值进行预警,同时也按照"故障级别规则"对预警故障按级别进行展示,如图 4.5-12 所示。

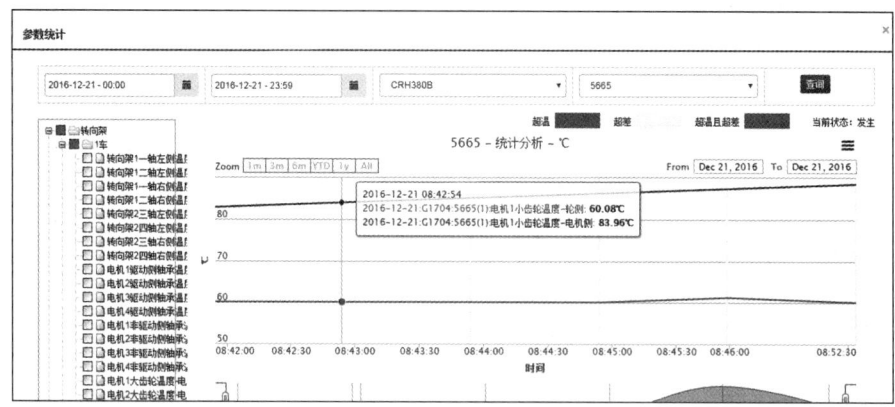

图 4.5-11　阈值预警

图 4.5-12　隐性故障预警

➢ 突变预警

根据文件中数据的提取，以规则校验出温度突变的异常情况，如图 4.5-13 所示。

图 4.5-13　突变预警

➢ 趋势预警

对某个时间或某个时间区间,数据产生符合趋势预警规则的上升或下降趋势进行预警提示,如图 4.5-14 所示。

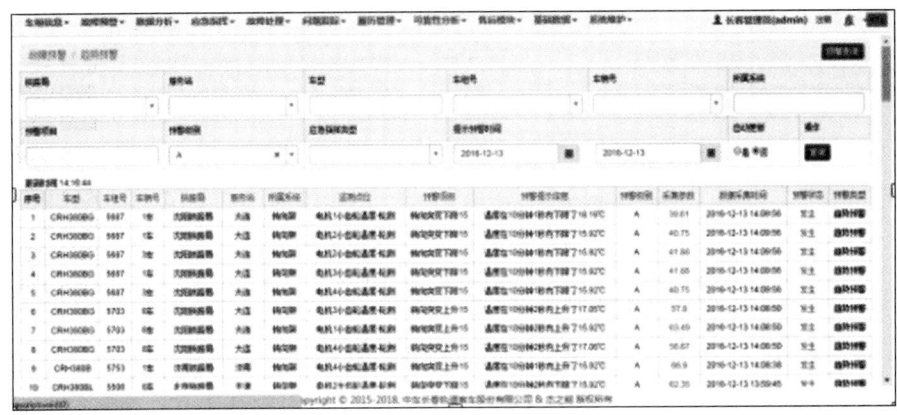

图 4.5-14　趋势预警规则

4.5.4.3.3　故障分析

可对经过总结和标准化后的故障历史记录从多个维度进行分析、展示和管理。

故障分析分为:远程历史故障、参数趋势分析、故障分布分析、故障统计分析、可靠性分析。如图 4.5-15 所示。

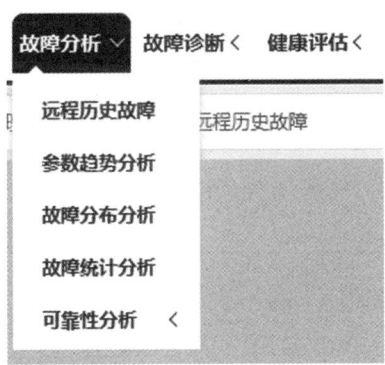

图 4.5-15　故障分析类型

➢ 远程历史故障

展示车组在行驶过程中报出的历史故障,如图 4.5-16 所示。

➢ 参数趋势分析

以数据曲线的形式,展示出各个时间点的参数值,观察趋势走向并加以分析,如图 4.5-17 所示。

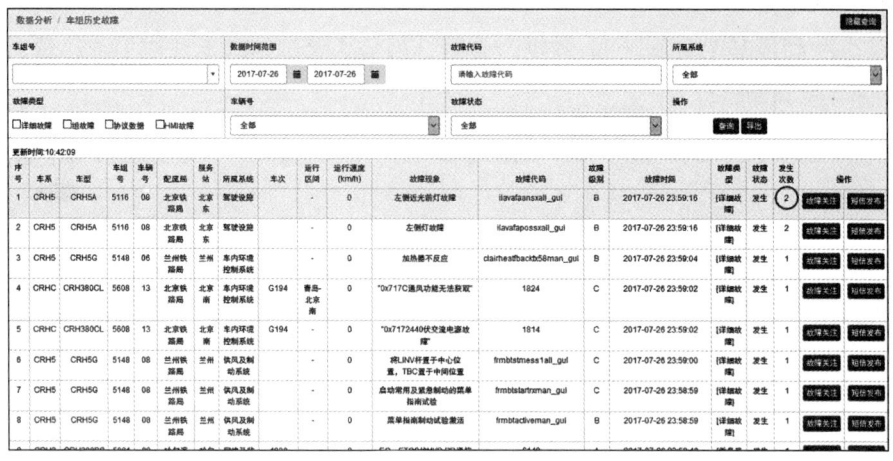

图 4.5-16　远程历史故障

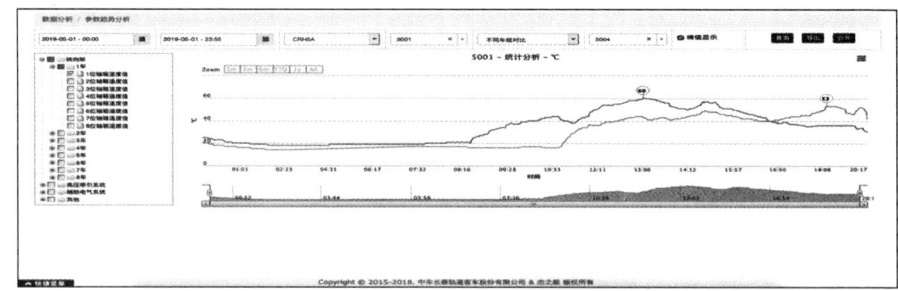

图 4.5-17　参数趋势分析

> 故障分布分析

根据单位刻度、车型、部件、修程四种条件、显示分布统计信息，如图 4.5-18 所示。

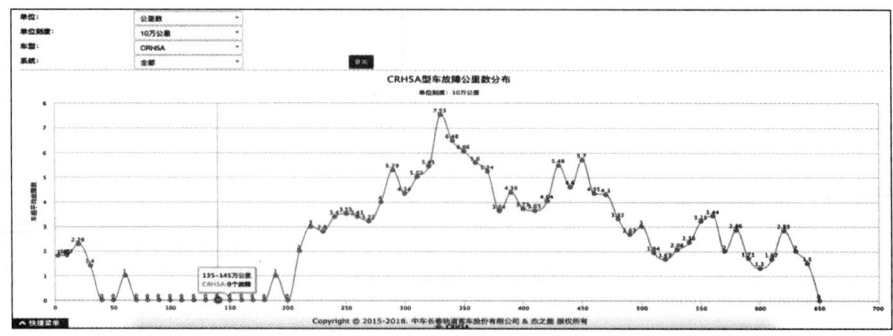

图 4.5-18　故障分布示意图

➢ 故障统计分析

将车组的故障以三种数据图形统计,如图 4.5-19,可对数据按日、半月、月、季度、半年、年度的时间维度,按故障代码、服务站、配属局、车型、系统、车组进行分类查询、统计与横向对比。

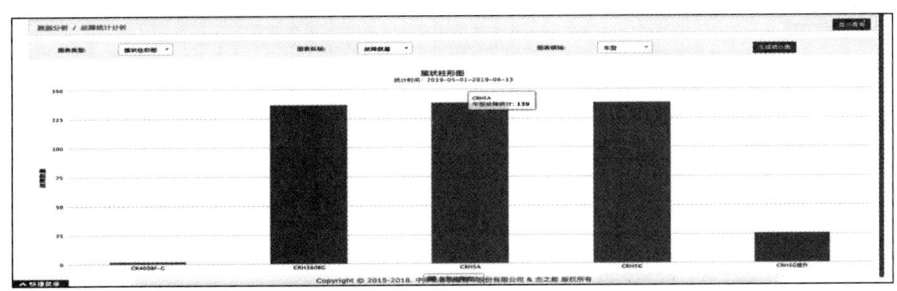

图 4.5-19　故障分析示意图

➢ 可靠性分析

平台经过对列车的历史故障分析,通过:月度分析报告、百万公里故障数、平均无故障时间、平均无故障公里数、RAMS 分析数据等对列车的可靠性进行进一步统计和展示,如图 4.5-20 所示。

4.5.4.3.4　故障诊断

平台可基于专家知识库及故障履历,进行故障精准定位,并对故障部件(原因)进行智能排序。

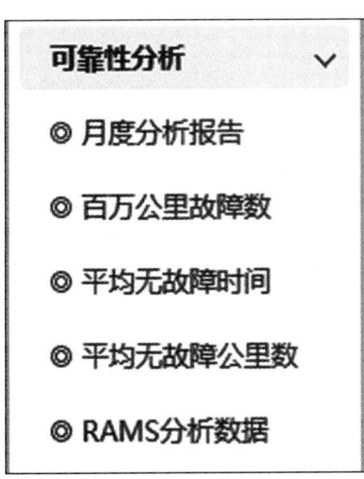

(a)

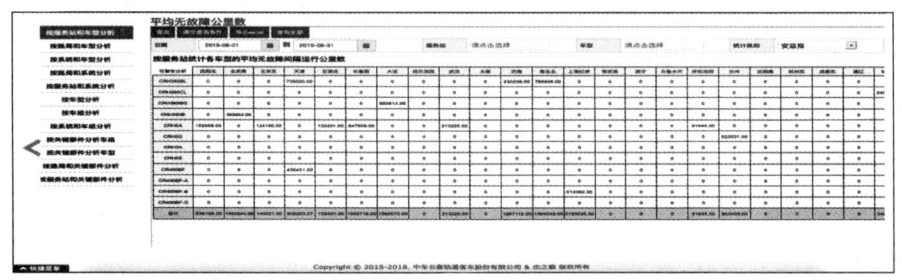

(b)

(c)

图 4.5-20　平台可靠性分析内容

　　支持从专家知识库自动关联故障隔离步骤的功能,并支持现场检修人员通过移动端按照故障隔离步骤的指示操作,逐步排除故障。对于后续发生的类似故障,支持自动从排故方案库中匹配最佳处理方案。

　　故障诊断包括故障定位、交互排故、典型案例和故障字典功能,如图 4.5-21 所示。

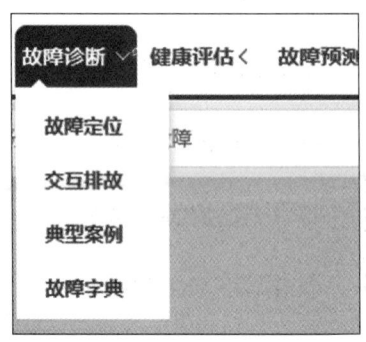

图 4.5-21　故障诊断主要内容

➢ 故障定位

如图 4.5-22 所示,对动车组车载报出的故障告警,根据确定的故障逻辑和传感数据关联判断逻辑,进行自动排故定位,确定故障部件和故障原因。

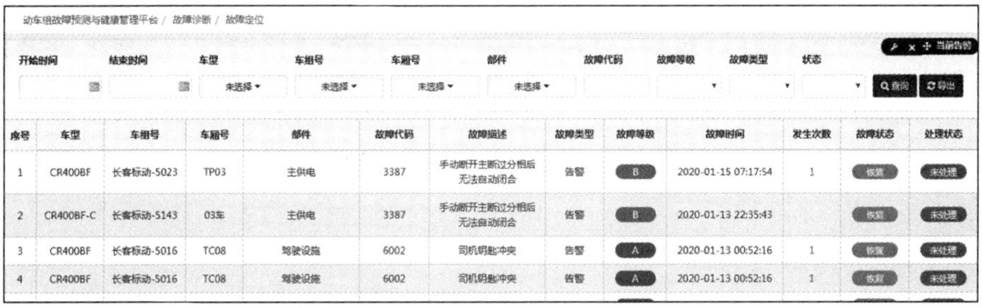

序号	车型	车组号	车厢号	部件	故障代码	故障描述	故障类型	故障等级	故障时间	发生次数	故障状态	处理状态
1	CR400BF	长春标动-5023	TP03	主供电	3387	手动断开主断过分相后无法自动闭合	告警	B	2020-01-15 07:17:54	1	恢复	未处理
2	CR400BF-C	长春标动-5143	03车	主供电	3387	手动断开主断过分相后无法自动闭合	告警	B	2020-01-13 22:35:43		恢复	未处理
3	CR400BF	长春标动-5016	TC08	驾驶设施	6002	司机钥匙冲突	告警	A	2020-01-13 00:52:16	1	恢复	未处理
4	CR400BF	长春标动-5016	TC08	驾驶设施	6002	司机钥匙冲突	告警	A	2020-01-13 00:52:16	1	恢复	未处理

图 4.5-22　故障定位功能示意图

➢ 交互排故

平台提供交互式排故功能,如图 4.5-23 所示,基于故障隔离逻辑实现交互式故障诊断,故障定位后能提供相应的故障处理手册,对故障处理提供指导。要求交互式排故功能嵌入动车组数据监控与分析平台的故障处理功能模块中,有效支持售后故障处理业务作业。

动车组数据监控与分析平台故障诊断功能包括隔离过程、原因排序、LRU 清单、车组履历、故障履历、配置履历。

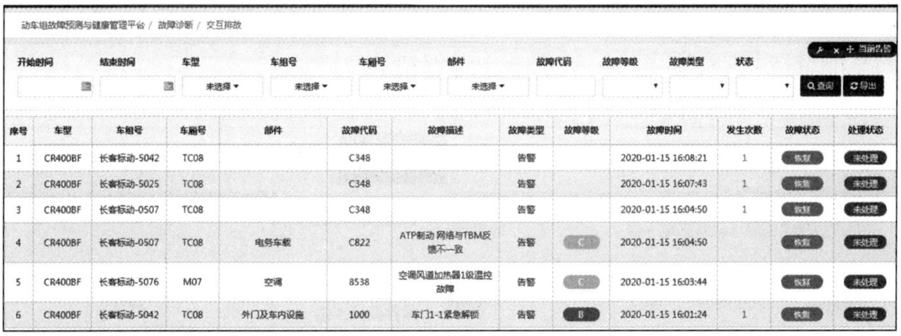

序号	车型	车组号	车厢号	部件	故障代码	故障描述	故障类型	故障等级	故障时间	发生次数	故障状态	处理状态
1	CR400BF	长春标动-5042	TC08		C348		告警		2020-01-15 16:08:21	1	恢复	未处理
2	CR400BF	长春标动-5025	TC08		C348		告警		2020-01-15 16:07:43	1	恢复	未处理
3	CR400BF	长春标动-0507	TC08		C348		告警		2020-01-15 16:04:50	1	恢复	未处理
4	CR400BF	长春标动-0507	TC08	电务车载	C822	ATP制动 网络与TBM反馈不一致	告警	C	2020-01-15 16:04:50		恢复	未处理
5	CR400BF	长春标动-5076	M07	空调	8538	空调风道加热器1级温控故障	告警	C	2020-01-15 16:03:44		恢复	未处理
6	CR400BF	长春标动-5042	TC08	外门及车内设施	1000	车门1-1紧急解锁	告警	B	2020-01-15 16:01:24	1	恢复	未处理

图 4.5-23　交错排故示意图

➢ 典型案例

平台对历史的故障处理记录进行筛选后形成典型方案库,如图 4.5-24 所示,故障预测或故障报警产生后根据故障描述在方案库中进行匹配,匹配结果由人工判断选择推送到维修建议。

图 4.5-24　故障处理典型案例库示意图

➢ 故障字典

故障字典如图 4.5-25 所示。

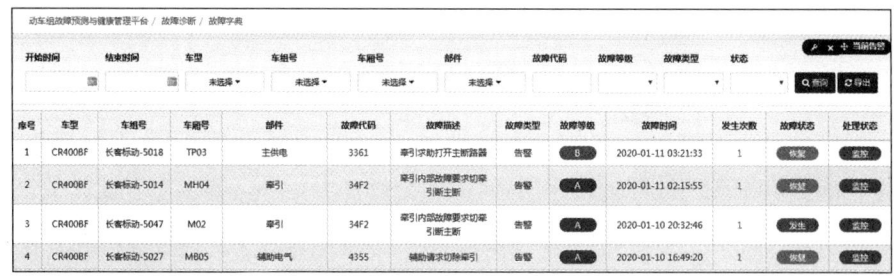

图 4.5-25　故障字典

4.5.4.3.5　健康评估

平台通过根据获取的大量车载数据,建立车辆健康评估模型,如图 4.5-26 所示,综合分析判断列车的健康状态,适当给出车辆维护建议措施。

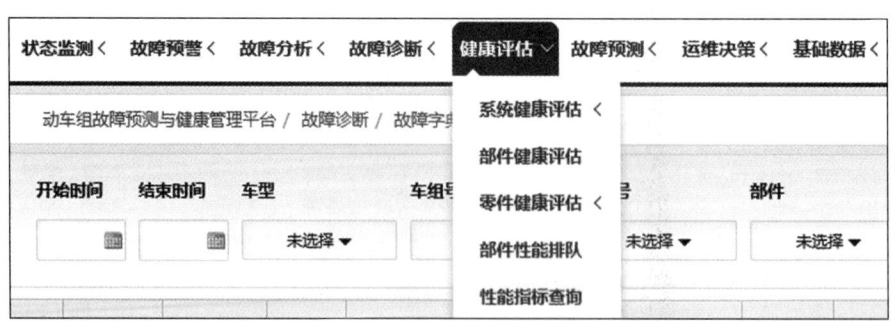

图 4.5-26　车辆健康评估主要内容示意图

平台支持设计和开发列车各系统、部件、零件健康等级评定的算法和模型,并进行可视化展示且支持浏览健康等级变化趋势以及对应的系统参数或性能指标等信息。

➢ 系统健康评估

平台结合系统、子系统性能模型分析、历史故障等因素,并结合相关特征数据,对系统、子系统进行健康评估,评估结果以健康、良好、关注、恶化、疾病 5 个级别进定义和输出。

系统健康性能模型的输入参数主要包括:实时车载参数数据、状态数据、故障数据和离线数据。

列车子系统包括:牵引系统、转向架系统、制动系统、门系统、空调系统等。

➢ 零部件健康评估

平台根据部件级性能评估模型,结合车组零部件更换履历等历史数据,作为零、部件性能模型的输入参数,并根据平台预先定义的评估系数,最终通过模型输出车组部件级健康状况,平台根据健康评估等级共划分:健康、良好、关注、恶化、疾病 5 个健康状态。

零部件级健康评估数据源:实时车载参数数据、状态数据和部件更换历史数据,作为部件级性能模型的输入参数。

➢ 部件性能排队

平台对动车组关键部件的健康评估按倒序的方式以列表方式进行显示,通过不同颜色显示不同健康等级,实现部件健康评估排名展示,如图 4.5-27 所示。

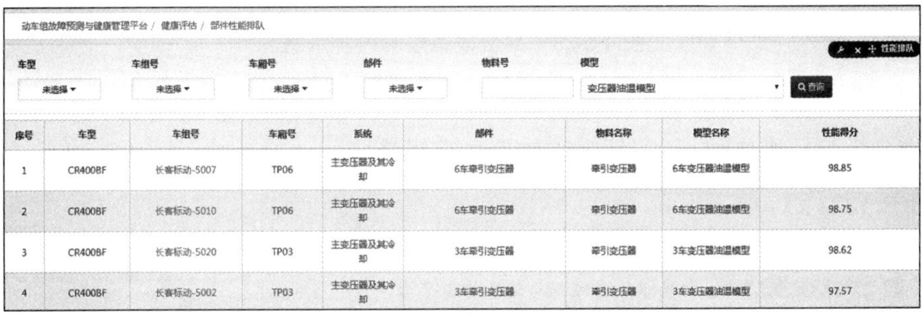

序号	车型	车组号	车厢号	系统	部件	物料名称	模型名称	性能得分
1	CR400BF	长客标动-5007	TP06	主变压器及其冷却	6车牵引变压器	牵引变压器	6车变压器油温模型	98.85
2	CR400BF	长客标动-5010	TP06	主变压器及其冷却	6车牵引变压器	牵引变压器	6车变压器油温模型	98.75
3	CR400BF	长客标动-5020	TP03	主变压器及其冷却	3车牵引变压器	牵引变压器	3车变压器油温模型	98.62
4	CR400BF	长客标动-5002	TP03	主变压器及其冷却	3车牵引变压器	牵引变压器	3车变压器油温模型	97.57

图 4.5-27 部件健康评估排名展示图

➢ 性能指标查询

平台可对动车组关键部件通过模型预测与实测的性能指标值进行比较、分析和展示,图 4.5-28 给出平台性能指标查询示意。

4.5.4.3.6 故障预测

平台提供各子系统、部件性能模型分析、寿命件寿命评估、电气件开关次数评估等多类型的故障预测。

平台产生的故障预测,通过列表方式进行展示,对预测结果经人工判断干预后进入运维决策。

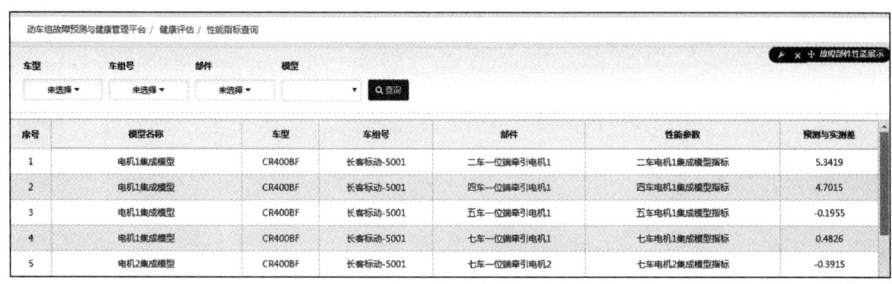

图 4.5-28 平台性能指标查询示意图

平台提供故障预测等级区别显示,预测数据查询、查看预测详情和预测推送功能。图 4.5-29 为平台故障预测主要内容示意图。

图 4.5-29 平台故障预测内容示意

4.5.4.3.7 运维决策

运维决策包括维修建议、配件采购建议和高级修修程评价功能。图 4.5-30 给出平台运维决策主要内容。

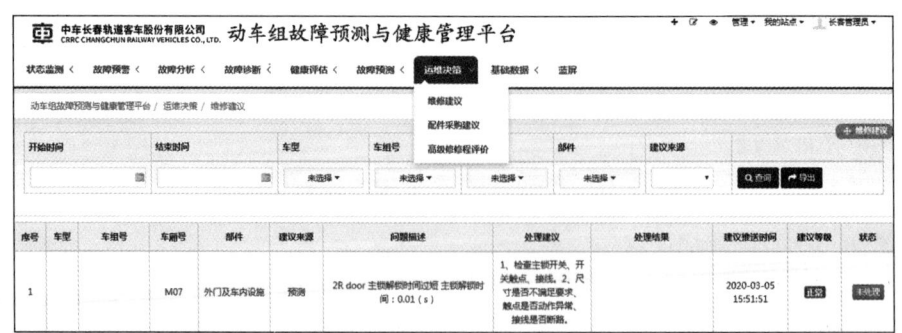

图 4.5-30 平台运维决策主要内容示意图

> 维修建议

维修建议有四个来源:1.故障预测直接产生;2.故障诊断推送;3.健康评估推送;4.远程

故障诊断推送。

维修建议经操作人员确认后推送动车组数据监控与分析平台进行处理。平台提供维修建议等级显示,维修建议数据查询、查看模型评估值和建议生成工单推送功能。

动车组数据监控与分析平台对故障预测和维修建议进行回填处理后把结果返回动车组故障预测与健康管理平台。

➢ 配件采购建议

系统综合考虑部件健康评估结果、配件成本、物流供应等因素,在保证维修作业的边界约束下,建立售后配件库存成本最优模型,只对关键部件进行评估,定期计算并生成售后各仓库配件的安全库存建议。

功能包括售后配件安全库存方案计算、安全方案浏览确认功能,对确认的配件安全方案数据,通过数据接口传输给动车组数据监控与分析平台。

在图 4.5-31 给出平台配件采购建议事例示意。

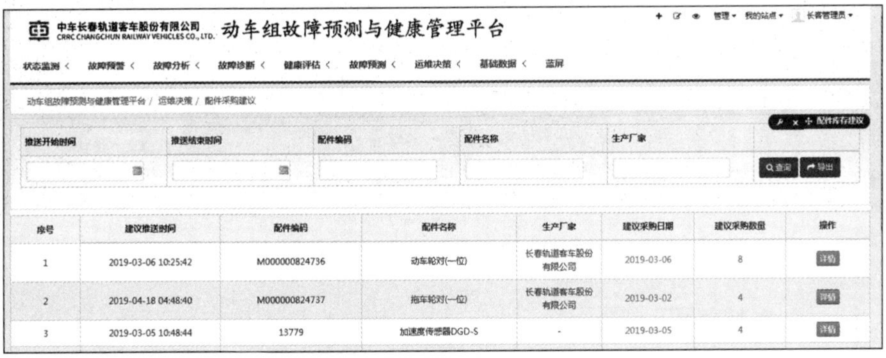

图 4.5-31　配件采购建议事例示意图

➢ 高级修修程评价

通过故障模式分析,对故障分布规律分析,建立部件维修项点的维修间隔优化模型,实现部件维修间隔优化。主要功能包括:故障基础数据模式数据维护、维修项点数据维护、故障模式与维修项关联关系维护、故障分布分析、维修项点间隔优化等功能。

4.5.4.3.8　基础数据

平台可对基础数据字典进行维护,如图 4.5-32 所示。

4.5.4.3.9　蓝屏

平台具备大屏展示能力,在蓝屏状态下仍能清楚显示,如图 4.5-33 所示。

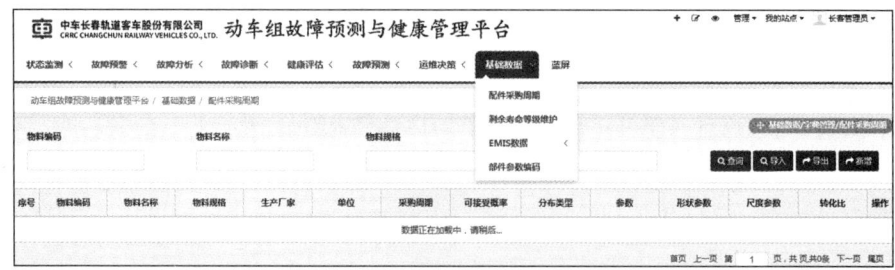

图 4.5-32 平台基础数据维护功能示意图

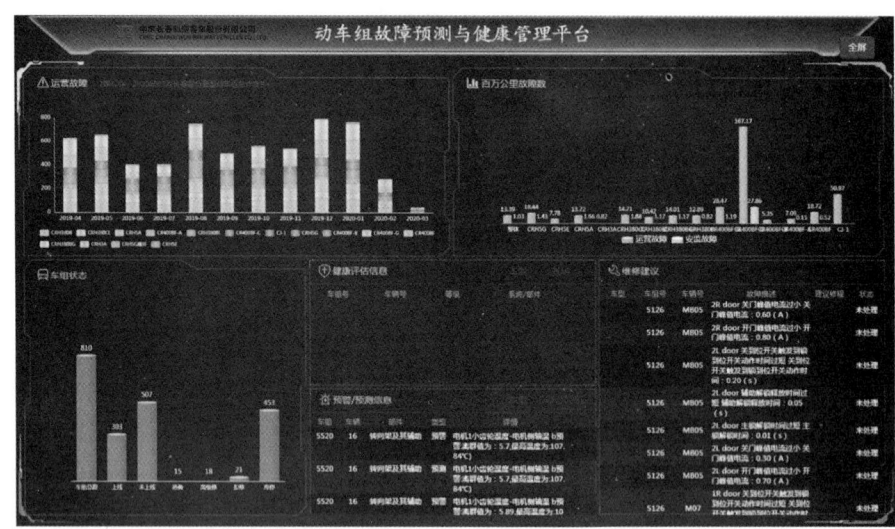

图 4.5-33 平台蓝屏显示功能

4.5.4.4 车地数据传输方案

4.5.4.4.1 车地数据链路

车载数据实时传输方案为公网-内网-公网,经铁科 WTD 发送至武清数据中心,数据暂定由武清数据中心透传至长客。图 4.5-34 为车地数据链路图。

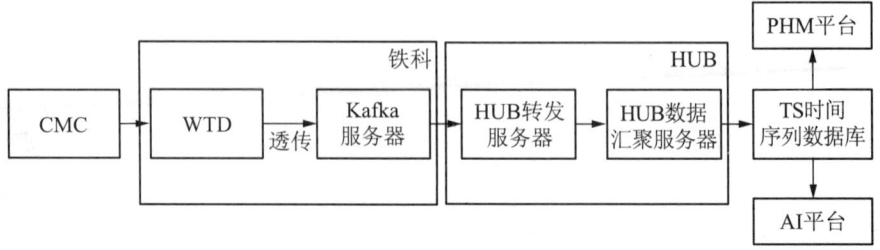

图 4.5-34 车地数据链路图

4.5.4.4.2 数据发送频率

状态数据发送间隔为14秒；事件数据实时发送；主机部署的模型拟每天运行一次，运算得到的特征值(模拟量)每天发送一次。

4.6 移动终端

4.6.1 功能方案

表4.6-1中给出各种功能方案及描述。

表 4.6-1 功能方案描述表

序号	一级	序号	二级	功能描述
1	状态监测	1.1	车组状态	显示本车的参数点位数据
		1.2	参数信息	与HMI屏当前故障信息一致,最新信息在最上,按时间排序;有录入按钮,可直接把故障录入为故障信息
		1.3	故障信息	显示24小时内所有故障信息,并可按时间查看所有时间段历史故障信息。最新信息在最上
		1.4	基础信息	显示基础信息和走行公里数,上次高级修时间及距下一次高级修剩余走行公里
2	故障预警	2.1	预测预警	默认进入,所有预警显示在一起,(阈值预警和基于模型预测出的故障)每条预警信息点击后弹出具体预警信息相关的规则、处置建议、X时间内的曲线变化;有录入按钮,直接把此预警当故障录入
		2.2	健康评估	
3	故障录入	3.1	故障录入	进入此项直接显示已录入故障,点击录入按钮可以录入新故障(是否处理),有按日期查看历史已录故障功能,及巡检故障;每条故障可以取消(带二次确认)按故障录入类型查看,且可以拍照视频
4	技术资料	4.1	应急手册	
		4.2	故障字典	代码表,可搜索,有排故提示
		4.3	典型案例	按故障代码搜索

续表

序号	一级	序号	二级	功能描述
4	技术资料	4.4	机械师手册	有章节目录,可搜索,可设置字体大小
		4.5	机械师规章制度	有章节目录,可搜索,可设置字体大小
		4.6	其他规章制度	有章节目录,可搜索,可设置字体大小
5	行车管理	5.1	上乘准备	机械师达到车辆后确认车辆状态,开车前的准备。拍照视频
		5.2	例行巡检	确认巡检项点,拍照视频
		5.3	视频联动	
		5.4	车组停站相关信息	自动定位
		5.5	备品备件管理	随车工具备品、灭火器等、随车资料
6	下乘			在菜单栏左下方增加退乘及注销账号选项,登录界面输入账号密码之后用上乘代替登录

4.6.2 业务流程

4.6.2.1 登录页面

动车组行车管理平台需要相关的登录信息,如图 4.6-1 所示。

图 4.6-1　动车组行车管理登录界面

输入用户名/密码之外,选择登乘的车组号。登录成功进入 APP 后,获取内容及操作全部为当前所选车辆。

登录成功后进入首页。

4.6.2.2 首页

图 4.6-2 是动车组行车管理登录后的界面。

图 4.6-2 动车组行车管理界面

车载移动终端的主菜单分为 5 个大模块:状态监测、故障预警、故障录入、技术资料和系统管理。

4.6.2.3 状态监测

状态监测包括车组状态、远程故障和车组信息 4 个子功能,菜单形式是底部按钮。默认页面为车组状态。

➢ 车组状态

车组状态在平台中的显示如图 4.6-3 所示。

车组状态显示车辆当前运行状态和各子系统故障信息总览。

左上位置功能块显示 wtd 位置、联挂状态、DDU 版本、车辆编辑位置,手动驾驶、司机台使用等信息。

中上位置功能块显示当前车辆经纬度位置。

右上位置功能块显示网流、网压、速度和牵引制动力实时信息。

页面中部为车辆的示意图,点击车辆可查看车组基本信息。显示车组基础信息、走行公里数、上次高级修时间及距下一次高级修剩余走行公里。

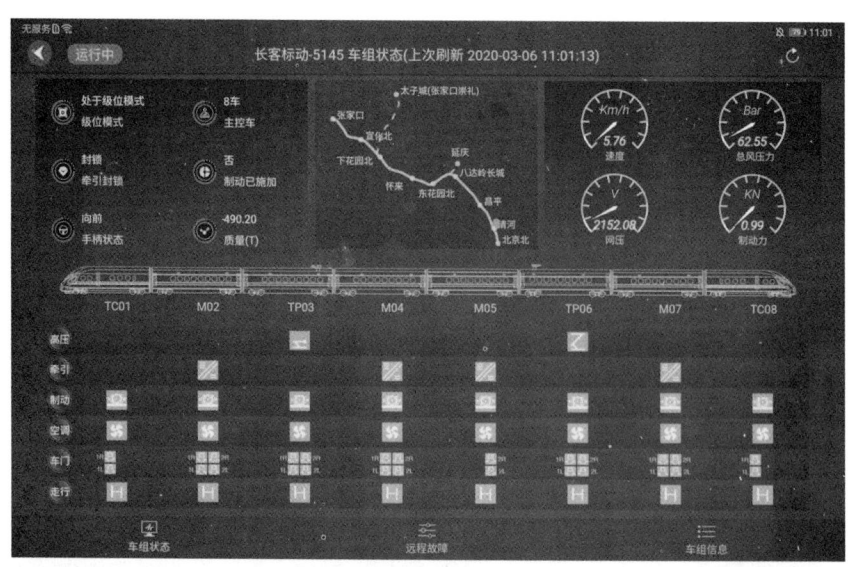

图 4.6-3 车组状态显示

页面下部显示各系统的故障和预警情况,红色表示故障、黄色表示预警,绿色表示正常、灰色表示离线,点击各图标可进行查看对应的故障信息。

➢ 远程故障

点击进入故障信息页面,显示远程故障信息,如图 4.6-4 所示。

车型	车组号	车厢号	所属系统	故障代码	故障现象	故障级别	状态	发生次数	时间
CR400BF	长客标动503	MB54	转向架及辅助设备	3534	空调温度过低	B	发生	1	2019-10-30 15:20
CR400BF	长客标动503	MB54	转向架及辅助设备	3534	空调温度过低	B	发生	1	2019-10-30 15:20
CR400BF	长客标动503	MB54	转向架及辅助设备	3534	空调温度过低	B	发生	1	2019-10-30 15:20
CR400BF	长客标动503	MB54	转向架及辅助设备	3534	空调温度过低	B	发生	1	2019-10-30 15:20
CR400BF	长客标动503	MB54	转向架及辅助设备	3534	空调温度过低	B	发生	1	2019-10-30 15:20
CR400BF	长客标动503	MB54	转向架及辅助设备	3534	空调温度过低	B	发生	1	2019-10-30 15:20
CR400BF	长客标动503	MB54	转向架及辅助设备	3534	空调温度过低	B	发生	1	2019-10-30 15:20

图 4.6-4 远程故障信息显示

主要字段包括代码、系统、故障现象、车厢、等级、故障时间、故障状态、发生次数等。可通过设置查询条件对故障信息进行查询,如图 4.6-5 所示。

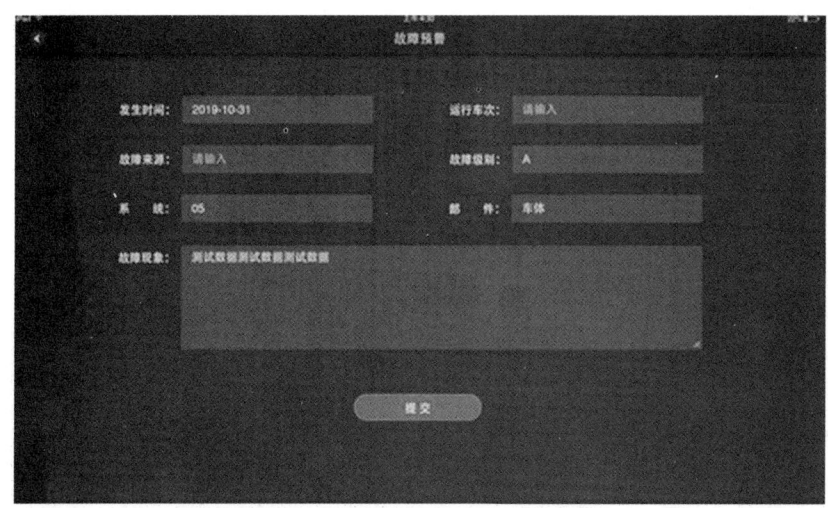

图 4.6-5　故障信息查询界面

点击单条故障显示故障详情,可关联典型故障、故障字典等。具体样式参照技术资料中典型故障和故障字典功能。

可通过详情页面的录入按钮,点击进入故障录入故障进入功能,如图 4.6-6 所示。

图 4.6-6　故障录入界面

➢ 车组信息

点击基础信息，可显示列车组相关信息，如图 4.6-7 所示。

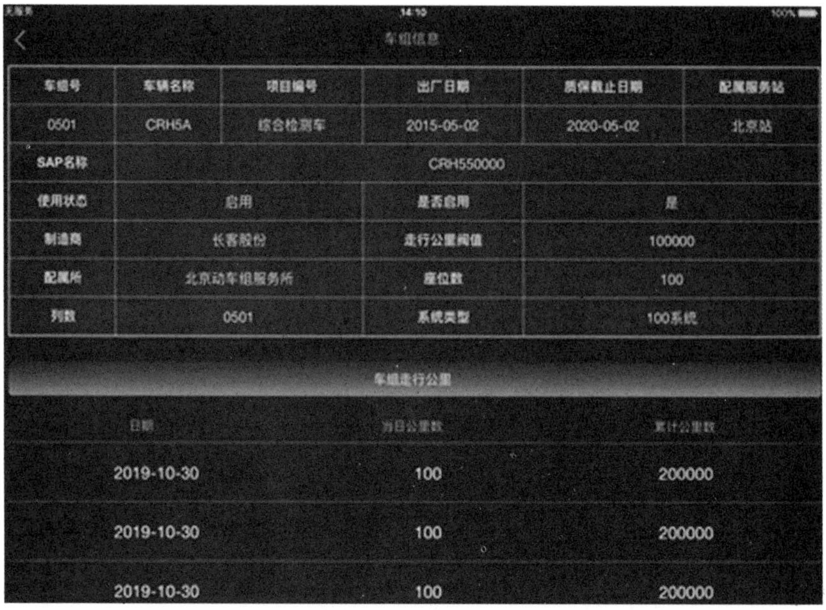

图 4.6-7　列车组相关信息显示

4.6.2.4　故障预警

从首页可进入故障预警页面，如图 4.6-8 所示。

图 4.6-8　故障预警界面

预测预警列表主要字段有车厢号、所属系统、预警现象、预警级别、状态、预警时间等。

点开预警会根据需求展示相关的规则、处置建议、X 时间内的曲线变化。

预警详情里面有录入功能,点击进入故障录入-故障列表模块。

4.6.2.5　故障录入

从首页可进入故障录入功能,故障录入分为已录故障、故障录入两大功能,如图 4.6-9 所示已录故障界面,图 4.6-10 故障录入界面。

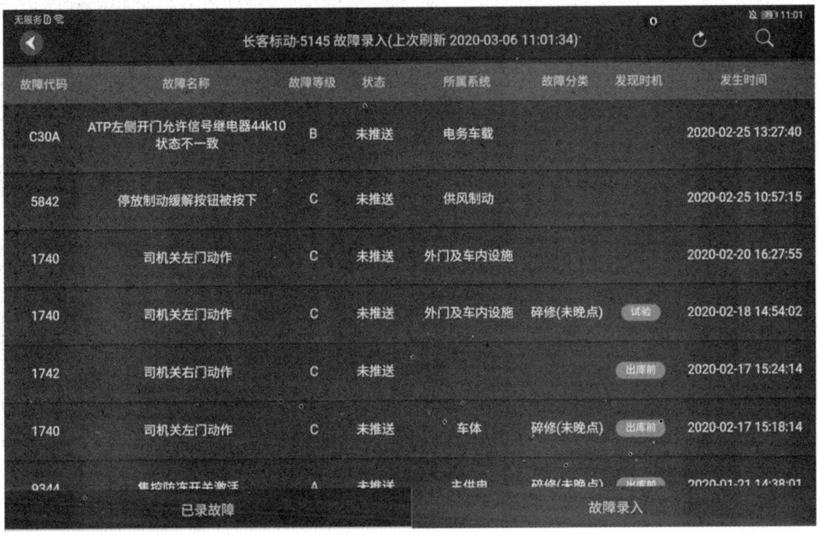

图 4.6-9　已录故障界面

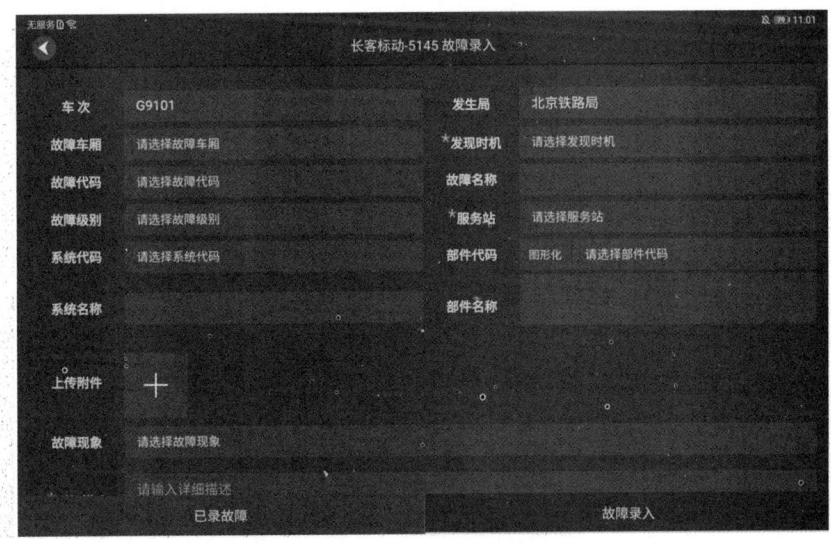

图 4.6-10　故障录入界面

4.6.2.6 技术资料

从首页可进入技术资料页面,如图 4.6-11 所示。技术资料分为:应急手册、故障字典、典型案例、机械师手册、机械师制度五大功能。

图 4.6-11　技术资料页面

➢ 应急手册

图 4.6-12、图 4.6-13、图 4.6-14 为各系统、各部件应急指示手册界面。

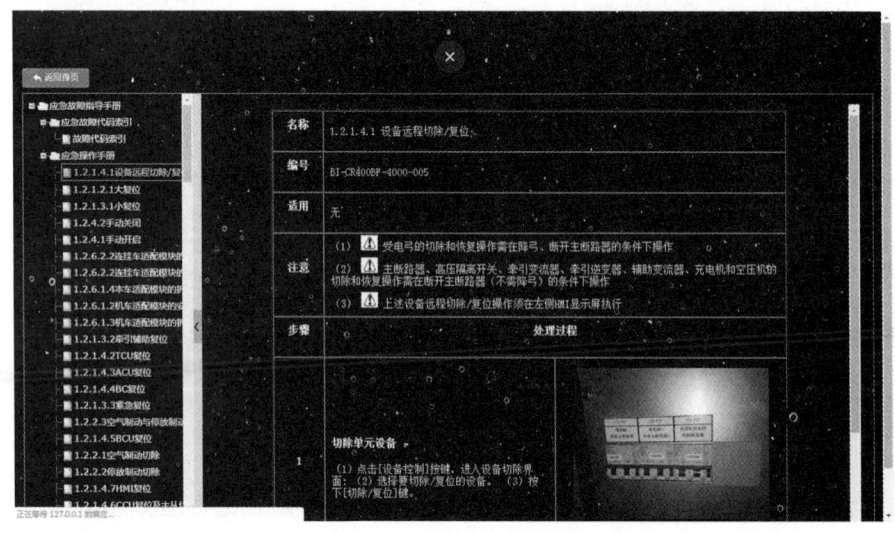

图 4.6-12

第四章 > 智能运维系统

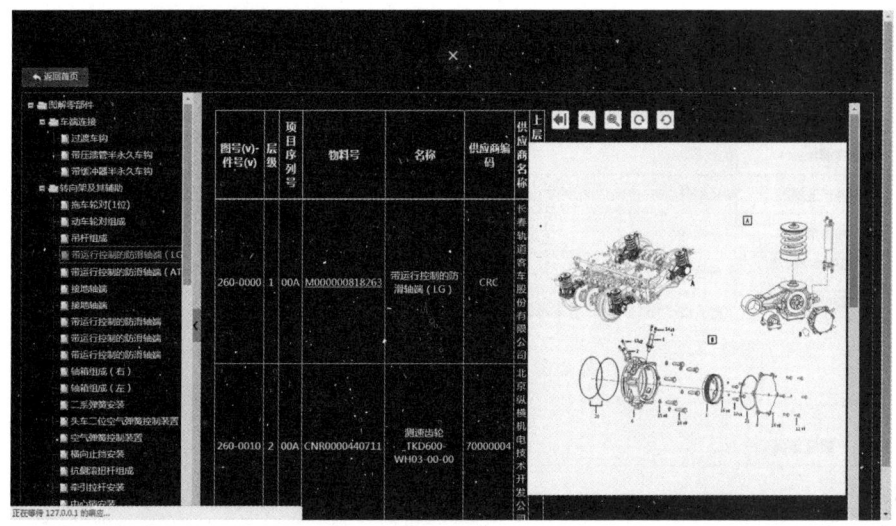

图 4.6-13

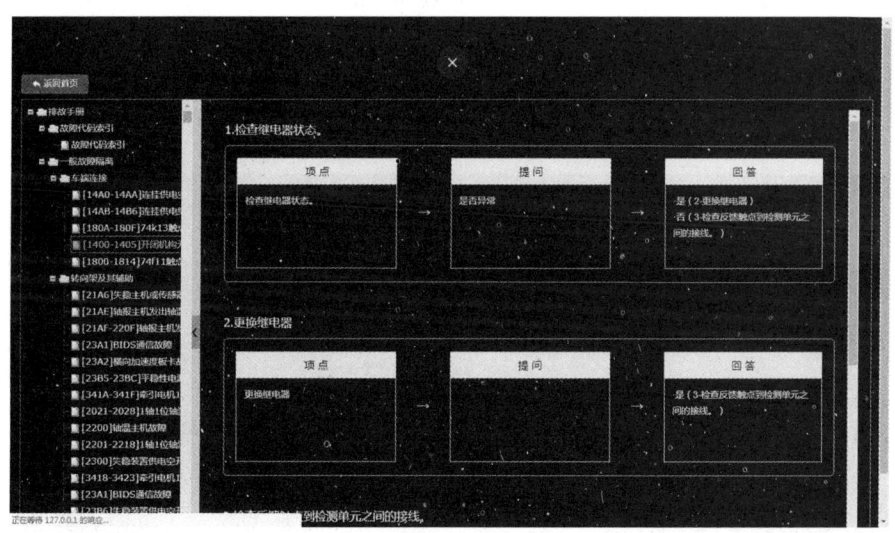

图 4.6-14

> 故障字典

图 4.6-15 为故障字典应用界面。

> 典型案例

图 4.6-16 给出典型案例示意。

4.6.2.7 系统管理

系统管理页面包括系统版本号，缓存信息，退出登录等功能，如图 4.6-17 所示。

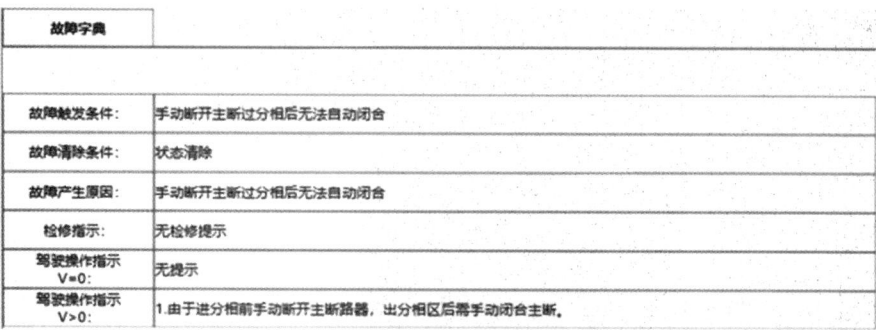

图 4.6-15　故障字典应用界面

图 4.6-16　典型案例示意图

图 4.6-17　系统管理页面